A PRACTICAL GUIDE OF
BUSINESS RISK AND
COMPLIANCE MANAGEMENT

企业营商风险与合规指引 | 第二版

吴 巍——编著

法律出版社 LAW PRESS·CHINA
北京

图书在版编目（CIP）数据

企业营商风险与合规指引/吴巍编著. -- 2版.
北京:法律出版社,2024. -- ISBN 978-7-5197-9281-7
Ⅰ. F272.35
中国国家版本馆CIP数据核字第20242KL845号

企业营商风险与合规指引(第2版)　　　吴　巍　编著　　　策划编辑　周　洁
QIYE YINGSHANG FENGXIAN YU　　　　　　　　　　　　　责任编辑　周　洁
HEGUI ZHIYIN(DI-2 BAN)　　　　　　　　　　　　　　　　装帧设计　汪奇峰

出版发行	法律出版社	开本	710毫米×1000毫米 1/16
编辑统筹	司法实务出版分社	印张	20.25　字数 272千
责任校对	晁明慧	版本	2024年9月第2版
责任印制	吕亚莉	印次	2024年9月第1次印刷
经　　销	新华书店	印刷	北京中科印刷有限公司

地址:北京市丰台区莲花池西里7号(100073)
网址:www.lawpress.com.cn　　　　　　　销售电话:010-83938349
投稿邮箱:info@lawpress.com.cn　　　　　客服电话:010-83938350
举报盗版邮箱:jbwq@lawpress.com.cn　　 咨询电话:010-63939796
版权所有·侵权必究

书号:ISBN 978-7-5197-9281-7　　　　　　定价:88.00元
凡购买本社图书,如有印装错误,我社负责退换。电话:010-83938349

吴巍律师简介

吴巍，女，毕业于吉林大学法学院，先后获得法学学士和硕士学位。1992年入职最高人民检察院反贪总局，在最高人民检察院反贪总局工作期间，处理了大量职务犯罪案件；在民事行政检察厅工作期间，处理了大量民商事申诉案件，对其中一些确有错误的案件依法向最高人民法院提出抗诉。

2004年3月，吴巍加入金杜律师事务所，现为金杜律师事务所争议解决部调查及合规团队合伙人。主要执业领域包括：企业合规风险评估、企业合规风险防范与应对、企业合规体系建设、企业危机处理、FCPA调查应对、多边开发银行合规调查及制裁应对、公司纠纷以及民商行政案件的再审等。

吴巍律师先后被《钱伯斯亚太概览》（Chambers Asia Pacific Guide）评为公司调查/反腐败领域"特别推荐律师/领先律师"（2018~2024年），被《法律500强》（Legal 500）评为监管与合规领域"特别推荐律师/领先律师"（2014、2017~2024年）。自2016年起，吴巍律师连续4年被《亚洲法律概况》评选为中国"领先律师"，在2014年被《法律500强》评选为中国争议解决领域"领先律师"。

作为中国B20合规组专家，吴巍律师连续多年参与《B20诚信与合规组政策建议》的研讨，为G20首脑提供合规建议。此外，吴巍律师还担任中国刑事诉讼法学研究会理事、中国人民大学法律硕士实务导师、同济大学刑事法律诊所特聘实务导师、吉林大学硕士实务导师、公安大学硕士实务导师，多次为北京大学刑事业务高级研究班授课。

吴巍律师于2014年作为主编撰写了《中国反商业贿赂合规实务指南》（中英双语）一书，并于2015年出版了日文版。2015年参与编写了《医药与法律——中国医药健康产业法律服务与实务指南》一书，广受业界好评，已于2023年再版。

吴巍律师至今已办理过多起公司法人涉嫌犯罪案件和民刑交叉案件，对处理商业贿赂案件具有丰富经验。吴巍律师还办理过多家国内外企业的合规管理体系建设项目、应对世界银行等多边开发银行调查及制裁项目、应对美国FCPA调查项目、企业内部调查项目、应对市场监督管理局合规处罚项目以及日常合规咨询及各类合规培训，对企业合规有深入研究。

吴巍律师办理的部分代表性项目如下：

- 协助某清洁能源领域的大型央企全面识别、评估企业涉及的合规风险，将评估结果转化为制度文件，划清底线、红线，建立整体合规管理体系。
- 协助国内某A股上市药企开展风险评估及合规管理系统建设工作。
- 协助某国有基金公司起草制定违规追责等相关制度文件，完善合规管理体系。
- 协助某移动互联领域数字内容提供、运营及服务商开展互联网领域的反商业贿赂调研，根据需求起草合规制度文件，开展合规文化建设。
- 协助国内某上市体外诊断产品研发、生产、销售企业对其商业模式进行风险评估，并从合规角度给出优化建议。
- 协助国内某制药企业开展Pre-IPO合规风险评估及改进工作，助力其顺利上市。
- 协助某大型跨国制药企业应对美国FCPA调查。
- 接受委托对某美国上市的国内领先人力资源服务商开展反商业贿赂内部调查。
- 协助某国际领先制药企业应对市场监督管理局反商业贿赂调查及员工反商业贿赂举报，并开展模拟突袭演练。
- 协助某输配电研发、生产企业应对世界银行的制裁程序，协助其就和解事宜进行谈判。
- 协助国内某上市的大型能源装备制造公司应对非洲开发银行的合规调查及和解谈判，成功将制裁措施降低为申斥函，并将连带制裁的子公司数量控制在客户可以接受的最小范围。
- 协助某大型国际经济技术合作集团根据世界银行的合规要求，并结合企业自身情况，建立合规及风险控制体系。
- 协助某国有大型水力发电设备生产企业应对亚洲开发银行的制裁程序，并结合企业自身情况，建立合规及风险控制体系。

序 言

自20世纪90年代以来，企业合规制度在世界范围内得到确立，建立企业合规机制已经成为全球性公司治理的重要组成部分。我国自21世纪初，首先在金融领域，继而在中央国有企业范围内，开始了以行政主导方式推进企业合规管理体系建设的进程。时至今日，在我国境内从事经营活动的各类企业，都高度重视合规体系的建设问题，出现了以合规防控企业法律风险的高潮。

但是，企业究竟如何建立合规计划？一个有效的合规计划究竟包括哪些内容？特别是作为企业外部独立法律专家的律师，究竟在企业打造合规计划过程中能为其提供哪些服务呢？对于那些走向海外从事经营活动的中国企业而言，究竟如何防范常见的合规风险呢？……对于这些问题，别说一般的企业界人士经常一筹莫展，就连众多熟悉合规机制的法律专业人士，也往往是一头雾水，不明就里。

由吴巍律师领衔的金杜调查与合规团队，最近完成了一部题为《企业营商风险与合规指引》的著作。该律师团队在民商事争议解决、企业合规、企业危机处理以及白领犯罪案件处理等诸多领域有丰富的经验，所服务的客户大多是国际知名跨国企业以及国内超大型企业。尤其是在合规业务领域，吴巍律师堪称走在最前沿的律师领军人物之一，所领导的律师团队也被公认为最优秀的合规服务团队之一。

该书系统地总结了金杜调查与合规团队为企业提供合规服务的经验，不仅从反商业贿赂的角度分析了企业所面临的各种合规风险和重要风险领域，而且为企业建立或完善合规计划、应对海外监管调查、应对国内行政监管调查和刑事调查,提供了百科全书式的知识。该书分别讨论了企业所面临的反商业贿赂合规监管环境、企业日常经营管理中的合规热点问题、企业境外运营的合规热点问题、合规对企业可持续发展的价值、国有企业合规管理体系建设的经验等。不仅如此,该书还将所援引的典型合规案例附于后半部分,做到了观点与资料并重,使读者可以获得更大的信息量。

企业合规所涉及的风险领域可谓极为广泛,如行政监管调查和刑事调查领域。常见的合规风险可以包括金融、环保、税收、知识产权、产品质量、劳工保护、反不正当竞争等。然而从国际企业合规的发展趋势来看,包括反商业贿赂、反洗钱、遵守出口管制以及个人数据信息保护在内的领域,通常被称为国际公认的最重要合规风险领域。吴巍律师编著的这部著作没有对企业合规进行泛泛而谈式的讨论,而是选取了反商业贿赂这一重点合规风险领域,从监管环境到企业风险,从企业合规失败的教训到重建合规计划的经验,也从应对海外监管调查到应对国内相关调查,进行了专注且深入的分析和评论。作者不仅讨论了美国的《反海外腐败法》(Foreign Corrupt Practices Act, FCPA)执法和英国反贿赂法律的执法情况,而且分析了中国 2017 年《反不正当竞争法》实施后企业在反商业贿赂合规方面面临的机遇和挑战。在案例的选取上,作者也独具慧眼,选取那些具有代表性甚至具有里程碑意义的中外合规案例深入讨论,并逐个作出专业点评。这就使整个讨论不限于单调的合规知识介绍,而是加入了反商业贿赂执法与合规体系建设的具体经验总结,读来令人耳目一新,受益匪浅。

企业界人士应当说是该书的重要读者群体。作者根据其丰富的法律服务经验,对企业在反商业贿赂领域的合规风险进行了充分的分析。该书将企业与公职人员交往中的主要风险点一一加以列举,对企业与交易相对方及其员工的交往风险也作出了全面系统的分析,对企业与第三方支付的合规风险作出深入的讨论,还说明了企业上下游关系中蕴含的主要合规风险。在对上述风险作出总结的前提下,作者提出了处理合规风险和合规危机的五条基本经验:一是展开反舞弊调查;二是处理违法员工;三是应对反贿赂调查;四是处理舆论危机；五是及时挽回损失。这些处理合规危机的经验，既符合现有法律的框架，也具有较大的可操作性，对于企业应对合规危机具有极大的参考价值。

律师也应该是该书的重要读者群体。吴巍律师及其合规服务团队站在推动我国律师合规业务长远发展的高度，对其多年来形成的合规服务经验也作出了无保留的介绍。通过书稿，作者向我们完整地介绍了该团队从事合规服务的三大业务板块：一是合规计划的打造和完善；二是合规危机的处理和化解；三是行政监管调查和刑事调查的应对。笔者对欧美和中国从事合规业务的律师事务所进行过初步的考察，这次又对金杜调查与合规团队的合规业务进行了深入的研读，经过相互印证，笔者认为这三项业务板块可以称得上律师合规业务的基本内容。通过这种研读和判断，我们可以澄清一些基本的概念，避免走入误区，甚至以讹传讹。例如，过去有人将合规完全等同于"企业法律风险防控"，甚至将合规与"公司高管规避法律风险"画等号。这显然属于"无知者无畏"的表现。其实，合规的本质是使企业在面对行政监管调查和刑事调查时，避免受到严厉的行政处罚和刑事处罚。企业合规不是防控一般意义上的"法律风险"，而主要是行政处罚和刑事处罚的风险；企业合规主要防控的是企业本身的合规风险，而不一定有助于防控公司高管的风险。这些认识的形成，在一定程度上得益于该部书稿的启迪。

2018年被称为我国的"合规元年"。在这一年，我国相关部门陆续发布了三部具有战略意义的合规指南或合规指引。建立企业合规机制也已经成为众多中国企业加强公司治理的战略方案。但迄今为止，真正在合规服务领域堪称专业化的律师事务所仍为数甚少，至于那种享有国际知名度的合规律师或者律师团队，更是凤毛麟角。目前，海量的企业急需有效的合规服务，而大部分律师事务所对合规业务的探索才刚刚开始。在这样的背景下，吴巍律师编著的这部著作，可以帮助企业重新认识企业合规对于公司治理的重要价值，可以帮助律师界了解为企业提供合规服务的经验和智慧，还可以帮助立法界、司法界乃至法学界人士打开视野，站在世界的角度，认真对待我国企业合规问题，探索提高国家治理现代化水平的途径。

最后，我向广大读者郑重推荐这部著作，预祝读者从该书中汲取营养，受到启迪，获得灵感和智慧。同时，也预祝吴巍律师及其律师团队在企业合规领域继续探索，创造出更多、更好的经验，也奉献出更多、更精彩的作品。

陈瑞华

2019 年 9 月 12 日

自 序

自本书第一版于2020年出版以来已有4年时间，企业合规的外部监管环境也面临新的变化，不同层次的合规监管要求越发多元、复杂，监督执法力度也不断加大。2022年，国家公布了《合规管理体系　要求及使用指南》（GB/T 35770－2022），作为对ISO 37301国际标准的转化，为中国企业合规管理体系建设提供了更明确的标准和指导。同年，国务院国资委也正式发布了《中央企业合规管理办法》，要求中央企业全面建立合规管理体系。

国际上，随着中美贸易摩擦加剧，美国、欧盟在出口管制与经济制裁、反腐败、数据保护等领域不断提高对中国企业的执法力度，使中国企业的海外运营面临更加严峻的合规挑战。同时，在"走出去"战略和"一带一路"倡议的实施过程中，有不少中国企业因违规行为受到世界银行等多边开发银行的制裁，也为中国企业的海外合规管理敲响了警钟。在此形势下，中国企业只有全面合规，才能行稳致远。

面对企业越发突出的合规管理需求，一方面，金杜调查与合规团队选取反商业贿赂这个重要合规领域，利用威科先行法律信息库，选取近年来的典型合规案例，结合企业日常经营管理中的合规热点问题，运用自身实务经验进行深入点评，对企业困惑及实务中有争议的问题进行重点分析。另一方面，也对企业普遍关注的合规体系建设、海外合规风险应对，特别是应对世行制裁、完善商业伙伴合规管理、应对外部机构合规调查、建立健全违规追责制度等热点问题给出了具有价值的操作建议。

与第一版内容相比，本书结合合规监管环境的变化，增加了全新的章节"民企反舞弊合规热点问题"并在原有内容中，围绕合规、内控、风控等体系如何协同，出口管制与经济制裁背景下高管出境风险防范及信息化管控等业界关注的合规问题，通过专题文章进行了分析和论证。我们希望本书能从实务角度给中国企业的合规建设提供借鉴和帮助，给合规律师及理论研究者提供研究参考，同时为创造良好的企业营商环境贡献绵薄之力。

  本书的编写得到了金杜调查与合规团队杨帆、王凤利、刘海涛、李晓琤、陆如茵、徐晓丹、常俊峰、涂能谋、焦黄诗允等合伙人给予的关注及大力支持。参与本书撰写的有孙川、甘雨来、朱媛媛、刘艳洁、刘宏悦、李一龙、张双、黄凰、李冰、赵妍、段姝玉、补政洋。其中，朱媛媛、刘艳洁、张双、李一龙对本书作出了特殊贡献。此外，感谢威科先行法律信息库王素宇、辛烨等工作人员对本书提供的帮助。感谢法律出版社编辑为本书顺利出版付出的辛劳。

  本书疏漏之处在所难免，望同行与读者批评、指正。

目 录

第一章 企业应当正视的合规新常态 ………………………………… 1
 一、刑事监管态势趋严 …………………………………………… 1
 二、行政监管不断细化 …………………………………………… 5
 三、国企合规建设进入新阶段 …………………………………… 8

第二章 企业与公职人员交往中的合规热点问题 …………………… 11
 一、《监察法》持续深入实施，从严反腐力度不减 …………… 11
 二、如何区分国企工作人员与国家工作人员 …………………… 16
 三、如何区分医疗机构工作人员与国家工作人员 ……………… 20
 四、警惕以交易形式非法收受贿赂的新型受贿方式 …………… 23

第三章 企业与交易相对方及其员工交往的合规热点问题 ………… 28
 一、如何适用"穿透原则"认定交易相对方和受交易相对方
  委托的主体 ……………………………………………………… 28
 二、企业向交易相对方支付回扣的合规风险 …………………… 32
 三、企业常见赞助形式的合法性分析 …………………………… 36

第四章 企业上下游关系中的合规热点问题 ………………………… 42
 一、如何认定有影响力的主体 …………………………………… 42
 二、如何认定利用影响力影响交易的第三方 …………………… 45
 三、企业供应商合规管理的优化思路 …………………………… 47

四、销售奖励中的合规风险——从轮胎业商业贿赂案说起 ………… 56
五、中国境内企业该如何妥善应对境外业务伙伴的合规
尽职调查 ………………………………………………………… 58

第五章 企业处理合规危机的热点问题 ………………………………… 66
一、企业如何应对行政执法突袭调查 ……………………………… 66
二、企业如何有效应对反贿赂调查程序及防范风险 ……………… 70
三、企业如何应对舆论危机 ………………………………………… 76
四、企业如何选聘合规律师应对合规调查 ………………………… 80

第六章 企业境外运营的合规热点问题 ………………………………… 86
一、中国企业境外合规经营的挑战与实践 ………………………… 86
二、境外反腐败法对跨国公司的合规监管：美国、英国涉华合规
执法案件观察 …………………………………………………… 94
三、中国香港特区反腐败法对跨国企业的合规监管 …………… 100
四、世界银行的反腐制裁：中国企业不可忽视的境外合规风险 … 105
五、涉美出口管制与经济制裁引发的企业高管出境安全风险应对
——为重要人员商旅出境全程保驾护航 …………………… 110

第七章 国有企业合规管理体系建设的热点问题 ……………………… 115
一、国有企业应如何完善自身的合规管理体系 ………………… 115
二、不同央企开展合规体系建设的困境与破解思路 …………… 121
三、合规、内控、风控、法律管理"四位一体"的探索与实践 … 129
四、制定违规追责制度，助力国企合规落地执行 ……………… 136
五、助跑出口管制合规"最后一公里"
——信息化合规管控解决方案 ……………………………… 143

第八章 民企反舞弊合规热点问题 ………………………… 153
一、互联网企业内部舞弊行为的特点及规律 …………… 153
二、民营企业反舞弊合规建设的优秀实践 ……………… 161
三、发现员工实施了舞弊行为，企业应如何处置 ……… 165
四、高管舞弊犯罪，企业如何挽回自己的损失 ………… 171
五、员工涉嫌职务犯罪时的劳动关系处理思路 ………… 178

附录 相关案例汇编 ……………………………………… 185
1. 黄某单位行贿案 ………………………………………… 185
2. 沈某某犯非国家工作人员受贿案 ……………………… 187
3. 厉某、薛某受贿案 ……………………………………… 197
4. 许某某受贿案 …………………………………………… 208
5. 肖某某受贿案 …………………………………………… 213
6. 关于昆明某集团有限公司凯里分公司行政处罚公告 … 227
7. 济南某新科技有限公司商业贿赂案 …………………… 233
8. 上海某医疗器械有限公司商业贿赂案 ………………… 237
9. 任某某受贿案 …………………………………………… 240
10. 蔡某某、罗某某等非法获取计算机信息系统数据、
非法控制计算机系统案 ……………………………… 244
11. 白城市某建筑工程有限责任公司、王某甲犯对有影响力的
人行贿案 ……………………………………………… 249
12. 上海某汽车销售有限公司商业贿赂案 ……………… 259
13. 某轮胎公司商业贿赂案 ……………………………… 262
14. 杨某、郑某出售、非法提供公民个人信息案 ……… 265
15. 黄某某与某银行广西分行劳动争议案 ……………… 296

第一章　企业应当正视的合规新常态

一、刑事监管态势趋严

相比企业会遭受的其他种类风险，刑事法律风险是最为严重的一种。在当前我国《刑法》规定中，构成犯罪的企业大多会面临"双罚"的法律后果，企业和公司高管、直接责任人都可能需要承担严重的法律后果。随着我国刑事监管态势趋严，企业作为市场主体，触犯刑事法律的风险也在不断增加，主要体现在以下几个方面。

（一）反腐的力度持续保持高位

党的十八大以来，党中央坚定不移地全面从严治党，坚持反腐败无禁区、全覆盖、零容忍，坚定不移"打虎""拍蝇""猎狐"，扎实构建不敢腐、不能腐、不想腐的有效机制。根据最高人民法院与最高人民检察院在十四届全国人大一次会议的工作报告，[①] 在2022年，检察院受理各级监察委员会移送职务犯罪8.8万人，已起诉7.8万人，其中原省部级以上干部104人。检察机关提前介入职务犯罪案件从2018年的1470件增至2022年的1.1万件，自行补充侦查从19件增至2913件，不起诉从278人增至534人，起诉行贿犯

[①] 参见《最高人民检察院工作报告》，载司法部官网，https://www.moj.gov.cn/pub/sfbgw/zwgkztzl/2023zt/2023qglh20230223/bgqjd20230223/zgrmjcygzbg20230227/202303/t20230317_474613.html；《最高人民法院工作报告》，载司法部官网，http://www.moj.gov.cn/pub/sfbgw/zwgkztzl/2023zt/2023qglh20230223/bgqjd20230223/zgrmfyzfggbg20230227/202303/t20230317_474612.html。

罪1.4万人，对48名归案"红通人员"提起公诉，对54名逃匿、死亡贪污贿赂犯罪嫌疑人启动违法所得没收程序。

2022年，全国法院审结贪污贿赂等职务犯罪案件11.9万件、13.9万人。依法从严惩处孙政才等92名原中管干部，对赵正永、孙力军、王立科、傅政华、刘彦平等依法适用终身监禁，对赖小民依法判处并执行死刑，彰显党中央有腐必惩、有贪必肃的坚定决心。审结行贿犯罪案件1.2万件、1.3万人，严惩多次行贿、巨额行贿、长期"围猎"干部的行贿犯罪。审理许超凡等外逃人员回国受审案件979件，对长期外逃的程三昌缺席审判，裁定没收张正欣、彭旭峰等死亡或外逃腐败分子境内外违法所得，追逃追赃"法网"越织越紧，对腐败分子产生极大震慑。

2023年7月21日，国家卫健委官网发布消息，国家卫健委会同教育部、公安部、审计署、国务院国资委、市场监管总局、国家医保局、国家中医药局、国家疾控局、国家药监局联合召开视频会议，部署开展为期一年的全国医药领域腐败问题集中整治工作，掀起医药领域反腐风暴。

此外，2023年12月29日，第十四届全国人大常委会七次会议通过《刑法修正案（十二）》，此次《刑法》的修改进一步加大了对行贿犯罪的惩治力度，同时进一步完善了民营企业内部人员腐败等相关犯罪的规定。

（二）打击侵犯个人信息安全犯罪

个人信息安全是指公民身份、财产等个人信息的安全状况。随着互联网应用的普及和人们对互联网的依赖，个人信息可能受到的威胁与日俱增。随着2021年《个人信息保护法》的出台，我国对公民个人信息安全的重视达到前所未有的高度。在高速发展的信息时代，保护个人信息安全变得突出和紧迫。

我国司法机关认真贯彻《个人信息保护法》精神，严惩窃取倒卖身份证、通讯录、快递单、微信账号、患者信息等各类侵犯公民个人信息犯罪，依法从严惩治行业"内鬼"泄露个人信息；严惩利用恶意程序、钓鱼欺诈等形式非法获取个人信息的行为，审理"颜值检测"软件窃取个人信息案，惩治网络黑灰产业链犯罪；严惩通过非法侵入监控系统贩卖幼儿园、养老院实时监控数据的犯罪分子。同时，国家积极推进网络依法治理，从严追诉网络诽谤、侮辱、侵犯公民个人信息等严重危害社会秩序、侵犯公民权利的犯罪。

全国检察机关2022年共立案办理个人信息保护公益诉讼案件6000余件。[①] 上海、重庆等地检察机关还对利用手机软件违法收集使用个人信息的行为开展专项监督，推动网信、通信管理等部门综合治理。

（三）注重环境与资源保护

生态文明建设一直是中国特色社会主义事业总体布局的重要组成部分，《民法典》在世界范围内首次把环境保护确立为民法的基本原则，使"绿水青山就是金山银山"的理念深入人心。

在这样的背景下，国家对环境污染刑事案件的打击力度也提升到了新的高度。2019年2月20日，最高人民法院、最高人民检察院、公安部、司法部、生态环境部联合印发《关于办理环境污染刑事案件有关问题座谈会纪要》，为依法严惩非法占用耕地、非法采矿采砂、非法倾倒危险废物、走私洋垃圾等破坏生态环境资源犯罪统一了法律适用。2023年，最高人民法院、最高人民检察院联合发布《关于办理环境污染刑事案件适用法律若干问题的解释》（法释〔2023〕7号），这是1997年《刑法》施行以来最高司法机关就环境污染犯罪第四次出台专门司法解释，充分体现了最高人民法院、最高人民检察院依法严惩环境污染犯罪、助力生态文明建设的坚定立场。

国家除了打击犯罪，也注重源头治理。据2023年《最高人民检察院工作报告》，2022年最高人民检察院持续投入蓝天、碧水、净土保卫战，主动衔接中央生态环境保护督察整改，办理生态环境和资源保护领域公益诉讼39.5万件，年均上升12.5%，立案推动多部门协同解决船舶污染顽疾。围绕黄河流域生态保护和高质量发展制定18项检察举措，会同水利部开展专项行

[①] 参见《最高检发布个人信息保护检察公益诉讼典型案例 保护个人生物识别信息》，载最高人民检察院网上发布厅，https://www.spp.gov.cn/spp/xwfbh/wsfbt/202303/t20230330_609756.shtml#1。

动，山西、河南、陕西等沿黄河9省区检察机关共护黄河安澜。西藏、青海等6省区检察机关建立协作机制，合力保护雪域高原。开展"守护海洋"专项监督，山东、广西、海南等地检察机关办理海洋环境保护公益诉讼4562件，服务海洋强国战略。

（四）推动金融风险防范化解

根据在公开渠道进行检索的不完全统计，2023年全年，共有92家A股上市公司卷入刑事风波。有73起上市公司及关联主体涉嫌刑事犯罪的案例，其中，15起系上市公司或上市公司子公司等关联公司实施单位犯罪，13起系上市公司或其关联公司的法定代表人、控股股东、高管等相关自然人实施的与公司经营相关的犯罪。2023年，在部分上市公司及关联主体涉嫌刑事犯罪的情形下，除去上市公司公告中未明确公示罪名的情形，有73起案例共涉及6大类罪名，分别为：证券类犯罪、贪贿类犯罪、经营类犯罪、环境类犯罪、集资类犯罪和其他类犯罪。与近两年数据相比，证券类犯罪与贪贿类犯罪仍是最高发的罪名类别，分别占比约四成和三成。证券类犯罪以内幕交易、泄露内幕信息罪，违规披露、不披露重要信息罪，操纵证券、期货市场罪等为主，贪贿类犯罪以贪污罪、行贿罪、单位行贿罪等为主。

目前，国家的资本市场监管制度日益完善，刑行民立体处罚框架逐渐形成。习近平总书记在中央财经委员会第十次会议上指出，金融是现代经济的核心，关系发展和安全，要遵循市场化法治化原则，统筹做好重大金融风险防范化解工作。2021年3月，《刑法修正案（十一）》落地实施，大幅强化证券期货犯罪刑事惩戒力度。7月，中共中央办公厅、国务院办公厅出台《关于依法从严打击证券违法活动的意见》，强调多措并举加强和改进证券执法工作。9月，最高人民检察院驻中国证券监督管理委员会检察室揭牌成立，落实融入式监督，助推行政处罚和刑事处罚无缝对接。11月，全国首例特别代表人诉讼案件落下帷幕，投资者维权与保护又向前"跨出一步"。

2023年12月，最高人民检察院《关于充分发挥检察职能作用 依法服务保障金融高质量发展的意见》发布，明确要依法从严惩治严重危害金融安全的犯罪；依法从严打击证券犯罪；坚决惩治金融腐败犯罪；保持对非法吸收公众存款、集资诈骗、组织领导传销活动等涉众型金融犯罪的高压态势，持续加大对涉伪私募、伪金交所、养老、私募基金、虚拟货币、预售卡等领域非法集资犯罪的惩治力度。[①]

二、行政监管不断细化

近年来，国家在反商业贿赂、反垄断、数据保护等多个维度不断推进行政层面的立法、执法工作，整体呈现出专业化、精细化的特点，并且更加注重监管规定的落地执行。

（一）反商业贿赂的执法要求进一步明确

2017年颁布的《反不正当竞争法》（2019年修正）对商业贿赂的定义进行更新，根据2017年《反不正当竞争法》的规定，商业贿赂指采用财物或者其他手段进行贿赂，谋取交易机会或竞争优势的行为。与1993年《反不正当竞争法》相比，2017年《反不正当竞争法》在明确什么是商业贿赂行为的同时，以列举的方式明确了交易相对方员工、受交易相对方委托办理相关事务的单位或个人、利用职权或影响力影响交易的单位或个人三类商业贿赂受贿主体。同时，2017年《反不正当竞争法》将商业贿赂的主观目的从"销售或购买商品"改为"谋取交易机会或竞争优势"，进一步明确了商业贿赂的不正当竞争属性，为反商业贿赂执法提供了依据。

我们一直在关注市场监督管理部门对商业贿赂执法的情况，以上海市2019年反商业贿赂行政执法情况为例，商业贿赂执法呈现以下特点：（1）案件数量继续下降，但在决定书中适用新法已成为主流；（2）罚没金额均值大幅度上升，罚金均值是上一年度的两倍多；（3）行贿金额的高低并不影响执法机关对商业贿赂行为的认定，小额利益输送的情况依然会被认定为商业贿赂；

[①] 参见《最高人民检察院关于充分发挥检察职能作用 依法服务保障金融高质量发展的意见》，载最高人民检察院网上发布厅，https://www.spp.gov.cn/xwfbh/wsfbt/202312/t20231228_638517.shtml。

（4）商业贿赂案件的行业分布与地域分布依旧呈现集中化形态，行业上主要集中在医药行业、建筑装修以及仓储物流领域；（5）对受贿人进行严格处罚。

此后，多部委出台了相关文件对2017年《反不正当竞争法》实施后的商业贿赂案件的查处进行了一定程度的规范，并开展了多次专项行动对商业贿赂行为进行整治。例如，《上海市反不正当竞争条例》2020年修订后，于2021年1月1日正式施行，进一步明确禁止收受贿赂的行为、鼓励企业完善反商业贿赂等反不正当竞争管理制度。在《上海市反不正当竞争条例》施行后，反商业贿赂行政执法有了更为明确的标准，企业应进一步加深对日常经营中商业贿赂表现形式、市场监督管理部门的执法趋势以及关注重点等方面的认知，以不断强化和完善自身合规体系建设。

（二）反垄断和公平竞争政策进入顶层设计视野

2021年《政府工作报告》强调要强化反垄断和防止资本无序扩张，坚决维护公平竞争市场环境。2021年8月30日，中央全面深化改革委员会第二十一次会议审议通过《关于强化反垄断深入推进公平竞争政策实施的意见》。强化反垄断、促进竞争创新已经得到党和国家的高度重视，成为完善社会主义市场经济体制的内在要求。同年11月18日，市场监管总局加挂"国家反垄断局"牌子，设立竞争政策协调司、反垄断执法一司、反垄断执法二司，并组建竞争政策与大数据中心，强化理论研究和技术支撑，至此，国家反垄断局正式成立，标志着我国反垄断体制改革取得重要成果。

在立法层面，仅2021年，反垄断立法领域就出台了1部法律修正案，1部部门规章，4部规范性文件和多部地方性合规指引。市场监管总局于2023年9月5日正式发布了《经营者集中反垄断合规指引》，这是继2020年《经营者反垄断合规指南》以及2021年《企业境外反垄断合规指引》后在经营者集中领域的第三个"专项指引"。与此同时，各省也在纷纷制定出台地方性反垄断指引，如2023年9月7日北京市市场监督管理局首次发布《北京市反垄断合规指引》，2023年发布并实施的《黑龙江省平台企业反垄断合规指引》《海南省公用企业反垄断合规指引》。由此可见，无论是中央还是地方，反垄断和公平竞争政策已经进入顶层设计视野。

（三）数据合规成为立法执法重点

党的十九届四中全会《中共中央关于坚持和完善中国特色社会主义制度 推进国家治理体系和治理能力现代化若干重大问题的决定》首次增列"数据"作为生产要素，提出"健全劳动、资本、土地、知识、技术、管理、数据等生产要素由市场评价贡献、按贡献决定报酬的机制"。随着云计算、大数据分析和物联网等技术的持续发展，数据作为国家基础性、战略性的资源以及企业的竞争资产，已经受到各界的认可和接受。在数字经济时代，数据安全及合规问题已是企业面临的首要问题。企业如果不能保证基本的数据安全性、数据处理活动的合规性，将会面临数据泄露、数据丢失等多发安全事件，数据资源的开发利用亦将因缺乏数据资产的固定而无从谈起。

与此同时，随着"数据主权"的浪潮在全球范围内兴起，我们注意到数据价值、数据作为重要生产要素的理念也在全球范围内得到承认。不同国家或地区对于数据安全和数据价值的高度重视不约而同地将以上理念具化为对数据本地化提出要求、对跨境数据传输作出限制等多个方面。例如，美国在《澄清境外合法使用数据法案》（CLOUD Act）中肯定了美国执法机关对美国企业"控制"的境内外数据享有"主权"；欧盟在《通用数据保护条例》（GDPR）中也以普遍适用（包含所有针对欧盟用户提供产品和服务的企业）的同等保护水平要求从安全角度建立了个人数据向境外传输的管控体系；此外，俄罗斯、印度等国家或地区也纷纷通过本地化等规则确立对数据传输的控制。

在这样的背景下，我国数据合规立法趋势也在加强。2021年，《个人信息保护法》与《数据安全法》的发布，对数据安全和个人信息保护提出了方向性和基础性指引及监管要求。2022年年初，《网络安全审查办法》和《互联网信息服务算法推荐管理规定》施行，紧接着，国家互联网信息办公室也正式颁布《移动互联网应用程序信息服务管理规定》，这些都体现出数据合规及隐私保护领域立法的逐步完善，相应的监管要求也越来越明晰。

在执法层面，国家一直在采取积极措施。2022年2月28日，国务院新闻办公室举行新闻发布会，工业和信息化部对App整治提出三个"全覆盖"：对手机、平板各类终端全覆盖，对应用商店、第三方软件开发工具包、预置预装等关键的责任链环节全覆盖，对App技术检测全覆盖，让用户权益得到全方位保护。大力整治违规收集使用个人信息、弹窗骚扰等侵害用户权益的行为。2022年3月3日，工业和信息化部又通过行政指导会，对"用户浏览网页时，频繁弹窗推荐App，要求下载App才能查看全文、不用App不能看评论等，妨碍用户使用网页浏览信息"等行为进行重点整改。2023年，工业和信息化部、国家互联网信息办公室、公安部等监管部门持续纵深对App开展执法监管活动，从执法频率来看，2023年全年工业和信息化部共开展了9批对App的执法活动；以北京、上海、浙江为代表的省、市级通信管理局也分别开展了多次执法活动。

三、国企合规建设进入新阶段

为了贯彻落实党中央、国务院的决策部署，适应国有企业的发展需求与全球强化合规监管的趋势，近年来国务院国资委不断推进央企的合规管理体系建设。总体上，国务院国资委推动中央企业加强合规管理经历了由浅入深、由点到面、步步深化的过程，主要可以分为三个阶段。

（一）探索试点阶段

2015年12月，国务院国资委印发《关于全面推进法治央企建设的意见》，对中央企业依法合规经营提出明确要求。2016年4月，国务院国资委下发《关于在部分中央企业开展合规管理体系建设试点工作的通知》，选取中国石油、中国移动、东方电气集团、招商局集团、中国中铁为试点企业，开始中央企业建立合规管理体系的探索，以期形成可复制的经验。

（二）全面推广阶段

结合前述五家央企的试点工作经验，国务院国资委于2018年11月2日正式发布《中央企业合规管理指引（试行）》（以下简称《央企合规指引》）。2018年12月，国家发展改革委等七部委正式发布《企业境外经营合规管理指引》，全面推进央企合规管理体系建设。截至2022年年底，97家央企已全部成立合规委员会，其中88家央企出台了重点领域专项指引，70多家企业在业务部门和一线项目设立合规联络员，全系统专兼职合规管理人员超过3万人，68家中央企业制定合规手册。

（三）深入推进阶段

2021年10月，国务院国资委印发《关于进一步深化法治央企建设的意见》，明确要求"推动合规要求向各级子企业延伸，加大基层单位特别是涉外机构合规管理力度，到2025年中央企业基本建立全面覆盖、有效运行的合规管理体系"。2022年1月，国务院国资委办公厅发布《关于开展中央企业"合规管理强化年"工作的通知》，提出了中央企业2022年合规强化工作的总体思路、重点任务、进度安排和工作要求。

此后，国务院国资委就央企合规管理相关工作的开展和推进召开了多次工作部署会和推进会，工作部署会和推进会上提出的合规管理工作要求和中央企业合规管理相关的法律法规及文件，共同形成了中央企业的合规管理"规定动作"，其中多次提到要求企业聚焦关键领域，扎实做好"三张清单"，确保合规风险防范到位。[1] 例如，2023年中央企业深化法治建设加强合规管理工作会议明确要求中央企业以完善运行机制为关键，不断健全合规风险识别清单、岗位合规职责清单、业务流程管控清单，推动合规管理与经营管理深度融合。[2]

---

[1] 参见金观平：《抓住关键环节强化合规管理》，载《经济日报》2022年9月25日，第1版。
[2] 参见《近七成中央企业集团总部已设立首席合规官》，载国务院国资委官网2023年3月17日，http://www.sasac.gov.cn/n2588025/n2588139/c27470287/content.html。

经过数年的试点推行，国务院国资委在总结之前合规管理工作经验的基础上，于2022年8月公布了《中央企业合规管理办法》（以下简称《央企合规管理办法》），以部门规章形式突出刚性约束，进一步深入推进央企合规管理，对央企下一步合规体系建设提升和合规管理工作的开展具有重大的指导意义。

第二章　企业与公职人员交往中的合规热点问题

一、《监察法》持续深入实施，从严反腐力度不减

自2018年3月《监察法》正式公布并实施以来，国家监察体制迎来了变革性的调整，国家监察工作实现全面覆盖，惩治腐败违法犯罪的法网更加严密，国家反腐工作正式迈入"监察法时代"。

在立法层面，随着《监察法》的持续实施和监察机关反腐工作经验的进一步积累，一系列配套法规也日益完善。近年来，中央纪委国家监委陆续出台了《监察法实施条例》《关于进一步推进受贿行贿一起查的意见》《纪检监察机关监督检查审查调查措施使用规定》《关于办理国有企业管理人员渎职犯罪案件适用法律若干问题的意见》《纪检监察机关问题线索管理办法》等重要规定，为深入开展反腐工作提供了更加充分和详细的依据。尤其值得关注的是，2021年9月，中央纪委国家监委联合其他五部门发布了《关于进一步推进受贿行贿一起查的意见》，释放出对行贿行为重拳出击的信号，要求重点查处五大类行贿行为，并提出探索推行行贿人"黑名单"等联合惩戒制度，进一步改变了过去实践中某种程度上存在的"重查受贿、轻办行贿"的现象，促使各地办案机关全面提升对贿赂行为的查处力度。根据中央纪委国家监委通报数据，2023年前三季度，全国纪检监察机关坚持受贿行贿一起查，共立案行贿人员1.2万人，移送检察机关2365人，受贿行贿一起查工作

不断深入推进。

执法层面，根据中央纪委国家监委公布的全国纪检监察机关运用监督执纪"四种形态"的相关数据，2018~2022年，被运用第四种形态（严重违纪涉嫌违法立案审查）进行处理的人数一直保持高位，[①] 体现了在打击腐败违法犯罪方面"力度不减、节奏不变、尺度不松"的鲜明态度。

在监察工作日益深入开展，国家对腐败行为坚持"重遏制、强高压、长震慑"的严厉打击的态势下，企业人员应当及时关注和学习相关政策法规，认识和了解商业贿赂等腐败行为的危害性和后果的严重性，坚守底线思维，树立风险防范意识，建立好企业经营管理活动中的"负面清单"，并应当充分认识到：监察法不仅可以约束公职人员，同样可以约束相关非公职人员。[②]《监察法实施条例》第46条第4款明确规定："监察机关调查公职人员涉嫌职务犯罪案件，可以依法对涉嫌行贿犯罪、介绍贿赂犯罪或者共同职务犯罪的涉案人员中的非公职人员一并管辖。非公职人员涉嫌利用影响力受贿罪的，按照其所利用的公职人员的管理权限确定管辖。"据此，涉嫌向公职人员行贿、介绍贿赂或者与公职人员共同犯罪的非公职人员，完全可以被纳入监察机关的管辖范围。

[①] 参见《中央纪委国家监委通报2022年全国纪检监察机关监督检查审查调查情况》，载中央纪委国家监委官网，https://www.ccdi.gov.cn/toutiaon/202301/t20230113_241506.html；《中央纪委国家监委通报2021年全国纪检监察机关监督检查、审查调查情况》，载中央纪委国家监委官网，https://www.ccdi.gov.cn/toutiaon/202201/t20220121_166060.html；《中央纪委国家监委通报2020年监督检查、审查调查情况》，载中央纪委国家监委官网，https://www.ccdi.gov.cn/toutiao/202101/t20210125_234753.html；《中央纪委国家监委通报2019年全国纪检监察机关监督检查、审查调查情况》，载中央纪委国家监委官网，https://www.ccdi.gov.cn/toutiao/202001/t20200117_207914.html；《中央纪委国家监委通报2018年全国纪检监察机关监督检查、审查调查情况》，载中央纪委国家监委官网，https://www.ccdi.gov.cn/toutiao/201901/t20190108_186570.html。

[②] 根据《监察法》的规定，监察对象具体包括以下几类：（1）中国共产党机关、人民代表大会及其常务委员会机关、人民政府、监察委员会、人民法院、人民检察院、中国人民政治协商会议各级委员会机关、民主党派机关和工商业联合会机关的公务员，以及参照《公务员法》管理的人员；（2）法律、法规授权或者受国家机关依法委托管理公共事务的组织中从事公务的人员；（3）国有企业管理人员；（4）公办的教育、科研、文化、医疗卫生、体育等单位中从事管理的人员；（5）基层群众性自治组织中从事管理的人员；（6）其他依法履行公职的人员。

（一）案情简介[①]

案例　北京 A 科技公司实际控制人单位行贿案

被告单位 A 科技公司于 2013~2019 年，为承揽某国有企业项目，由公司实际控制人黄某向该国有企业党委委员、副总裁刘某请托，以免除债务、给予股权及分红款、报销个人票据等形式，给予刘某钱款共计人民币 237 万余元。

被告人黄某因涉嫌犯行贿罪于 2019 年 5 月 15 日被监察机关留置，因涉嫌犯单位行贿罪于同年 11 月 15 日被刑事拘留，同年 11 月 29 日被逮捕。

人民法院经审理认为，被告单位 A 科技公司为谋取不正当利益，向国家工作人员行贿，情节严重，其行为已构成单位行贿罪；被告人黄某作为单位直接负责的主管人员，亦构成单位行贿罪，依法应予刑罚处罚。人民检察院指控事实清楚，证据确实、充分，指控罪名成立。鉴于被告人能如实供述，被告单位及被告人自愿认罪认罚，均可依法予以从轻处罚。依照 2017 年《刑法》第 393 条、第 30 条、第 31 条、第 52 条、第 53 条、第 67 条第 3 款、第 64 条之规定，判决被告单位 A 科技公司犯单位行贿罪，判处罚金人民币 60 万元；被告人黄某犯单位行贿罪，判处有期徒刑 1 年 4 个月，并处罚金人民币 10 万元。

（二）律师点评

1. 留置知多少

本案是民营企业在与国有企业人员交往过程中实施商业贿赂的行为，由此受到监察机关立案调查，并最终被移送司法机关受刑事处罚的典型案例。

在监察调查过程中，监察机关有权采取谈话、讯问、询问、查询、冻结、调取、查封、扣押、搜查、勘验检查、鉴定、留置等调查措施。其中的留置具有限制人身自由的性质，但其既不同于拘留、逮捕，也不同于监视居住，

[①] 参见附录 1 号案例。

而是监察机关特有的一项调查措施。本案中,监察机关便对被调查人黄某采取了留置措施。

(1) 留置取代"两规"。

设立留置制度是《监察法》的一大重要举措,是对原来的"两规"措施的法治化。《监察法》及《监察法实施条例》规定了留置的适用范围、条件和程序,规范了留置措施的使用,具有明显的积极意义。

(2) 非公职人员同样可能被留置。

根据《监察法》第 22 条第 2 款的规定,除涉嫌职务违法犯罪的公职人员之外,对于涉嫌行贿犯罪或者共同职务犯罪的涉案人员,即使可能是非公职人员,监察机关也可以采取留置措施。正如上述案例中民营企业行贿人员被采取留置措施的情形,实践中非公职人员因涉嫌行贿犯罪或与公职人员构成共同职务犯罪而被采取留置措施已成为常态。

值得注意的是,根据上述规定,如果公职人员被留置,那么其涉嫌的既有可能是职务违法行为,也有可能是职务犯罪行为,也就是说,留置并不一定意味着案件已经被定性为刑事案件。但如果非公职人员被留置,则需要其涉嫌行贿犯罪或者与公职人员构成共同职务犯罪,这也意味着案件已进入刑事程序。

(3) 留置后 24 小时内,原则上应通知所在单位和家属。

根据《监察法》第 44 条第 1 款的规定,对被调查人采取留置措施后,应当在 24 小时以内通知被留置人员所在单位和家属,但有可能毁灭、伪造证据,干扰证人作证或者串供等有碍调查情形的除外。有碍调查的情形消失后,应当立即通知被留置人员所在单位和家属。

(4) 留置最长可达 3 个月至 6 个月,可折抵刑期。

根据《监察法》第 43 条第 2 款的规定,留置时间不得超过 3 个月;在特殊情况下,可以延长一次,延长时间不得超过 3 个月。

此外,留置时间还可以折抵相应刑期。如果被留置人员最终被依法判处管制、拘役和有期徒刑,则在此之前留置的时间,一日可以折抵管制二日,折抵拘役、有期徒刑一日。

2. 企业应如何正确认识并应对监察调查程序

可以预见，在接下来的反腐工作中，执法司法机关将多措并举，持续保持高压态势，切实提高腐败分子的违法犯罪成本。对于企业而言，加强内部合规制度建设，识别和防范经营、管理活动中可能出现的法律风险，应当成为一项不容忽视的工作。为此，企业应做到以下四点：

其一，企业应完善内部合规制度，规范和约束员工行为，防患于未然。建议企业针对经营过程中可能涉及的尤其是反商业贿赂方面的合规风险，开展合规调查、风险评估并采取相应的防范或整改措施，对相关岗位工作人员开展必要的合规培训。在风险排查时，可以对照参考《监察法实施条例》中规定的监察机关有权管辖的101个职务犯罪罪名，这不仅是公职人员履职行为的"负面清单"，也是企业与公职人员交往过程中应当保持警惕、避免触碰的红线。

其二，企业应当熟悉和了解调查程序和规则，就如何应对监察机关调查制订应对方案或应急预案，以便平稳处理危机事件。就该问题而言，建议企业结合自身实际需求制定有针对性的合规手册，必要时可向法律顾问等专业人士寻求指导。

其三，企业或其高管如果被监察机关调查，可以向专业人士寻求法律咨询或帮助。此外，在监察机关调查结束之前，被调查人还可以委托律师为审查起诉阶段做准备，确保辩护工作在审查起诉阶段尽快顺利开展。如符合条件，企业在审查起诉阶段可以主动向办案机关申请适用企业合规第三方监督评估机制，争取减轻或免除处罚。

其四，对国有企业而言，如果管理人员存在贪污贿赂、利益输送、浪费国家资财等损害国家或企业利益的违法犯罪行为，企业应当及时开展内部合规调查，追究相关人员责任，及时挽回损失，并加强事后教育和预防。在此过程中，企业应当制订调查工作方案，通过合法合规的方式开展内部及外部调查、收集证据材料、梳理事实经过，分析相关法律问题；如发现涉嫌违法犯罪，企业可以及时向监察机关提出举报或者控告。

二、如何区分国企工作人员与国家工作人员

尽管最高人民法院、最高人民检察院出台的司法解释中有相关规定，但在贪污贿赂案件中，国家工作人员的身份认定问题，特别是国企员工是否属于国家工作人员的问题，在司法实务中一直存在争议和分歧。

国家工作人员的身份认定问题直接关系到罪名适用及量刑。如果被告人属于非国家工作人员，构成非国家工作人员受贿罪，法定最高刑是5年以上有期徒刑。如果被告人属于国家工作人员，构成受贿罪，法定最高刑是死刑。因此，在国企员工的职务犯罪案件中，被告人通常会将是否属于国家工作人员作为重要的抗辩事由。但各地法院在处理相同或类似案件时，对这一问题的认定结果并不完全一致。

（一）案情简介

案例1　湖南某化工集团下属宜昌公司副总经理受贿案

被告人依据湖南某化工集团公司党组的推荐，被聘任为该集团公司下属宜昌公司的副总经理，负责宜昌公司的业务经营，分管基建处。检察机关指控，在任职期间，被告人在宜昌公司项目建设过程中收受项目承包方"好处费"69.5万元，并给予项目承包方关照。

被告人辩称：宜昌公司仅是国家参股的国有出资企业，其是与宜昌公司签订劳动合同的合同制员工，其副总经理的职务不是由上级党委或党政联席会任命的，仅是集团公司推荐的。因此，其不属于国家工作人员，不应构成受贿罪。

法院经审理认定，湖南某化工集团持有宜昌公司75%的股权，系宜昌公司控股股东；尽管被告人系合同制工人，但其职务依程序任命，且被告人身为国有公司的副总经理，其行为在职权范围内表现为对外代表公司签订项目合同、处置国有公司相关资产，依法应认定为国有公司中从事公务的人员，应以国家工作人员论处。

案例 2　重庆某国有能源集团公司下属控股公司副总经理受贿案

本案中，被告人在该国有能源集团公司下属控股公司担任副总经理并兼任财务总监，因收受交易对手公司给予的财物而以受贿罪被提起公诉。被告人辩称其与该下属控股公司签订劳动合同，职位由下属子公司董事会任命，并且负责财务工作，不应认定为国家工作人员。

法院经审理认定，尽管被告人经由该能源集团招录，但系与集团子公司签订劳动合同，其作为副总经理分管财务的任命虽已上报集团公司备案，但备案行为不是集团的任命或批准行为。因此，法院最终认定被告人不是国家工作人员。

（二）律师点评

关于国有企业人员身份问题，目前主要适用的司法解释是最高人民法院、最高人民检察院《关于办理国家出资企业中职务犯罪案件具体应用法律若干问题的意见》（以下简称《办理国企职务犯罪的意见》）。《办理国企职务犯罪的意见》第 6 条规定：

"六、关于国家出资企业中国家工作人员的认定

"经国家机关、国有公司、企业、事业单位提名、推荐、任命、批准等，在国有控股、参股公司及其分支机构中从事公务的人员，应当认定为国家工作人员。具体的任命机构和程序，不影响国家工作人员的认定。

"经国家出资企业中负有管理、监督国有资产职责的组织批准或者研究决定，代表其在国有控股、参股公司及其分支机构中从事组织、领导、监督、经营、管理工作的人员，应当认定为国家工作人员。

"国家出资企业中的国家工作人员，在国家出资企业中持有个人股份或者同时接受非国有股东委托的，不影响其国家工作人员身份的认定。"

根据上述规定，关于实务中认定国企相关人员身份，实际需要准确把握并综合考虑国企中国家工作人员的三个特征，即企业的国有性、任命的公派性、职务的公务性。

1. 企业的国家出资性

认定企业人员身份属于国家工作人员首要而基本的问题是该企业是"国企",即"国家出资企业"。根据《办理国企职务犯罪的意见》第 7 条的规定,国家出资企业,包括国家出资的国有独资公司、国有独资企业,以及国有资本控股公司、国有资本参股公司。《公司法》第 168 条第 2 款规定,国家出资公司,是指国家出资的国有独资公司、国有资本控股公司,包括国家出资的有限责任公司、股份有限公司。

实践中,对于不在上述范围内的企业中相关人员身份的认定问题不存在争议,该类人员除"国家机关、国有公司、企业、事业单位委派到非国有公司、企业、事业单位、社会团体从事公务的人员",均不属于国家工作人员。

争议较大的是国有资本参股公司的相关人员身份认定问题,例如,上述案例 1 中,法院将被告人所在公司属于国有控股公司作为认定的理由之一。那么,对于国有参股公司是否需要根据持股比例来认定呢?有意见认为应当将国有资本持股比例作为一个重要依据。

但我们认为,"是否控股"本身在公司法、证券法语境下就是需要具体认定的问题,如果将国有持股比例作为认定国企人员身份的重要依据,不仅增加了认定的复杂性,而且也缺乏实务中的可操作性。对于这一问题,实际只要确认该人员所在公司具有一定的国有资本即可,即首先确认"企业的国家出资性",至于持股比例多少,控股还是参股,均需要结合任命的公派性和职务的公务性两个特征来进一步考虑。

2. 任命的公派性与职务的公务性

任命的公派性与职务的公务性实际属于一枚硬币的两面。

任命的公派性属于表现形式,即相关人员的职务应当系"经国家机关、国有公司、企业、事业单位提名、推荐、任命、批准"或是"经国家出资企业中负有管理、监督国有资产职责的组织批准或者研究决定"。

职务的公务性属于实质要件,是指其所任职务应当是"从事公务""从事组织、领导、监督、经营、管理工作",即应当是从事管理性事务而并非一般的技术性、业务性工作。

对于"任命的公派性",还应当准确把握作出"提名、推荐、任命、批准"决定的主体应当是国家资产监督管理机关,国有公司、企业,事业单位,或者是上级或本级国家出资企业内部的党委、党政联席会,企业中的董事会、监事会、总经理办公会等均不是适格主体;且该等主体作出的必须是"批准等"表示公派意志的决定。例如,在上述案例2中,被告人职务是由国有参股公司董事会任命,该主体不是适格主体,且其职务仅是由参股公司上报集团公司备案,并不需要集团公司作出批准的决定,因此,最终法院未认定被告是国家工作人员。

对于上述两个特征,在认定时通常应同时考虑,只有同时符合两项要件才可以被认定为国家工作人员。

3.《监察法》项下的"公职人员"

在《监察法》实施之前,就国企工作人员身份认定问题已经存在上述争议。2018年3月20日起正式施行的《监察法》引入"公职人员"概念后,使这一问题的认定可能更加复杂。

根据《监察法》第15条的规定,监察机关对下列公职人员和有关人员进行监察:"……(三)国有企业管理人员;(四)公办的教育、科研、文化、医疗卫生、体育等单位中从事管理的人员……"

从上述条文内容分析,《监察法》项下的"公职人员"和《刑法》项下的"国家工作人员"的范围并不完全一致,特别是针对《监察法》项下"国有企业管理人"(包括医疗卫生单位从事管理的人员)与《办理国企职务犯罪的意见》中国家工作人员的认定存在一定的差异。在《监察法》尚无更具体的司法解释的情况下,"国有企业管理人员"的范围明显大于《办理国企职务犯罪的意见》中国企国家工作人员的范围。特别是在从严打击贪污贿赂犯罪的背景下,《监察法》对于"公职人员"的界定可能比《办理国企职务犯罪的意见》更为严厉,其中重大区别为:与《监察法》项下"国有企业管理人员"明显看重"职务的公务性"这一实质特征而并未强调"任命的公派性"这一形式要件相比,《办理国企职务犯罪的意见》更加强调实质重于形式的标准。因此,我们理解,在《监察法》项下,相关人员只要从事的是管理性公务行为,则无论是否由党委等适格主体任命,均可被纳入《监察法》规制的范围。

综上所述,鉴于是否为"国家工作人员"在职务犯罪案件中对定罪量刑的重要影响,且目前认定"国企国家工作人员"具有一定的复杂性,认定往往需要通过多层次、多角度的综合考虑。在我国近年来对贪污贿赂案件持续保持高压态势的情况下,更需要高度关注《监察法》施行后实践中对"公职人员""国家工作人员"身份认定问题,准确把握法律适用及政策界线,使企业反商业贿赂合规更符合当下的形势及需要。

三、如何区分医疗机构工作人员与国家工作人员

在认定国家工作人员的过程中,医疗机构工作人员(如医生)是一类比较特殊的主体。一方面,公立医院的院长或科室主任是公立医院的行政管理者;另一方面,院长或科室主任同时是执业医生,从事具体的医疗诊断活动。

由于医疗机构工作人员可能兼具公职性权力(如药品采购决策权)与技术性权力(如处方权)这两种属性截然不同的权力,与国企工作人员相比,医疗机构工作人员的身份认定问题尤为复杂。

(一)案情简介

案例1 沈某某犯非国家工作人员受贿案[①]

被告人沈某某于2008年4月至2013年12月担任某医院骨二科主任及副主任医师,全面负责骨二科的各项工作。沈某某所在的医院实行医用植入性耗材零库存,由医院事先确定耗材供应商、耗材价格,并与耗材供应商签订合同。骨二科在具体手术诊疗过程中,根据需要通知医院确定的耗材供应商

---

① 参见附录2号案例。

直接提供相应耗材跟台手术。

沈某某担任骨二科主任期间,利用职务上的便利,分3次非法收受供货商彭某某所送现金共计14万元。据此,法院以非国家工作人员受贿罪对沈某某判处有期徒刑3年,缓刑3年。

案例2　厉某、薛某受贿案①

温州市急救中心系财政全额拨款的事业单位,担负政府性的院前急救任务。厉某、薛某系温州市急救中心急救车随车医生和驾驶员,两人利用执行院前急救的职务便利,将急救病人送往温州市A医院、温州市B医院等医院救治。上述医院为表示感谢并希望厉某及薛某多送急救病人到院救治,以增加业务量,遂按照相应标准支付好处费,厉某、薛某予以收受并平分。据此,法院以厉某、薛某犯受贿罪,分别判处有期徒刑1年6个月和有期徒刑2年,缓刑3年。

(二)律师点评

1. 公职性权力与技术性权力的区分

2008年,最高人民法院、最高人民检察院颁布《关于办理商业贿赂刑事案件适用法律若干问题的意见》(以下简称《关于办理商业贿赂的意见》),其中第4条对医疗机构工作人员受贿的定罪原则做了明确规定。具体可分为以下三点:

(1)医疗机构中的国家工作人员在药品、医疗器械、医用卫生材料等医药产品采购活动中,利用职务上的便利,索取销售方财物,或者非法收受销售方财物,为销售方谋取利益,构成犯罪的,以受贿罪定罪处罚。

(2)医疗机构中的非国家工作人员有上述行为,构成犯罪的,以非国家工作人员受贿罪定罪处罚。

(3)医疗机构中的医务人员利用开处方的职务便利,以各种名义非法收受药品、医疗器械、医用卫生材料等医药产品销售方财物,为医药产品销售

---

① 参见附录3号案例。

方谋取利益，构成犯罪的，以非国家工作人员受贿罪定罪处罚。

可见，关于医疗机构工作人员受贿的定罪问题，《关于办理商业贿赂的意见》第 4 条区分了在医药产品采购活动中利用职务便利与利用开处方的职务便利这两种不同情形。

"医药产品采购"是医疗机构提供公共医疗卫生服务的重要前提，公立医疗机构的性质是事业单位，其所需经费由国家公共财政划拨，我国行政法规及部门规章对于公立医院的药品和医疗器械采购均规定需要集中采购，以此降低采购价格，减轻患者医疗费用负担。由此可见，公立医院的医药产品采购使用的是公共财政经费，也是国家管理职能在公共卫生领域的具体体现。

开处方是执业医生为患者诊断疾病，并提出科学、合理、有效的治疗方案的一种表现形式。从某种意义上可以认为，医生开处方的行为是医疗行为的一个组成部分，而医疗行为本身并不是医院的管理活动，因此开处方行为是通过技术劳动、技术工作实现的，不是一种职权，自然不能认为是行使国家公权力的公务活动。即使医生是在公立医院工作，但其给患者开方治病的活动在本质上仍是一种劳务或技术性服务，这种诊疗活动与组织、领导、监督、管理等从事公务的活动是不同的。因此，医生利用处方权收受开单药品回扣的行为应当被定性为非国家工作人员受贿罪。

应当注意，医生很可能同时担任行政管理职务，最常见的就是公立医院的院长、科室主任、医疗小组组长等，他们拥有双重身份，兼具技术性职务（处方权）与公权性职务（行政管理权）。两者区分的关键在于受贿人利用的是其在医药产品采购中的建议、推荐或者决定权，还是医疗诊断过程中的处方权。

例如，在案例 1 中，沈某某没有参与医院确定耗材供应商、耗材供应价格的过程，而是在具体的诊疗和手术环节利用职务便利收受供应商好处费。因此，沈某某的受贿行为是与医生的处方权相联系的，与医药产品采购过程中的公职性权力无关，按非国家工作人员受贿罪论处。

2. 医疗机构工作人员的公职性权力不仅限于医药产品采购

虽然《关于办理商业贿赂的意见》第 4 条仅明确规定了在医药产品采购

活动和开处方两种具体情形下的定罪原则,但不能据此就认为医生只有在上述两种情形下收受他人财物才能构成相应的犯罪。结合当时的执法背景来看,《关于办理商业贿赂的意见》第4条是有针对性地解决当时医疗机构工作人员贿赂犯罪中的两个重点和疑难问题,而不是对医疗机构中贿赂犯罪的表现形式作出限定。

例如,案例2中,厉某、薛某是温州市急救中心急救车上的随车医生和驾驶员。他们的工作职责是受急救中心指派出勤,将病患及时送至相关医院。他们所在的急救中心是财政全额拨款的事业单位,担负政府性的院前急救任务。因此,厉某、薛某的工作职责属于履行管理公共事务的职责范围。厉某、薛某将急救病人送往特定医院的行为与医疗诊断行为无关,是利用了急救送诊的公权,因此应认定为国家工作人员,按照受贿罪论处。

四、警惕以交易形式非法收受贿赂的新型受贿方式

2007年最高人民法院、最高人民检察院出台《关于办理受贿刑事案件适用法律若干问题的意见》明确规定了交易型贿赂,主要规制房屋、汽车等物品高买低卖的交易型贿赂。随着经济不断发展,交易形式越来越多样化,交易型贿赂的方式也随之千变万化。近几年出现的交易型贿赂主要类型包括以物易物、艺术品买卖、赊购交易等。

交易型贿赂实质是在合法民事交易的外衣下进行实质的贿赂犯罪。在刑事和民事问题交织的情况下,如何正确区分正常的民事交易和以交易为外衣的贿赂犯罪,刺破"交易"面纱,对交易型贿赂进行穿透认定,成为司法实践中的难点问题。

(一)案情简介

案例1 许某某受贿案[①]

被告人许某某在担任苏州市某区原房产管理局局长兼任下属苏州市某甲

---

① 参见附录4号案例。

房地产开发有限公司法定代表人期间，利用职务之便，以明显低于市场的价格向苏州某乙房地产开发有限公司购买某小区商品房一套，后转手赚取差价，收受贿赂人民币 116,223 元。经法院审理查明，许某某构成受贿罪。

案例 2 肖某某受贿案[①]

2011 年三四月，伍氏三姐妹相中位于原某国土资源所辖区内斗瓦路 B 小区的房子，请时任某国土资源所所长的被告人肖某某出面，要求 B 小区开发商桑某在房价上给予优惠。肖某某打电话给桑某，要求桑某给予优惠，最终伍某甲以 13.6 万元购得某小区 3 栋 2 单元 602 室（129.46 平方米），伍某乙、伍某丙各以 10 万元购得 1 栋 2 单元 602 室、702 室（102.39 平方米）。桑某认为被告人肖某某在其开发中没有帮太大的忙，后打电话给被告人肖某某要求三套房子补交房款 15 万元，否则就不办理房产证并且举报被告人。被告人肖某某要伍氏三姐妹补交了 10 万元。2013 年三套房子交付。经法院审理查明，最终认定肖某某不构成受贿罪。

（二）律师点评

尽管上述两个案例都是房产买卖过程中，房地产开发商对房屋管理部门、自然资源管理部门的国家工作人员给予一定的购房优惠，但是，由于两案存在关键性差异，最终产生了截然相反的判决结果。

在案例 1 中，辩护人提出被告人许某某享受的优惠房价是开发商为拉低整个楼盘房价，避免行政处罚，经过事先集体商定决定的针对批量商品房且不针对特定人的最低优惠价格，属于《关于办理受贿刑事案件适用法律若干问题的意见》所规定的最低优惠价格，并非收受贿赂。但是，法院依然认定被告人许某某构成受贿罪。主要是因为开发商虽然事先设立了较低的优惠价格，但销售对象却是特定关系人，且真正按照该优惠价格销售的对象并不多。

在案例 2 中，被告人肖某某主动请求开发商给予其朋友购房折扣的优惠，

[①] 参见附录 5 号案例。

但是，第一，肖某某本人不是实际购房人；第二，实际购房人与肖某某之间并不存在特定利益关系，即实际购房人不是肖某某的特定关系人；第三，虽然肖某某请求开发商给予优惠，但是房屋价款并没有明显低于市场价，属于正常的购房折扣优惠。并且，在开发商要求后，也已经补交了差价。最终法院认为肖某某的行为不构成受贿罪。

实际上，上述两个截然相反的判例在一定程度体现了我国司法机关认定交易型贿赂的方法原则，即"实质性判断"。

1. 交易型贿赂的交易行为存在不对等性，即交易本身背离平等民事主体之间进行交易的正常市场交易规则。

民事交易的特征是交易主体之间具有平等性，受正常市场交易规则的制约。但交易型贿赂存在明显偏离市场价格的"高价卖出""低价购入"等不等价性交易行为。其中的"差价"就是权力交换的对价。究其本质，这类"交易"并不属于正常的民事交易，不具备真实的民事法律属性。

为了确保刑事打击的准确性和谦抑性，实践中需要慎重区分优惠购物和交易型贿赂的区别。因此，《关于办理受贿刑事案件适用法律若干问题的意见》规定，优惠购物不作为构成受贿罪的条件，但仍需要注意优惠购物也是面向不特定主体的正常交易行为，具备真实的民事法律属性。

根据《关于办理受贿刑事案件适用法律若干问题的意见》的规定，商品经营者事先设定的不针对特定人的最低优惠价格属于市场价格。根据商品经营者事先设定的各种优惠交易条件，以优惠价格购买商品的，不属于受贿。交易型贿赂不构成犯罪的一种情形就是事先设定了优惠购物条件，正确区分交易型贿赂与优惠购物，有助于我们更好地甄别交易型贿赂。

优惠购物，究其本质，是指商家在交易活动中的让利行为。那么，正常的商家让利和利益输送应当如何区分？笔者认为，优惠购物应当至少具备以下特征：第一，优惠价格应当是经营者事先设定的。对于房屋而言，一般是指开盘之前，开发商已经基于很多因素的考虑，制定了一些优惠条件，当条件被触发时，一部分人员可以享受到优惠价格。第二，优惠价格的设定是有正当事由的。正常的商家让利，一般都基于去库存、资金回笼、仓储不便等各种原因。其本质还是为了实现利益最大化。第三，优惠条件尤其是优惠价格的对象必须是不特定的人。

2. 交易型贿赂的交易行为具有"实质违法性"，即交易实质符合贿赂犯罪的权钱交易本质特征。

对于交易型贿赂，除了要考虑该交易是否明显背离正常市场交易规则，否定其民事法律属性，还要从刑事犯罪的实质违法性角度考虑，该行为是否具备贿赂犯罪权钱交易的本质特征。

经营者在正常的交易关系中主要是为了谋求自身利益的最大化。即使出现暂时的促销、让利等优惠，从整体商业运营来看，经营者依旧能获利或者减少损失。然而，贿赂关系中，行、受贿双方本身并不对等，行贿人在贿赂关系中产生的直接经济利益减损显而易见。因为在贿赂关系中，行贿人的目的并不是在该笔交易中获利或者降低损失，而是以金钱交换受贿方手中的权力，即权钱交易。

从司法实践的角度判断一项交易是合法民事交易还是交易型贿赂，核心要点是判断其中是否存在权钱交易。

仍然以房地产交易为例，如果行贿人系开发商，在被告人职权范围内从事商品房开发业务，而受贿人作为房地产管理部门的国家工作人员，具有审批商品房预售许可证等权力，则行贿人与受贿人在业务上存在行政管理的关系，其以低于市场的价格将房屋卖给受贿人，是希望受贿人在审批预售许可证上给予照顾，符合权钱交易的本质特征，应当被认定为交易型贿赂。

如果国家工作人员在房屋交易过程中不是为自己谋取利益，只是基于朋友情谊帮忙，并不涉及利用职务上的便利为开发商谋取利益，即使开发商在国家工作人员或其关系密切人员购买房屋时给予了一定的优惠折扣，其行为也不符合权钱交易的本质特征。

综上所述，鉴于民事交易呈现出越来越丰富的形式，如何有效鉴别正常民事交易行为与交易型贿赂、警惕交易型贿赂陷阱，在当前司法环境下显得更为复杂。认定交易型贿赂需要从多个角度进行实质性判断。一方面，国家工作人员面对明显不合常理的交易，应当时刻谨记廉洁从业，坚决拒绝各类诱惑；另一方面，对于涉及国家工作人员的交易也不能搞"一刀切"，应当正确甄别其中合法的民事交易，切实保护经济往来中的正常交易行为。

第三章　企业与交易相对方及其员工交往的合规热点问题

一、如何适用"穿透原则"认定交易相对方和受交易相对方委托的主体

2017年11月,《反不正当竞争法》修订草案表决通过后,原国家工商总局反垄断与反不正当竞争执法局局长杨红灿在接受《中国工商报》记者专访时表示,在认定"受交易相对方委托办理相关事务的单位或个人"这类商业贿赂主体时,应当具体分析实际交易的双方。例如,学校受全体学生委托与校服供应商签订校服购买合同,此时交易的双方应当是供应商和学生,交易的法律后果实际由学生承担。如果供应商给予学校财物或者其他经济利益,则涉嫌构成商业贿赂。

这表明,表面上看校服采购合同系由学校和供应商签订,但执法机关可以突破销售合同关系,认定学校是受学生委托的主体,实际的交易双方是学生与供应商。如果供应商向学校输送不正当利益,可能涉及商业贿赂。这种突破表面合同关系分析实际交易双方,并基于此认定商业贿赂主体的做法,被许多业内人士称为"穿透原则"。

"穿透原则"的提出给实务界带来一定困惑。例如,很多企业生产的产品都需要经过多个中间环节才能到达终端用户。如果产品经销商在这些中间环节中存在不正当利益输送,执法机关是否会一概适用"穿透原则",认定

生产企业构成商业贿赂？如果民事法律关系被穿透，那么执法机关认定实际交易关系的依据和标准又是什么？

（一）案情简介[①]

2016年10月31日，贵州省凯里市市场监督管理局根据市监察部门移送的线索对某教材供应商进行立案调查。经查，凯里市某中等职业学校与教材供应商达成2015年秋季教材采购协议。双方口头约定，名义上的教材采购价格为教材原价的83%，并按名义价格向学校开具增值税发票，但实际采购价格是教材原价的78%，5%的差价由教材供应商收取后再返还给学校。根据2015年秋季教材采购量，教材供应商向学校返利64,616.5元。

最终，学校因违反国家法律和学校财政纪律，受到纪检监察部门的处理。凯里市市场监督管理局认定教材供应商构成商业贿赂，对其罚款1.3万元，没收违法所得77,038.14元。

（二）律师点评

无论是前述的校服采购案，还是教材采购案，都属于公办学校代学生采购物品的行为，教育主管部门对此类行为有一些特殊规定。

1. 关于公办学校代收费管理的特殊规定

2010年7月，国家发改委和教育部联合发布《关于规范中小学服务性收费和代收费管理有关问题的通知》（以下简称《中小学收费通知》）。《中小学收费通知》规定，公办中小学（包含义务教育学校、高中阶段学校及中等职业学校）（以下简称学校）为方便学生在校学习和生活，在学生或学生家长自愿的前提下，可以代收代付服务性费用。服务性收费，是指学校在完成正常的教学任务外，为在校学生提供由学生或学生家长自愿选择的服务而收取的费用。虽然各省学校的服务性收费和代收费项目、收费标准不同，但校

[①] 参见附录6号案例。

服费、教材费、学生基本医疗保险费等一般都属于代收费项目。[①]

《中小学收费通知》规定，公办学校向学生收取的校服费、教材费或其他代收费应符合以下要求：

（1）自愿。校服、教材等代收费项目必须坚持学生或学生家长自愿原则，学校不得强制或变相强制收费。

（2）公开。学校要在招生简章、入学通知书、公示栏中向学生或学生家长公示代收费项目、收费标准和批准收费的文号，主动接受学生、家长和社会的监督。

（3）非营利。学校在"代收代付"校服费、教材费时受到严格的资金使用限制。首先，《中小学收费通知》规定，"代收费收入由学校全部转交提供服务的单位"，"不得计入学校收入"。其次，"学校和教师在为学生……代办有关事项的过程中不得获取任何经济利益，不得收取任何形式的回扣"，"有折扣的，须全额返还学生"。

由此可见，虽然与供应商签订校服、教材等销售合同的主体是学校，但相关政策法规已经明确学校与供应商之间只是代收代付关系，真正的交易双方是学生与供应商。

2. "穿透原则"的适用条件

2017年《反不正当竞争法》第7条第1款规定，经营者不得采用财物或者其他手段贿赂单位或者个人，以谋取交易机会或者竞争优势：（1）交易相对方的员工；（2）受交易相对方委托办理相关事务的单位或个人；（3）利用职权或者影响力影响交易的单位或个人。我们理解，只有在判断是否存在向第二类或第三类主体输送不正当利益的行为时，才可能涉及三方以上主体，才可能适用"穿透原则"。而且，利用影响力影响交易的单位或个人显然不

[①] 例如，《湖北省物价局、湖北省教育厅关于进一步规范中小学服务性收费和代收费管理有关问题的通知》（鄂价费〔2017〕5号，已失效），《山东省物价局、山东省财政厅、山东省教育厅关于进一步规范公办中小学服务性收费和代收费管理有关问题的通知》（鲁价费发〔2017〕146号）均规定校服费、教材费属于代收费项目。

会与行贿方签订合同,所以能够适用"穿透原则"认定的主体只能是"交易相对方委托办理相关事务的单位或个人"。

从一般的合同法律关系来看,谁签订合同谁就是交易当事人。但在反商业贿赂执法过程中,执法机关可能还要考察合同关系之外是否存在委托关系。因此,在国家发改委和教育部明文规定公立学校仅是代收代付校服费、教材费,且校服、教材供应商向学校给付不当利益的情况下,将公立学校认定为受学生委托办理相关事务的主体即受托方,比将其认定为交易相对方更切合实际,也更符合2017年《反不正当竞争法》第7条的立法本意。

我们认为,虽然国家工商行政管理总局已被撤销,并新组建国家市场监督管理总局,但原反垄断与反不正当竞争执法局杨红灿局长在2017年《反不正当竞争法》出台后发表的论述对企业明晰执法趋势仍有指导意义。考虑到各级、各地市场监督管理部门的执法水平不一,我们希望各执法机关能正确理解杨红灿局长的讲话,在适用"穿透原则"时不泛化、不走偏。

第一,适用"穿透原则"认定存在委托关系,应该以明确的合同约定或法律规定为前提,即三方主体之间要么有合同确认的委托关系,要么有法律规定的委托关系,如公立学校与学生或家长之间的代购代缴委托关系。只有在存在委托关系,且有不正当利益输送的情况下,才可适用"穿透原则"认定相关主体之间可能存在的商业贿赂。

第二,能否适用"穿透原则"应结合案情具体分析,避免"一刀切"。以教材采购为例,学校的性质、采购的内容、学校的参与程度都是我们分析时应当考虑的因素。例如,私立培训机构不是《中小学收费通知》规范的主体,培训机构与学生之间不存在《中小学收费通知》规定的代收代付关系,即使培训机构向学生收取的培训费中涵盖教材费,培训机构采购教材时接受供应商给予的价格折扣,也不宜适用"穿透原则"将折扣款认定为商业贿赂。再如,公立小学推荐学生购买课外读物,并从中收取供应商返利的情况,因课外读物不属于《中小学收费通知》规定的代收费范围,公立小学与学生之间不存在委托关系,学校也不宜被认定为"受交易相对方委托办理相关事务的单位"。

第三,在"反不正当竞争法实施细则"出台之前,企业仍应谨慎对待自己与合同相对方之间的折扣或者返利,不可草率地将合同的签字盖章主体一概认定为交易相对方,认为彼此不是 2017 年《反不正当竞争法》第 7 条规定的三类商业贿赂主体,低估商业贿赂风险。

二、企业向交易相对方支付回扣的合规风险

在《反不正当竞争法》于 2017 年修订之前,向交易相对方支付账外暗中的回扣无疑属于典型的商业贿赂行为。但《反不正当竞争法》于 2017 年修订后,向交易相对方支付回扣是否仍然构成商业贿赂是一个颇有争议的问题。

一方面,2017 年修订后的《反不正当竞争法》第 7 条第 1 款没有明确地将交易相对列为受贿主体。第 7 条第 1 款规定:"经营者不得采用财物或者其他手段贿赂下列单位或者个人,以谋取交易机会或者竞争优势:(一)交易相对方的工作人员;(二)受交易相对方委托办理相关事务的单位或者个人;(三)利用职权或者影响力影响交易的单位或者个人。"

另一方面,2017 年《反不正当竞争法》第 7 条第 2 款又保留了向交易相对方支付折扣必须如实入账的规定。第 7 条第 2 款规定:"经营者在交易活动中,可以以明示方式向交易相对方支付折扣,或者向中间人支付佣金。经营者向交易相对方支付折扣、向中间人支付佣金的,应当如实入账。接受折扣、佣金的经营者也应当如实入账。"

我们以近几年执法机关对设备捆绑耗材销售模式的查处案例着手,分析向交易相对方支付回扣在《反不正当竞争法》下的合规风险。

(一)案情简介[①]

济南某科技有限公司为了获得交易机会,于 2013 年 9 月与某市妇幼保健

---

① 参见附录 7 号案例。

院签订了《某型大便常规分析仪合作协议书》，向妇幼保健院免费提供价值 8 万元的大便常规分析仪一套。

该协议书明确约定，公司免费提供该设备后，妇幼保健院须购买其提供的设备所用的试剂及耗材，不得从第三方或其他公司购买。双方合作期限为 3 年，至诉讼时已合作期满。根据该协议书的约定，设备所有权已归妇幼保健院所有。

该设备自 2013 年 9 月投入使用后，公司先后 6 次向妇幼保健院销售该设备所用试剂及耗材，销售金额 39,000 元，购进金额 18,000 元，缴纳税款 3447.96 元，违法所得 17,552.04 元。2015 年 4 月后该公司未再向妇幼保健院销售该设备所用试剂及耗材。

济南市某区市场监督管理局依据 1993 年《反不正当竞争法》第 8 条、第 22 条的规定，对公司作出罚款 20,000 元，没收违法所得 17,552.04 元的处罚决定。

（二）律师点评

该案中，公司向妇幼保健院免费投放了一台大便常规分析仪。合作期限届满后，设备的所有权归妇幼保健院所有。这是比较典型的以转移设备所有权的方式向医院投放设备，从而获取医药耗材交易机会的案例。

1. 设备捆绑耗材销售可能涉嫌支付回扣，在 1993 年《反不正当竞争法》下存在合规风险

从商业本质上看，设备捆绑耗材销售的模式是生产或销售医疗器械的企业以实物方式向医院即交易的相对方让利。在财务上，符合"明折明扣"要求的折扣可以有两种处理形式：（1）支付价款时对价款总额按一定比例即时予以扣除，即售前折扣；（2）支付价款总额后再按一定比例予以退还，即售后返利。但在实务中，以"明折明扣"的方式处理设备捆绑耗材销售存在诸多财务难点。

首先，捆绑销售的医疗设备价值高、使用周期长。投放设备的医疗器械经营企业往往要求医院在数年内的耗材采购量达到约定的金额或者保证不再

从其他渠道购买耗材时，才将设备所有权转交医院。在这种情况下，财务上按照售前折扣的方式进行处理存在一定障碍。

其次，完成每一笔耗材销售后，医疗器械经营企业均会向医院出具耗材的增值税专用发票。医院完成约定的采购金额后，医疗器械经营企业应当按照国家税务总局《关于纳税人折扣折让行为开具红字增值税专用发票问题的通知》开具红字增值税专用发票（以下简称红字发票）。但是，开具红字发票需要医院首先向主管税务机关提出申请。实践中，很少有医院能做到先行提出申请。而且，当医用耗材执行挂网集中采购时，医疗器械经营企业也可能担心开具红字发票会拉低自身产品的挂网价，影响后续销售。因此，将捆绑销售的设备按照售后返利的方式进行财务处理同样存在障碍。

综上可知，设备捆绑耗材销售的模式在1993年《反不正当竞争法》下存在商业贿赂风险。原国家卫计委、原国家工商总局等国务院九部委也曾于2017年《反不正当竞争法》正式出台前，联合下发《医用耗材专项整治活动方案》，要求严肃查处假借租赁、捐赠、投放设备等形式，捆绑耗材和配套设备销售等涉嫌商业贿赂的不正当竞争行为。

针对向交易相对方支付回扣在现行《反不正当竞争法》下的合规风险，有部分观点认为，现行《反不正当竞争法》第7条第1款将交易相对方排除在商业贿赂的主体之外，即使经营者账外暗中给予交易相对方好处，也不应再按照商业贿赂查处。医院作为耗材交易的相对方，接受捆绑销售的设备也不构成商业贿赂。对此我们有不同的看法。

第一，我国现行《反不正当竞争法》第7条是界定商业贿赂行为的专门条款。如果交易相对方不再是商业贿赂的主体，向交易相对方支付回扣就不构成商业贿赂。那么，现行《反不正当竞争法》第7条第2款规定向交易相对方支付折扣应当如实入账的意义何在？如果账外暗中支付回扣的行为仅仅违反其他法律法规，而不涉及商业贿赂的话，立法者完全可以通过其他法律予以规范，似乎不必在现行《反不正当竞争法》第7条中保留关于如实入账的规定。

第二，现行《反不正当竞争法》第 19 条规定，经营者违反本法第 7 条规定贿赂他人的，由监督检查部门没收违法所得，处 10 万元以上 300 万元以下的罚款。情节严重的，吊销营业执照。从文字表述上看，第 19 条针对的是违反第 7 条的行为，而不是仅针对违反第 7 条第 1 款的行为。因此，如果经营者违反了第 7 条第 2 款关于如实入账的规定，也有可能会依据第 19 条承担法律责任。参考美国的《反海外腐败法》（Foreign Corrupt Practices Act, FCPA）就会发现，美国 FCPA 不仅有贿赂条款，也有会计条款。即使企业没有违反贿赂条款，但违反了会计条款，美国司法部或证券交易委员会仍然会按照美国 FCPA 进行查处。

第三，向交易相对方支付回扣是否属于商业贿赂，还涉及《反不正当竞争法》与《刑法》《药品管理法》等法律的衔接问题。《刑法》第 391 条规定，在经济往来中，违反国家规定，给予国家机关、国有公司、企业、事业单位、人民团体各种名义的回扣、手续费的，构成对单位行贿罪。第 387 条规定，国家机关、国有公司、企业、事业单位、人民团体在经济往来中，在账外暗中收受各种名义的回扣、手续费的，构成单位受贿罪。《药品管理法》也明确禁止药品上市许可持有人、药品生产企业、药品经营企业和医疗机构在药品购销中给予、收受回扣或者其他不正当利益。因此，将回扣纳入商业贿赂的范畴，更利于《反不正当竞争法》与《刑法》《药品管理法》等法律的统一和衔接。

2. 设备捆绑耗材销售是否涉嫌贿赂可能影响交易的第三方

2018 年 5 月 11 日，市场监管总局下发了《关于进一步加强反不正当竞争执法工作的意见》（以下简称《加强反不正当竞争执法的意见》），其中明确指出为进一步推进《反不正当竞争法》实施，建设统一开放、竞争有序的市场体系，将重点查处医院、学校等具有公共管理和服务职能的主体违法收受财物或者其他利益的商业贿赂行为。

《加强反不正当竞争执法的意见》特别提到将重点打击经营者假借租赁、捐赠、投放设备等形式贿赂利用职权或者影响力影响交易的医疗机构，捆绑耗材和配套设备销售等损害竞争秩序的行为。

值得注意的是，医院是耗材采购合同的缔约主体，是耗材和配套设备的直接采购方，在民事法律关系上处于交易当事人的位置，但《加强反不正当竞争执法的意见》却将医院在设备捆绑耗材销售中的身份界定成《反不正当竞争法》第7条第1款第3项规定的"利用职权或者影响力影响交易的单位或者个人"。

这意味着市场监督管理机关在执法过程中可能会穿透原有的民事法律关系，对交易关系进行重新界定。我们在本书第三章"一、如何适用'穿透原则'认定交易相对方和受交易相对方委托的主体"中专门讨论了在认定"受交易相对方委托办理相关事务的单位或者个人"时如何适用穿透原则的问题。当有明显证据证明签订合同的主体不是实际交易双方时，行政机关可以穿透民事合同对实际交易关系作出认定，但不宜扩大化地适用穿透原则。《加强反不正当竞争执法的意见》运用穿透原则，将医院认定为可能影响交易的单位，背后的依据目前还不甚清楚，《加强反不正当竞争执法的意见》也没有进一步说明这样认定的原因。

据媒体报道，国家正在研究和制定现行《反不正当竞争法》的配套实施细则，目前细则尚未出台。业界对于如何理解现行《反不正当竞争法》规定的商业贿赂主体，如何理解与适用市场监管总局的《加强反不正当竞争执法的意见》的看法不统一。在这样的前提下，我们建议，采用设备捆绑耗材销售模式的企业应保持审慎态度，必要时与专业律师开展合作，对相关商业模式做系统、全面的风险评估，并积极谋求商业模式的转型或升级，将合规风险降至最低。

三、企业常见赞助形式的合法性分析

赞助是一种常见的商业行为。近年来执法机关查处了很多与赞助有关的案件。仅上海的市场监督管理局就曾在2017年年底接连对4家医药企业开出罚单。许多企业常用的赞助形式都已被执法机关认定为涉嫌商业贿赂。这些处罚案例的出现使赞助与商业贿赂之间的区别变得模糊。到底哪些行为是合法赞助？哪些行为是商业贿赂？

（一）案情简介

上海某医疗器械有限公司（以下简称某公司）是苏州大学某附属医院骨科手术医用耗材经销商。2011年10月11日至13日，附属医院在苏州体育馆举办"骨科业务运动医学关节外科培训班"。参加培训的人员主要是该院骨科医生及该大学骨科系在校生。某公司协办并参加了此次培训，负责会务服务。在附属医院骨科医生的安排下，某公司以现金方式支付场地租赁费6000元给苏州体育馆。苏州体育馆开具了以附属医院为抬头的发票。

上海市工商行政管理局青浦分局（现更名为上海市市场监督管理局青浦分局）认为，某公司为了销售其产品而替相关业务科室支付培训会场地租赁费的行为构成商业贿赂，罚款5万元。因6000元的场地租赁费未指向双方之间的某笔特定业务，故无法计算违法所得。

（二）律师点评

1. 赞助的法律依据

关于企业的赞助行为，我国尚没有统一的、专门性的法律法规。对于何为法律允许的赞助行为，企业可以参考财税领域的相关规定。

《企业所得税法实施条例》第54条规定，赞助支出是指企业发生的与生产经营活动无关的各种非广告性质支出。

《中华人民共和国企业所得税法实施条例释义及适用指南》[①] 对此作出进一步解释："认定赞助支出，主要是区别它与公益性捐赠和广告支出的差异。所谓公益性捐赠，是指企业用于公益事业的捐赠，不具有有偿性，所捐助范围也是公益性质，而赞助支出具有明显的商业目的，所捐助范围一般也不具有公益性质，两者容易区分。广告支出，是企业为了推销或者提高其产品、

[①] 《中华人民共和国企业所得税法实施条例》立法起草小组编，史耀斌、孙瑞标、刘炟主编：《中华人民共和国企业所得税法实施条例释义及适用指南》，中国财政经济出版社2007年版。

服务等的知名度和认可度为目的,通过一定的媒介,公开地对不特定公众所进行的宣传活动所发生的支出,与企业的生产经营活动密切相关,而赞助支出与企业的生产经营活动无关。"

由此可见,赞助支出是不同于公益性捐赠和广告支出的支出。相比公益性捐赠的无偿性和捐助范围的公益性,赞助支出具有明显的商业目的,且捐助范围一般不具有公益性。相比广告支出的与企业生产经营活动密切相关,赞助支出一般与企业的生产经营活动无关。

2. 合法赞助的基本特征

我们认为,合法的企业赞助应至少符合以下三个基本特征:

第一,企业可以通过赞助获得一定的宣传推广机会。这种宣传推广机会不同于广告发布,企业获得的不是借助一定的媒介发布产品广告的权利,而是发布广告之外的对活动进行冠名、布置展台及分发宣传资料等宣传推广。

第二,企业赞助具有明显的商业目的。这种商业目的通常是指企业借助宣传推广提高自身的知名度或美誉度,并以此影响商品销量。企业赞助的商业目的应以正当合法为前提。

第三,给付的赞助费与宣传推广机会之间存在一定的对价关系。赞助方与被赞助方一般会签订赞助合同,约定具体的赞助事项和赞助金额。赞助协议及相关票据有利于证明赞助行为的真实性。

3. 实务中不同赞助形式的合法性

《反不正当竞争法》第7条规定,企业不得采用财物或者其他手段贿赂相关单位或个人以谋取交易机会或竞争优势。企业在赞助的过程中,如果不能很好把握赞助的本质特征,向相关单位或个人提供财物或给付利益的行为即便被冠以"赞助"之名,也可能会被认定为涉嫌商业贿赂。

我们根据赞助对象的不同,将其区分为对个人的赞助和对单位的赞助。

(1) 对个人的赞助。

对个人的赞助,一般表现为赞助官员或交易相对方员工出国考察、旅游、参加培训、会议或继续教育。这些活动的赞助费用通常包括会议注册费、食宿费、差旅费、培训费等。有的企业会直接将赞助费交给官员或交易相对方员工自行支配。有的企业则选择向提供会议注册、食宿、差旅的第三方直接支付费用，使官员或交易相对方员工免费享受上述服务。我们认为，无论是上述哪种操作方式，企业直接赞助个人的合规风险都比较高，原因有以下三点：

第一，官员一般具有国家工作人员身份，具有一定的管理公共事务的职权。很容易被认定为"利用职权影响交易的个人"。"利用职权影响交易的个人"与"交易相对方员工"都是《反不正当竞争法》规定的商业贿赂的受贿主体。

第二，向官员或交易相对方员工直接给付赞助费的行为属于向其给付财物。给官员或交易相对方员工免费参加会议、培训、旅游的机会是给予其财物以外的其他利益，属于以财物以外的其他手段进行贿赂。无论哪种做法都属于《反不正当竞争法》规定的商业贿赂手段。

第三，官员或交易相对方员工作为企业的监管主体或实际交易主体，并不秉承为企业进行宣传推广的义务。因此，"赞助"官员或交易相对方员工很难被认定为是为了提高企业的知名度或美誉度，反而很容易被认定为是为了谋取交易机会或竞争优势。这类赞助行为一旦被认定为谋取交易机会或竞争优势，便符合《反不正当竞争法》对商业贿赂主观目的的规定。

目前，实务中已经出现将企业赞助医生个人外出参加培训的行为认定为商业贿赂的案例。例如，上海黄浦区市场监督管理局认为上海某齿科制作有限公司直接向培训公司支付培训费6000元，赞助上海某区中心医院口腔科医生外出培训的行为属于商业贿赂。因此，建议企业尽量避免以官员或交易相对方员工为对象的各类赞助。

（2）对单位的赞助。

根据赞助方与受赞助方之间是否存在交易关系，可将对单位的赞助进一步分为对交易相对方的赞助和对其他第三方的赞助。

①对交易相对方的赞助。

对交易相对方的赞助，可以表现为赞助交易相对方的"开业庆典""周年庆典"或者赞助交易相对方主办的会议、论坛或者培训等活动。

企业赞助交易相对方的"开业庆典""周年庆典"通常是单方面的给付行为。受赞助的交易相对方一般不会与企业签订赞助协议，也不会向企业开具发票抑或提供简单收据。对于此类赞助是否涉嫌商业贿赂，实务界有不同的认识。我们认为，此类赞助等同于在没有任何商业对价的情况下直接向交易相对方给付财物，且不能如实入账，故存在较高法律风险。

与赞助"开业庆典""周年庆典"不同，企业赞助交易相对方主办的会议、论坛或培训等活动，通常会与交易相对方签订赞助协议。有些赞助协议还会嵌入宣传推广条款，给予企业对被赞助活动的冠名权，允许企业设置展台、分发宣传资料和品牌提示物。对于赞助费用的支付，有些交易相对方会要求企业将赞助费直接交由其自行支配，有些交易相对方则会在需要付款时要求企业派员陪同前往缴费处，由企业直接向收费方付款。前文某公司员工陪同附属医院医生前往苏州体育馆并直接结算6000元场地租赁费的做法便属于以陪同付款的方式给付赞助费。

我们认为，无论是将赞助费交由交易相对方自行支配还是按交易相对方的要求陪同付款，企业赞助交易相对方主办的活动都存在一定的商业贿赂风险。而且，在赞助协议中嵌入宣传推广条款，也不会显著降低此类赞助的法律风险。因为从赞助的宣传推广属性来讲，交易相对方应该是企业宣传推广的目标受众，而非为企业提供宣传推广机会的主体。此类赞助显然不符合合法赞助的基本特征。

如果企业希望对交易相对方主办的学术类会议、培训或者论坛提供资金支持，可以考虑通过公益捐赠的方式开展。

②对其他第三方的赞助。

对其他第三方的赞助有多种表现形式，赞助第三方协会、学会举办的会议或者论坛是其中较为常见的形式。例如，很多医药企业赞助中华医学会等组织举办的各类行业峰会或研讨会。参加此类会议的嘉宾通常为行业内的医务人员，赞助企业通常可以获得活动冠名权、卫星会举办权或者在活动场地布置展台、分发宣传资料及品牌提示物等宣传推广机会，向参会嘉宾进行宣传推广。我们认为，这种赞助的法律风险较低，原因有以下两点：

第一，第三方协会、学会被认定为商业贿赂主体的可能性较小。《反不正当竞争法》第 7 条第 1 款规定：经营者不得采用财物或者其他手段贿赂下列单位或者个人，以谋取交易机会或竞争优势：（1）交易相对方员工；（2）受交易相对方委托办理相关事务的单位或个人；（3）利用职权或影响力交易的单位或个人。

很显然，第三方协会、学会不是企业的交易相对方，也不是受其委托办理相关事务的单位。而且，此类学会、协会多为社会团体，不具有公共管理职能。如果企业开展赞助不以"第三方学会、协会应承诺利用其影响力协助企业增加销量"为前提，则第三方学会、协会被认定为"利用职权或影响力影响交易的单位"的可能性也较小。

第二，企业支付的赞助费用与其获得的面向潜在客户的宣传推广机会存在合理的对价关系。而且，企业在开展此类赞助时通常会与第三方学会、协会签订赞助协议，约定赞助事项和赞助费用，取得合法票据。签订赞助协议，取得合法票据有利于证明企业支付赞助费是基于合理的商业目的，并非为争取交易机会或竞争优势而进行的不当利益给付。

综上所述，在赞助相关法律法规尚不健全、完备，《反不正当竞争法》相关实施细则尚未出台的情况下，企业开展以赞助为名的商业活动仍然存在较高合规风险，建议企业尽量避免以各种形式开展的对个人及交易相对方的赞助。如果确实想以赞助方式进行宣传推广，建议企业选取与自己没有直接交易关系的第三方作为赞助对象。

第四章　企业上下游关系中的合规热点问题

一、如何认定有影响力的主体

与第三方单位或个人合作并向第三方支付费用是企业经营过程中的常见现象，也是合法的业务拓展方式。但如果向第三方支付的费用涉及以谋取交易机会或竞争优势为目的的利益输送，则存在合规风险。

（一）案情简介[①]

2015年7月，被告人王某甲为使白城市某建筑工程有限责任公司承揽到某医院办公楼工程，在某医院实施办公楼工程招投标过程中，通过高某甲（另案处理）利用其妻子韩某某（时任某医院院长）的影响力，指使韩某某下属高某乙（时任某医院办公室主任）违规操作，使白城市某建筑工程有限责任公司中标。中标后，被告人王某甲为感谢高某甲在招投标过程中的帮助，于2015年9月安排白城市某大酒店有限公司（王某甲自然人独资）出纳员张某某以现金的形式给予高某甲好处费40万元；又于2015年11月安排张某某以转账的形式给予被告人高某甲好处费50万元。

经审理，人民法院认定被告单位白城市某建筑工程有限责任公司构成对有影响力的人行贿罪，判处罚金50万元。被告人王某甲作为被告单位的法定代表人及直接责任人，对本单位实施的犯罪负有责任，被人民法院判处有期

[①] 参见附录11号案例。

徒刑1年，缓刑1年，并处罚金10万元。

（二）律师点评

1. 《刑法》和《反不正当竞争法》均禁止对有影响力的主体行贿

2015年《刑法修正案（九）》增设了对有影响力的人行贿罪。为谋取不正当利益，向国家工作人员的近亲属或者其他与该国家工作人员关系密切的人，或者向离职的国家工作人员或者其近亲属以及其他与其关系密切的人行贿的，可能构成对有影响力的人行贿罪。

《反不正当竞争法》第7条第1款第3项规定，以谋取交易机会或者竞争优势为目的，贿赂利用职权或者影响力影响交易的单位或者个人，构成商业贿赂。

《刑法》与《反不正当竞争法》不同的是，《刑法》中"有影响力的人"仅限于个人，而《反不正当竞争法》还包括单位。

2. 《刑法》对"有影响力的人"的界定

根据《刑法》的规定，"有影响力的人"是指：（1）国家工作人员的近亲属或者其他与该国家工作人员关系密切的人；（2）离职的国家工作人员或者其近亲属以及其他与其关系密切的人。因此，界定"近亲属"和"关系密切的人"是认定"有影响力的人"的关键。

"近亲属"这一概念在《刑事诉讼法》《民法典》《行政诉讼法》的配套司法解释中都有规定，但具体范围各不相同。考虑到《刑事诉讼法》是程序法，《民法典》《行政诉讼法》《刑法》分属不同的法律领域，我们认为《刑法》中"有影响力的人"的界定不宜参考这些法律的规定。

2010年3月，《党政领导干部选拔任用工作有关事项报告办法（试行）》（以下简称《选拔任用事项办法》）第4条第2款规定：领导干部的近亲属，是指与领导干部有夫妻关系、直系血亲关系、三代以内旁系血亲以及近姻亲关系的人员。鉴于《刑法》增设对有影响力的人行贿罪的目的与《选拔任用事项办法》是一致的，都是防止近亲属破坏公职人员的职务廉洁性，所以，我们倾向于认为《选拔任用事项办法》对"近亲属"的界定更具参考意义。

"关系密切的人"类似一个兜底性的概念,当某人因某种关系而可能影响公职人员的廉洁性,但又不能划归为"近亲属"时,则可能构成"关系密切的人"。"关系密切的人"主要存在于以下几种常见的关系:亲戚关系、经济利益关系、朋友关系、同学关系、老乡关系等。这些关系常常存在相互交叉的情形,如情人之间也可以兼有经济利益关系。

　　司法实践中,构成"有影响力的人"的主体是多种多样的。最为常见的是因亲属关系而具有影响力,如上述案例就是向医院院长的丈夫行贿。在被告人邓某、被告单位黑龙江某建设工程有限公司对有影响力的人行贿案[1]中,被告人为了谋取某农垦局老干部中心工程业务,找到于某,通过于某向其"干亲"某农垦局党委书记金某表示需要帮忙,之后顺利承揽了该工程,其间给予于某100多万元表示感谢。法院以被告人邓某犯对有影响力的人行贿罪判处其有期徒刑3年,缓刑5年,并处罚金300万元。

　　从上述案例可以看到,司法实践中对于"关系密切的人"的范围认定得比较宽泛,并不拘泥于某种特定关系,哪怕是案例中的"干亲"此类较为民间化的认亲关系也可以界定为"有影响力的人"。

3. 《反不正当竞争法》对影响交易的单位或个人的界定

　　《反不正当竞争法》第7条对如何界定"利用职权或者影响力影响交易的单位或者个人"没有做进一步的规定。

　　2018年5月,市场监管总局发布《关于开展反不正当竞争执法重点行动的公告》(以下简称《反不正当竞争行动公告》),指出将重点查处经营者假借租赁、捐赠、投放设备等形式,贿赂利用职权或者影响力影响交易的医疗机构,捆绑耗材和配套设备销售等损害竞争秩序的行为。《反不正当竞争行动公告》仅仅提出了一种可能构成"利用职权或者影响力影响交易"的情形,却没有进一步说明原因,也无法用来说明其他情形下如何认定"利用职权或者影响力影响交易"。

---

[1] 参见被告人邓某、被告单位黑龙江某建设工程有限公司对有影响力的人行贿案,黑龙江省鹤岗市南山区人民法院(2017)黑0404刑初50号刑事判决书。

在这种情况下,《刑法》对"有影响力的人"的界定标准具有一定的参考意义。但是,由于《刑法》中"有影响力的人"仅限于个人,而《反不正当竞争法》下除了个人还包括单位,这种借鉴很难进一步推广至"利用职权或者影响力影响交易的单位"。所以,《刑法》的借鉴意义也有一定的局限性。

二、如何认定利用影响力影响交易的第三方

2018年年初,原北京市工商局丰台分局(现更名为北京市丰台区市场监督管理局)的两名执法人员结合该局在2017年10月查处的一个案例,发表了题为《办案人员谈案件定性——适用新〈反不正当竞争法〉认定商业贿赂分析》(以下简称《商业贿赂分析》)的文章。该案例是适用1993年《反不正当竞争法》处罚的一则案例。但从2017年《反不正当竞争法》的角度审视,原北京市工商局丰台分局处理的这一案件对认定"利用职权或影响力影响交易的单位及个人"具有很好的借鉴意义。

(一)案情简介

根据文章介绍,被查处的A公司是一家家政公司。2013年11月,A公司与B医院签订了《产科VIP病房陪护合作协议》,约定A公司是B医院的唯一指定合作伙伴,B医院免费提供固定场所宣传A公司服务项目,A公司将产科VIP病房收费服务项目交易额的15%上交医院作为项目管理费。

2013年12月1日至2016年2月24日,B医院向病人收取产科VIP病房陪护费1,216,450元,扣除18.24万元项目管理费后,给付A公司1,034,050元。B医院将18.24万元作为"A公司返款"入账至"其他业务收入",未开具任何票据。A公司向医院开具了1,034,050元的陪护费、服务费发票,并计入"主营业务收入"科目,未将医院收取的项目管理费计入账目。

2016年2月25日至2017年2月28日,A公司自行向病人收取产科VIP病房陪护费,共计58.36万元。该笔陪护费未计入会计账目,且未向医院支付项目管理费。

原北京市工商局丰台分局认定A公司向B医院支付项目管理费的行为构

成商业贿赂，没收违法所得437,750.66元，并处罚款20万元。

（二）律师点评

结合本案执法机关在文章中的论述，我们认为向利用职权或影响力影响交易的单位或个人行贿一般应具备以下四个特点。

1. 受贿一方不是交易当事人

交易当事人对交易的完成享有决定权。如果收受好处的是交易当事人则谈不上"利用职权或影响力影响交易"，因此"利用职权或影响力影响交易的单位或个人"不应该是交易当事人。

本案中，A公司向病人提供陪护服务，病人支付陪护服务费，因此A公司与病人之间形成直接的交易关系，B医院不是交易主体。虽然在一段时间内由B医院向病人收取陪护费，但医院扣除项目管理费后又将陪护费支付给A公司。可见，医院与病人之间没有陪护交易关系。

2. 受贿一方有职权或影响力，能够促使交易完成

受贿一方利用职权影响交易的，往往涉及机关单位或公职人员受贿，实务中较为容易认定，如消防管理部门及其公职人员对于消防工程、设施供应商选择的影响力，环保部门及其公职人员对于环保设施、工程供应商选择的影响力等。

容易引发争议的是利用影响力影响交易的情形。本案中，B医院对产科病房陪护交易的影响主要体现在，产妇在产科住院期间最依赖也最需要陪护服务。住院期间虽短，但住院时达成的陪护关系很有可能会延续至出院以后的很长一段时间，因此产妇住院期间是促成陪护交易的关键时期。在这个关键时期内，B医院向A公司提供固定场所进行业务宣传，更与A公司达成唯一指定合作伙伴的约定，排斥了其他竞争对手。可见，B医院对陪护交易的影响力是很关键的。

3. 受贿一方收取的利益不是正当劳务报酬

通过正当劳务积极促成交易是合法的，构成商业贿赂的是没有提供正当劳务或超出正当劳务的范围影响交易的行为。文章中没有详细介绍B医院是

否为 A 公司提供了正当劳务。但是，根据常识可以推断的是，在我国人均医疗资源有限的大环境下，医院在开展医疗活动之余还能向家政公司提供服务的可能性很低。

本案执法机关在《商业贿赂分析》中谈到医院没有介绍月嫂的资质和义务，因此没有继续讨论医院是否提供了劳务，就认定 18.24 万元的管理费不属于佣金的范畴。我们对这一观点持保留态度。现行法律对介绍月嫂没有提出明确的资质要求，以缺乏资质为由认定不构成合法佣金是值得商榷的。

4. 客观上破坏了公平竞争秩序，排挤了其他经营者

本案中，B 医院与 A 公司达成协议，约定 A 公司为唯一指定合作伙伴，排挤其他经营者的目的及危害效果可以说十分明显了。

在 1993 年《反不正当竞争法》下，原国家工商总局通过个案批复、答复等方式认可了有影响力的第三方可能成为受贿主体，而 2017 年《反不正当竞争法》的出台则第一次从法律层面明确了可能影响交易的第三方的受贿主体地位。之后市场监督管理机关在未来的执法活动中也更加强调和重视对第三方受贿的查处，希望企业在通过第三方合作拓展业务时能够警惕相关的合规风险。

三、企业供应商合规管理的优化思路

在商业环境全球化的趋势下，企业对包括供应商在内的第三方合作伙伴的依赖程度越来越高，与第三方展开广泛合作可以优化企业资源配置，扩大企业规模，打开更广阔的商业市场。但企业也可能面临与之相伴而来的合规风险。自 2018 年 11 月开始，国内多家知名企业相继发布反腐处罚公告，部分公司高管涉嫌利用职务便利非法收受代理商财物，数额巨大，影响恶劣，公司已将案件移至公安机关处理；某港股上市互联网公司甚至宣布包括内部员工、供应商等供应链上的合作伙伴人员以及其他共犯社会人员等 89 人受到刑事查处。[1]

---

[1] 参见《互联网企业加大反腐力度》，载 http://fzsb.hinews.cn/html/2019-07/17/content_4_17.htm，2019 年 11 月 14 日最后访问。

实际上，无论规模大小，任何企业的采购部门或个别的采购人员，都可能存在舞弊、贪腐行为，而供应商合规管理不到位，常常是滋生各类违规行为的温床。

（一）案情简介

2019年年初，某业内领先的科技企业D公司在企业内部下发反腐败公告，自曝在2018年由于供应链贪腐造成的损失超过10亿元人民币。据分析，这一数字是D公司2017年所有年终福利的2倍以上。

D公司内部的舞弊事件主要集中在供应商环节。据媒体报道，原本意图是优化流程的管理改革，却意外暴露出D公司的研发、采购和品控人员在供应商引入阶段中存在大量腐败行为，包括采取各种手段内外勾结吃回扣、赚差价等。① 2018年全年，由于供应链腐败，D公司的平均采购价格超过合理水平20%以上，其中高价物料高出20%~50%，低价物料高出2~3倍。D公司表示："从原材料采购、加工半成品到最后成为企业可用的零件，即使每一环节的腐败使得采购成本只上升5%~10%，经过三层产业链到达企业时，成本在无形中增加了16%~33%，令人触目惊心。"②

事后，D公司处理了贪腐员工45人，涉及供应链引入阶段的研发、采购人员最多，共计26人，其中问题严重移交司法处理的有16人。作为贪腐重灾区的D公司采购部，几乎被全体开除。"腐败的范围比想象的要大很多"，D公司在公告中透露，反腐牵涉范围至少超过百人。

（二）律师点评

1. 供应商合规管理是企业合规经营的重要环节

在企业营商过程中，供应商管理的缺位容易滋生采购环节的员工舞弊行为，给企业带来巨大的经济损失。D公司在进行内部查处时，总结出了供应

---

① 参见《民企刮起"反腐"风暴，人力资源业也可有作为》，载《北京人才市场报》2019年3月28日，第A08版。

② 《互联网掀起反腐风暴，总有眼睛注视你的一举一动》，载天天快报，https://kuaibao.qq.com/s/20190725A06Q3P00?refer=spider。

链常见的腐败舞弊手段，主要包括以下四种：

（1）采购人员串通供应商虚报高价并与其瓜分高于供应商底价的分成。

（2）操纵供应商名单。采购人员利用手中职权，以技术规格要求或降价为由指定供应商或把正常供应商淘汰，让可以给回扣的供应商进入名单，长期拿回扣或对后续涨价的部分进行分成。

（3）以权谋私，绕过验货环节。采购人员利用内部信息和手中权力引入不合规的供应商，并和供应商串通收买企业的研发人员，在品质不合格的情况下不进行物料检验，导致企业长期使用质次价高的物料。

（4）通过"皮包公司"牟利。采购人员利用手中权力以私设的"皮包公司"接企业的订单，转手把单分给工厂，然后对中间差价进行分成。

可见，企业采购环节的舞弊行为多与供应商有关。如果企业不能从制度和执行层面做好供应商管理，那么就给采购人员留有与供应商相互勾结，损害公司利益的操作空间。采购舞弊行为不仅极大地增加了企业的采购成本，还可能导致企业长期使用不符合标准的物料，使企业产品的生产质量得不到保障，进而诱发更严重的合规问题，如产品质量安全问题。

缺乏对供应商的有效管理，是 D 公司遭受巨大损失的重要原因之一，这也为企业的供应商合规管理敲响了警钟。企业需要提高对供应商管理的重视程度，并结合信息技术进行优化，对供应商的合规风险展开多维度的评估和监控，从而使企业在合法合规的环境下与供应商建立和维持更长久、紧密的伙伴关系。

2. 企业应该如何进行供应商合规管理

对企业而言，建立高效运转的合规管理体系，对包括交易对象、合作伙伴在内的上下游企业和供应商进行有效的合规管理十分重要。目前，许多企业也已经在这方面做了一些努力，有些企业会建立供应商库，通过记录供应商的基本信息、合同信息以及交货、还款的时间等内容，从商务运作、产品质量的角度对供应商进行审查。但很多企业在建立、维护供应商库时，并未重视供应商在合规或法律方面可能存在或者已经暴露的问题，没有真正起到防范合规风险的作用。

我们认为,企业建立维护供应商库,应引入合规标准,实现从入库前合规筛查到入库后在库监控的全面覆盖。此外,企业还可以完善供应商合规激励制度和举报机制,从多个维度对供应商进行管理。以下我们将围绕入库筛查评估与在库跟踪管理两个环节,为企业如何优化供应商合规管理提供参考思路。

(1) 入库筛查与评估。

①入库前的快速筛查。

在入库筛查环节,企业需要对供应商的资质证照、司法及信用记录、合规表现、利益冲突情况等内容进行初步审查。

第一,要求供应商提供营业执照、在特定领域的行政许可证明(如医疗器械经营许可证、危险品经营许可证)、资质能力证明等相关的资质证照材料以进行筛查核对,企业可以借助现代技术手段识别上述材料的内容,直接与国家企业信用信息公示系统等记录的信息进行比对,快速核查供应商的基本信息及诚信度(见图4-1)。

图4-1 供应商基本信息及诚信度核查

第二，检索与供应商相关的民事、刑事判决，行政处罚，失信被执行人记录等信息，重点关注供应商及其管理层、本项目核心人员有无商业贿赂领域的行政处罚或行贿受贿等刑事判决记录。企业可以借助现代技术手段，实现对供应商及相关人员司法及信用数据的自动检索，并以直观的方式予以呈现。

第三，要求供应商填写基础的合规尽职调查问卷。在对供应商的生产规模、资金实力、资质认证和行业地位有了初步了解后，企业还需进一步收集供应商的合规状况、管理层信用情况及其他潜在警示信号等信息，以全面评估第三方关系。企业可以围绕供应商的合规组织架构、制度体系、管控流程、合规文化以及常见的合规风险领域等方面设计问卷并要求供应商填写，从而对供应商的合规完善程度作出初步判断（见图4-2）。

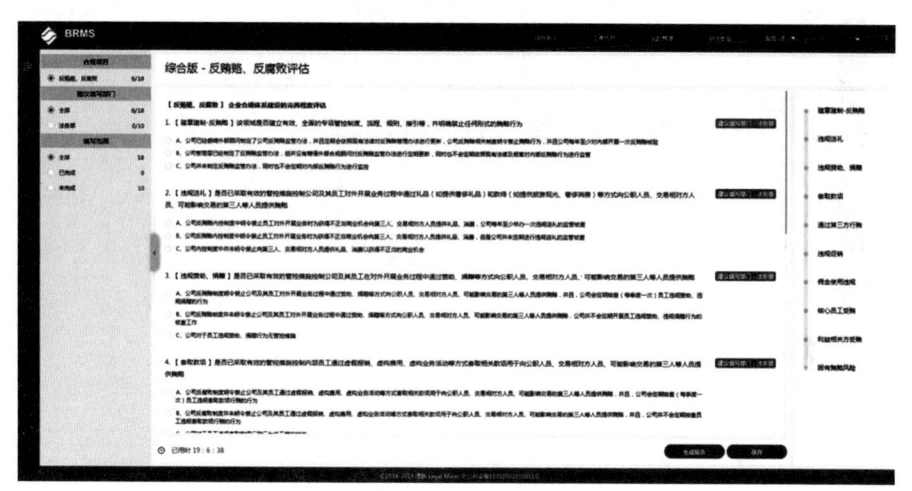

图4-2 合规尽职调查问卷

第四，要求供应商披露利益冲突情况。D公司提到的采购人员设立"皮包公司"以谋取利益的方式，就是一种典型的利益冲突情形。供应商应尽量避免和企业之间存在利益冲突，一旦发现应及时进行披露再做处理，常见的利益冲突情形包括：

其一，企业员工或其关联人士在供应商处兼职或拥有任何权益；

其二，供应商的员工或其关联人士在企业处兼职或拥有任何权益；

其三，供应商与企业员工或其关联人士、关联企业共同设立合资企业或合伙企业，或发生任何形式的业务往来；

其四，供应商向企业员工或其关联人士、关联企业提供贷款、提供担保。

第五，要求供应商签署承诺函。如今越来越多的企业与供应商开展合作时会要求供应商签署廉洁承诺函，其内容一般包括供应商保证其提供的所有文件和材料均真实合法，在与企业进行合作的全过程中不采取违规违法手段等。签署承诺函的意义，不仅在于其内容对于供应商具有法律约束力，也在于签署承诺函是供应商诚信合规态度的体现。

②根据快速初筛结果决定是否开展进一步合规尽调。

供应商合规风险初筛结果见图4-3。

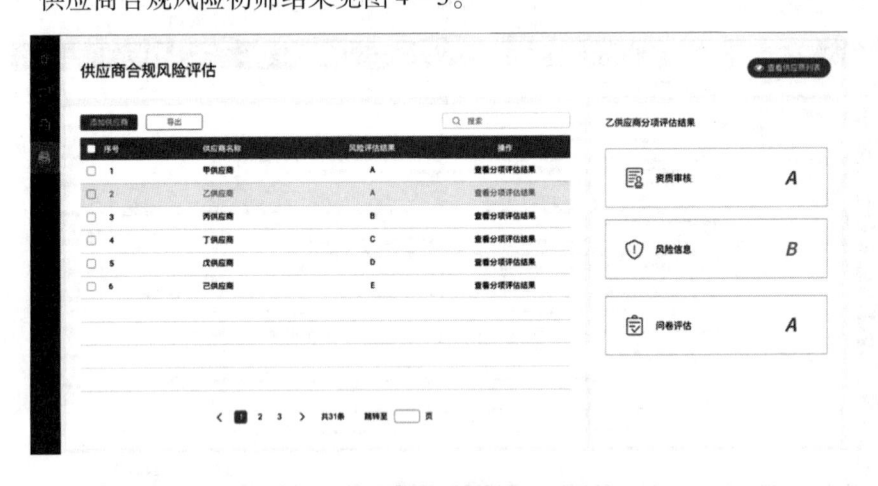

图4-3 供应商合规风险初筛结果

企业可以通过上述五个方面对供应商的合规风险进行高中低级别的评级，并根据不同的评级结果采取下一步措施：

第一，如果初筛没有发现供应商存在上述合规风险，且其提供相关文件的内容和态度也体现了其对合规诚信经营的重视，则合规风险较低，符合合规角度的入库标准。

第二，如果供应商在初筛中暴露某些或潜在合规问题，那么企业可根据问题的严重程度对供应商进行风险评级,并可视情况运用不同的手段,对不同级别的供应商开展尽职调查,包括媒体检索、审阅重点文件、现场或电话访谈、聘请第三方机构进行背景调查等。例如,供应商在近3年内有多次行政处罚记录,可以将其风险评级定为中级;如供应商曾被司法机关追究刑事责任,则该供应商的风险评级可能较高。

第三,企业可根据初筛和进一步合规尽调的结果决定对供应商采取的措施:

其一,对于低合规风险的供应商可准予其入库。

其二,建立观察名单,将中级合规风险的供应商列入该名单,暂时拒绝入库并同意一定期限后重新考核;或者与供应商洽谈入库合作的条件,如合作期间企业有权进行特殊抽查、飞行检查。

其三,建立"黑名单",将高合规风险供应商列入该名单,拒绝其入库或停止交易,且永久不予合作。

(2)供应商在库跟踪管理。

除了对供应商进行准入前的审查,企业还应对已入库供应商的合规表现进行实时跟踪监控和考核。具体而言,企业可以从以下三个方面开展:

①实时监控供应商的合规状态。

企业可以借助现代技术手段,实现对供应商合规动态的实时更新和监控。除了外部公开的企业信用信息、诉讼信息之外,供应商在与企业合作过程中的违规行为也应当被纳入信息动态更新的范畴,如在执行合同的过程中出现违约情况,或交货的质量不达标。另外,目前市面上很多系统都具备基础的预警推送功能,但专门针对企业资质变动和诉讼风险等环节设计预警推送功能的仍较少,理脉研发的系统可以实时推送企业在合规方面的突发风险,方便企业及时掌握供应商的违规行为及诉讼情况(见图4-4)。

图4-4 供应商实时风险预警示意

②定期对供应商进行评估与管理。

第一，定期复查风险点。企业对于供应商此前暴露的风险点，应定期进行复查，确保供应商已采取了有效措施进行整改，避免供应商重蹈覆辙（见图4-5）。

图4-5 供应商定期复查风险评估

第二，定期更新承诺函。对于企业而言，和供应商的合作往往是长期的，但供应商提供的合规承诺函一般会有一定的期限，企业要注意对各个供应商的承诺函进行管理，如果承诺函的承诺期限已届满，应及时要求供应商进行更新，以确保承诺函对供应商的约束力能覆盖合作的全过程。

第三，定期对供应商进行合规培训。在合规的大环境下，各行各业的法律法规及相应的监管要求并不是一成不变的，企业自身的合规管理办法也处于不断丰富完善的过程中，因此，有必要对供应商进行合规培训，确保供应商及时知晓企业合规政策和制度的最新变化，降低合规风险。

第四，对未中标的供应商进行抽查与回访。前述案例已经提到，供应链是企业采购舞弊的重灾区，而招投标则是供应链合规风险频发的重点环节。对未中标的供应商进行定期回访，能够帮助企业获取招投标环节可能存在的舞弊行为的线索，并据以展开内部调查。

③定期对供应商进行审计。

企业可以争取在与供应商的合同中加入"有权审计条款"，保证企业有权在某些情况下对供应商进行审计。审计的方式有两种：

第一，内部审查，即由企业内部审计部门或内控部门对供应商进行审查。这种方式较为普遍，成本也较低。

第二，第三方审计，即企业聘请会计师事务所等第三方机构对供应商进行审计，这种做法可以最大限度地确保审计的公正性和独立性，专业程度也更高，但成本一般会高于内部审查。

通过审计，企业能够有效地防止供应链采购成本过高，强化对供应商的合规管理。至于采取上述哪种方式，可以视企业的具体需求而定，我们建议，企业在对供应商进行日常管理时可以采取内部审查的方式，但对于一些重点供应商，应定期通过第三方机构进行审计，这样在有效平衡公司管理成本的同时，也能避免遗漏重要的供应商合规问题。

随着商业社会的发展，企业供应链的复杂程度不断加深，相应地也滋生了诸多舞弊、腐败的行为，在合规监管日趋严格的今天，企业的供应商管理能力面临极大的考验。为此，企业需要将合规纳入传统的供应商管理中，并通过现代信息技术，结合司法领域的大数据资源，对供应商的合规风险展开多维度、多层次的评估和监控，从而在合规的新形势下，更科学地进行供应商管理，使供应商真正成为企业在营商竞争中的助推器。

四、销售奖励中的合规风险——从轮胎业商业贿赂案说起

销售奖励是生产企业促进下游经销商与客户增加产品采购量的常见做法，但也潜藏商业贿赂的风险。2016年下半年，9家全球知名的轮胎企业因其销售奖励行为被上海的行政执法机关依据1993年《反不正当竞争法》处罚，罚款总额近1.1亿元人民币。

假设这9起案件发生在近几年，涉案企业是否能改变被处罚的命运？本书将从实践角度出发，结合现行《反不正当竞争法》和1993年《反不正当竞争法》，分析和总结销售奖励的商业贿赂风险。

（一）案情简介[①]

根据公开披露的行政处罚决定书，9起案件的涉案当事人均处于轮胎供应链的上游，主营轮胎销售。当事人先将其品牌轮胎批发销售给授权的经销商/代理商，再由经销商/代理商将品牌轮胎销售给零售商，当事人与零售商之间没有直接的货款交易往来（见图4-6）。

轮胎企业 ⇒ 经销商/代理商 ⇒ 零售商

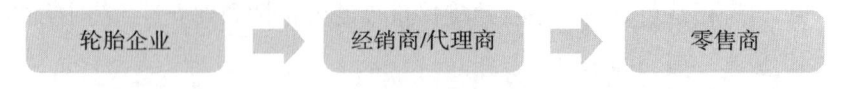

图4-6 9家涉案轮胎企业的销售模式

在涉案的9家轮胎企业中，有8家将销售奖励给予了与其没有直接货款交易往来的零售商，其中有2家对经销商和零售商同时给予了销售奖励，仅有1家是把销售奖励给予了与其有直接货款交易往来的代理商。

销售奖励的具体形式分为两类：一类是预付卡或礼品券，如中石油/中石

[①] 参见附录13号案例。

化加油卡、苏宁卡、京东商城电子购物卡、旅游卡或旅游券。另一类是奖励旅游活动，如提供欧洲旅游的名额，承担旅游活动交通费、住宿费、餐费、景点门票等费用。

（二）律师点评

1. 企业应避免提供具有个人消费属性的销售奖励

在这9起轮胎处罚案件中给付的销售奖励，无论是预付卡、礼品券还是组织旅游活动都带有较强的个人消费属性，极易被收受单位的相关人员挪用私吞，用于个人消费目的。例如，其中一个案件就是"零售商负责人或采购人员"兑换京东礼品卡并"用于部门或个人使用"，另一起案件中零售商的法定代表人及其家人、合伙人、零售商的销售店长都享受了轮胎企业组织的旅行奖励。

无论是在现行《反不正当竞争法》下，还是在1993年《反不正当竞争法》下，向相关单位的员工个人提供好处，都极有可能被认定为商业贿赂。因此，企业应避免向下游经销商、零售商提供具有个人消费属性的销售奖励。

2. 对非独家经销商或零售商的销售奖励具有更大的合规风险

我们发现，在这9起案件中有4起案件的处罚决定书强调了接受销售奖励的主体不是独家经销商或零售商。这说明，执法部门将销售奖励是否排挤其他竞争对手获取交易机会作为认定商业贿赂行为的重要依据。我们认为这在现行《反不正当竞争法》下仍然适用。

独家销售的模式天然地带有排斥其他竞争对手的属性。如果经营者已经采取独家销售的模式经销产品，理论上，无论是否收取上游企业给予的销售奖励，都不会再采购和销售其他品牌的产品。

相反，非独家销售的经销商或零售商具有广泛的产品选择权，其从上游企业收受的销售奖励可能会被认定为以增加单一品牌产品的采购量和销售量为目的。因此，向非独家经销商或零售商提供销售奖励具有更大的合规风险。

3. 未明示入账的销售奖励在现行《反不正当竞争法》下仍可能有合规风险

这9起轮胎企业被处罚的案件是依据1993年《反不正当竞争法》处罚的。在1993年《反不正当竞争法》下，销售奖励是否"明示入账"是执法机关查处商业贿赂案件的一个关注点。在这9起案件中有5起案件的处罚决定书对轮胎企业是否"明示入账"做了相关表述。

无论交易相对方是不是现行《反不正当竞争法》下的适格受贿主体，① 现行《反不正当竞争法》第7条第2款仍然保留了经营者向交易相对方支付折扣、向中间人支付佣金应当"明示入账"的要求。如果企业提供的销售奖励没有"明示入账"，就有产生合规风险的可能。

而且，在双方没有将销售奖励"明示入账"的情况下，往往更难区分销售奖励是针对单位的，还是针对员工个人的。如果执法机关认定销售奖励是针对个人的，那么，给予销售奖励仍然属于现行《反不正当竞争法》禁止的向交易相对方的员工行贿的行为。

虽然我们目前还没有发现适用现行《反不正当竞争法》对销售激励行为进行查处的实际案例，但我们建议企业在对下游经销商、客户进行销售激励的时候仍应当审慎处理，充分考虑轮胎业商业贿赂处罚案带来的合规启示，降低合规风险。

五、中国境内企业该如何妥善应对境外业务伙伴的合规尽职调查

近年来，中国境内企业不断面临来自境外业务伙伴的合规尽职调查，调查范围广泛、问题详细，而调查结果是境外业务伙伴考虑是否进一步开展合作的重要依据之一。但中国境内企业往往由于并不熟悉合规尽职调查而不能予以足够的重视，无法有效应对，进而给企业带来巨大的损失。以下我们将

---

① 如前文"企业向交易相对方支付回扣的合规风险"中所述，交易相对方是不是现行《反不正当竞争法》下的适格受贿主体，社会各界存在不同的认识，此处不再赘述。

结合具体案例，重点讨论中国境内企业如何有效地应对依据美国 FCPA 等反海外腐败法律开展的合规尽职调查。

（一）案情简介

A 公司是中国境内一家从事药品、医疗器械进出口的企业。2019 年，中国境内某公立医院对一批医疗器械集成采购项目进行公开招标，A 公司具有极强的医疗器械集成能力，想要参加此次投标，但是其中某个型号的医疗器械需要向总部在美国的医疗器械制造厂商 B 公司进口，A 公司此前并未取得该医疗器械的进口代理权。因此，在参与项目投标前，A 公司紧急联系美国 B 公司，希望获得进口代理权。

收到代理权申请后，B 公司按照相关规定，向 A 公司负责对接的业务经理发来了合规尽职调查问卷，问卷中包括客户公司曾发生的与员工舞弊、贪腐相关的刑事案件、民事案件、公司曾受到的行政处罚，以及公司合规管理制度、合规管控措施等多个方面的调查问题。但该业务经理并不负责 A 公司的合规管理，对公司的合规管理制度及美国 B 公司所关注的诉讼案件、行政处罚并不了解，甚至并不清楚公司是否发生过上述案件。在没有与公司的法律合规部沟通的情况下，该业务经理草率地填写了合规尽调问卷，声称公司从未发生过类似的刑事案件、民事案件，未受到过行政处罚。而关于公司是否建立合规管理制度的问题，仅仅简单地从本公司员工手册里面摘录了一条禁止员工舞弊的规定。

B 公司收到了尽调问卷后，通过公司内部法务人员及外部聘请的律师利用多个公开检索渠道对 A 公司进行了全面的检索及信息复核，并且查到 A 公司曾涉及多起员工舞弊、贪腐相关的刑事案件，此外，A 公司还因商标使用不当、侵害消费者权益等问题受到过行政处罚。据此，B 公司的法务人员认为 A 公司没有如实填写合规尽调问卷，且涉嫌故意隐瞒对公司不利的相关案件及信息，因此作出拒绝给予代理权的决定。此时，距公立医药招标截止仅有几天时间，如因无法拿到代理权而放弃投标，将会给公司带来巨大的损失，A 公司在紧迫之际委托专业的律师团队协助重新填写文件，就公司涉及的诉讼案件进行专门的解释说明,并重点介绍公司的合规制度,最终成功获得授权,确保项目平稳推进。

(二)律师点评

随着中国境内企业不断"走出去",企业面临境外业务伙伴的尽职调查越来越多。尽职调查分为很多种类,其中包括政府部门的尽职调查、出口管制尽职调查、商业合作过程中就美国FCPA等规定开展的尽职调查、供应商年检尽职调查等,而本书将结合前述案例,重点讨论境外业务伙伴针对美国FCPA等反海外腐败法律对合作伙伴开展的合规尽职调查。

1. 境外业务伙伴在尽职调查过程中关心的问题

以与美国企业交易为例,美国FCPA明确要求企业开展合规尽职调查,因此合规尽调已经成为公司与第三方展开合作前的必经环节。根据美国FCPA的规定,公司很可能因第三方的不当行为而承担法律责任,即使公司对第三方的不当行为并非实际知情,公司仍然可能因"蓄意视而不见"或"有意漠视"与第三方相关的风险信号而面临法律责任。美国FCPA的这一规定,意在不仅使那些确实知晓违法违规行为的公司承担责任,而且还要让那些故意忽视危险信号的公司承担责任,从而真正使公司加强对第三方合作伙伴的合规尽调,从源头上控制腐败等风险的发生。

从前述案例可以看出,境外业务伙伴在合规尽调中往往对公司与政府的关系、公司内部发生的诉讼案件、负面报道等十分关注。同时,根据以往帮助多家大型企业、上市公司应对境外业务伙伴合规尽调的经验,境外业务伙伴往往在合规尽调中重点关注三个方面:

(1)公司及公司的股东、董事、监事、高管是否具有政府背景。

由于英美等国家和地区的反海外腐败法律禁止企业向外国政府官员行贿,或通过与外国政府官员关系密切的第三方行贿,境外业务伙伴在合规尽职调查时会格外关注公司、公司的股东、董事、监事、高管及其近亲属是否有政府背景。因此,境外业务伙伴可能提出下列问题,来确定第三方合作伙伴是否具有向外国政府官员行贿的风险。

①公司的股权结构是怎样的？公司的股东是否有政府机关或政府官员？

②公司的董事、监事、高管及其近亲属是否曾在任何政府机关或部队工作？

③公司的董事、监事、高管及其近亲属是否在任何政党或政治竞选活动中拥有职务？

④公司的董事、监事、高管及其近亲属是否是任何政府职务的候选人？

⑤公司的董事、监事、高管及其近亲属是否为政府机关或部队提供过任何咨询或顾问服务？

（2）与公司相关的案件或负面报道。

公司所涉及的司法案件、受到的行政处罚以及各种负面报道是境外业务伙伴用以判断公司整体的经营情况及未来可能发生合规风险可能性的重要依据。特别是从反海外腐败的角度，境外业务伙伴会特别关心舞弊、贪腐、欺诈类型的案件。前述 A 公司收到的尽调问卷中就有许多问题与公司高管、员工是否发生过舞弊、贪腐、欺诈案件有关，也正是因为 B 公司检索到了类似情况的存在，作出了拒绝给予授权的决定。为了解合作伙伴是否有任何违法违规的历史记录，境外业务伙伴可能会提出下列问题，要求公司自行披露相关信息：

①公司或其股东、分或子公司、董事、高管、员工是否曾因任何违法犯罪行为被追究刑事责任？

②公司或其股东、分或子公司、董事、高管、员工是否曾因任何违法行为被政府机关调查或处罚？

③公司或其股东、分或子公司、董事、高管、员工是否曾因任何违法行为被列入任何政府机关公布的黑名单？

同时，境外业务伙伴还有可能会通过公开渠道检索与公司相关或与关联企业相关的案件或负面新闻报道，然后要求公司对特定具体案件或负面报道进行解释与澄清。公司一旦遇到此类问题，应当审慎对待，选取适当的策略，以免影响双方进一步开展合作。

(3) 公司的合规治理情况。

境外业务伙伴与第三方的合作是一个长期持续的过程，为了确保合作伙伴在开展业务合作的过程中能采取有效措施防控合规风险，公司的合规治理情况也是境外业务伙伴极为关注的一个重要方面。完善的合规制度规定，以及有效的合规补救措施，能够成为公司有力的抗辩因素，前述 A 公司正是凭借有效的补救措施进行积极抗辩，最终重新获得授权。境外业务伙伴可能会在尽调中提出下列问题：

①公司是否有负责合规管理的内设机构或专门的合规管理人员？

②公司有哪些合规管理制度？公司如何管理礼品、招待、赞助、捐献等可能产生合规风险的市场行为？

③公司如何管理供应商/第三方的合规风险？

④公司是否曾对员工或供应商/第三方做过合规培训？

⑤公司是否建立了合规举报及调查机制？

境外业务伙伴合规尽调问题往往十分复杂且涉及领域较广，中国企业应当对境外业务伙伴合规尽调过程中可能问到的问题以及境外业务伙伴为什么问这些问题有正确的理解和认识，只有在正确理解的基础上，方能妥善应对合规尽调，从而促成进一步的合作。

（三）中国境内企业应对境外业务伙伴合规尽调过程中存在的问题及注意事项

境外业务伙伴的合规尽调对于中国境内企业而言，既是风险，也是挑战，只要企业掌握妥善的方法，合理应对，就可以顺利开展项目。

1. 中国境内企业应对合规尽调的不足与问题

前述 A 公司的案例并不是个例，在帮助中国境内企业应对境外业务伙伴尽调的过程中我们发现，中国境内企业面对境外业务伙伴的合规尽调时往往存在以下不足与问题。

部分公司或者公司内部负责合规尽调的人员不了解合规尽调，从而并不重视境外业务伙伴的合规尽调，并且总是抱着侥幸的心理敷衍了事，具体的表现是，根本不回答境外业务伙伴的合规尽调问题，或者不经过内部的调查求证直接草率地进行回答，例如，A公司最初应对合规尽调时其业务经理的表现，或者是明明知道公司曾发生过类似事件，但是选择避重就轻，故意隐瞒对公司不利的案件事实或信息。然而，从A公司的案例可以看出，公司越是想要敷衍了事，境外业务伙伴越是会通过各种渠道检索验证，一旦发现合规尽调的回答与事实不符，境外业务伙伴可能会直接认为该企业是故意隐瞒，没有合作的诚意，进而拒绝合作。

从内部管理上，公司没有专门的部门对合规尽调进行管理，多数情况下由各个不同的业务人员进行答复，甚至都没有对合规尽调问题统一答复的口径，这样一来，合规尽调答复的全面性、正确性、质量都得不到保障，公司也很难和境外业务伙伴顺利开展合作。A公司最初也是因为没有统一的部门管理，由对公司合规制度并不了解的业务经理填写问卷，从而导致公司未获得授权，陷入危机。

有一些企业能够认识到合规尽调的重要性，并且没有故意隐瞒，对本公司的不利情况进行了如实的披露，但是这些企业不懂问题背后的含义，不能有效抓取对自己有利的东西予以陈述，更不能合理有度地为自己辩解。这样的做法很可能使境外业务伙伴认为与这家公司合作存在较高的合规风险，同样会影响公司之间的合作。

2. 应对境外业务伙伴合规尽调的方法与策略

虽然境外业务伙伴的合规尽调十分复杂，但只要企业予以足够的重视，合理应对，选取恰当的回答策略，往往能够取得令人满意的结果。以下我们将重点介绍应对的方法与策略。

面对境外业务伙伴尽调时，应当在公司内部认真核实、如实反馈并且就境外业务伙伴关注的问题进行如实的披露。切忌抱有侥幸的心理，故意隐瞒对公司不利的事实或信息。

例如，就境外业务伙伴关心的政府背景问题，企业应当逐一向相关股东、董事、监事、高管核实具体情况，一旦发现存在相关的政府背景，应当如实作答，而不是抱着侥幸心理加以隐瞒。但如果对相关问题的回答是肯定的，除了如实说明具体情况以外，还应向境外业务伙伴解释说明该情况不会给双方的业务合作带来合规风险及具体原因。例如，某高管虽然曾在政府部门任职，但其先前的职务与公司的主营业务并不相关，或该高管离开原公务岗位已满3年，根据中国法律的规定，该高管符合在企业任职的条件，不会对合规性产生任何不良影响。

公司内部应该由统一的部门负责应对境外业务伙伴的合规尽调，如法律部门、合规管理部门，一旦公司的业务人员或其他人员收到了类似的合规尽调邮件或问题清单，均应直接转给该部门进行应对，而不是擅自回答。但是，有一些公司确实存在无法由专门的部门应对合规尽调的情况，公司也至少应当统一起草合规尽调答复话术模板，向相关人员发放，并且定期根据公司情况更新话术模板，以保证答复的质量和准确性。例如，A公司因前述合规尽调事宜专门对公司的合规管理制度进行了整改，明确由公司法务部统一对境外业务伙伴合规尽调事宜进行归口管理，同时也起草并发布了应对合规尽调的话述模板，这一系列的措施帮助A公司有效地应对了之后的几次境外业务伙伴合规尽职调查。

企业应当有理有据有节地寻找抗辩因素，并且有策略地进行回答，即在对公司不利的相关案件或信息进行如实披露的同时，也应当积极寻找对公司有利的抗辩因素，这样才能够真正有效地应对。

例如，对于境外业务伙伴所关注的公司的相关案件及负面报道等问题，这些问题可能直接关乎此次合作能否顺利开展。如果确实存在需要披露的案件或负面报道或境外业务伙伴要求公司对某件特定的司法案件进行澄清，除了如实叙述案情外，还应当尽量寻找对公司有利的抗辩因素，并且向境外业务伙伴说明案件发生后公司采取的纠正/补救措施（如有）。例如，有些案件其实是被调查公司的母公司或兄弟公司发生的案件，与本公司无关等，深入挖掘这类抗辩因素，能够进一步打消境外业务伙伴的顾虑，推进合作。但如果确实是公司或公司高管、员工涉及的案件或负面信息，无法进一步寻找对公司有利的抗辩因素，则在将相关案件向境外业务伙伴进行披露的同时，应当着重强调客户公司在案件发生后制定合规管理制度，完善合规管理体系，采取一系列合规管控措施，来预防、管控员工或商业伙伴可能出现的腐败、欺诈等违规行为。例如，通过开展多个廉洁主题的教育宣传活动，在公司内部进行合规宣传，并且在中秋、春节等重要节日前下发通知，对员工进行不得违反公司规定、不得收礼等提示，展现公司对腐败贿赂零容忍的态度，以及合法合规经营的决心。

面对日益复杂的国际环境和越来越频繁的境外业务伙伴合规尽职调查，只有真正构建全面有效的合规管理体系，培育企业合规文化，营造人人合规、主动合规的氛围，才能使企业在日益严峻的监管环境下开拓进取，合规经营，行稳致远。

第五章　企业处理合规危机的热点问题

一、企业如何应对行政执法突袭调查

近年来，中国行政执法力量不断加强，各类调查执法活动越发频繁，特别是不预先通知的突袭式行政执法调查，对于企业来说，这是一种不小的挑战。如果企业应对失策，极易引发一系列的不利后果和负面影响。其中，最直接的不利后果便是遭受罚款、市场禁入等行政处罚，其他的负面影响还可能包括商誉损失和股价下跌等。如何妥善应对突袭式行政执法调查，是企业应当关注和重视的问题。

（一）案情简介

A 公司是一家协助医药企业申办、组织开展药品临床试验的临床医学研究公司。A 公司的一项重要工作是协助医药企业获取审批机关对药品临床试验的审批。

2019 年 4 月，A 公司指派新入职的员工陆某负责 B 药企的临床试验研究申请项目。该项目的牵头合作单位为上海某大学附属医院。除该医院外，另有 16 家合作单位参与了该项目。在该项目中，陆某主要负责协助合作单位开展药品临床试验质量管理规范建设，并整理、准备需要向审批机关提交的伦理审查材料，以获得该药品临床试验研究项目的审批。

2019 年 7 月初，陆某在向审批机关提交 B 药企临床试验研究项目的伦理审查材料后，突然向 A 公司提出希望于 7 月底前离职。A 公司遂委派了另一位临床研究专员陈某跟进该项目。陈某接手后发现该项目中向审批机关提交的《合作研究单位意见》上的院长签字及医院公章与其他材料中的签章略有不同，随即与合作的牵头医院核实，约两周后，医院回复称未曾签署该文件。随后，陈某立即向A公司管理层汇报，A公司管理层也紧急与B药企管理层沟通。

与此同时，调查人员突然到访A公司办公室。因事发突然，调查人员到访后，A公司管理层为拖延时间，指使前台人员及保安以调查人员无法出示调查通知书为由，拒绝调查人员进入公司。经过反复沟通，调查人员才得以进入A公司的办公区域开展调查。

调查期间，调查人员先后访谈了尚未离职的陆某、其他几位临床研究专员、A公司几位高管，登录了公司办公系统，调取并带走了大量文件资料。虽然陆某当场承认《合作研究单位意见》上的院长签字及医院公章系其个人伪造，目的是加快项目进度，以便其能在试用期内取得更好的评价，但是，调查人员仍然怀疑此类造假事件在A公司中并非个案，并对A公司项目质量监督管理方面的空白和漏洞提出怀疑。调查人员表示，调查结束后，A公司可能会面临严厉的行政处罚，且处罚结果将会在相关网站公示，使A公司无法再继续开展类似项目。调查人员离开后，有部分A公司员工擅自将公司遭遇突袭式调查的信息发布到社交媒体，引发媒体及舆论高度关注，导致A公司股价剧烈波动。

（二）律师点评

在以往的工作中，我们观察到很多企业因缺乏应对突袭式调查的经验，导致其在应对突袭式调查时采用了错误的方式方法，最后使企业陷入被动或不利的局面。上述案例中的A公司便是一个很典型的反例。A公司因缺少应对经验，才在应对突袭式调查时不但毫无章法，甚至试图抗拒调查，犯下许多原则性错误，确实值得好好反思。对于企业来说，若想从容应对行政执法机关的突袭式调查，可以重点关注以下几个要点。

1. 事前未雨绸缪

根据以往的经验，企业在应对突袭式调查时最好能有一份应对预案，或者一套应对突袭式调查的标准操作规程，并先对员工进行充分的培训，甚至组织模拟演练。通常来说，此类预案应至少包括以下四部分内容：

第一，要明确应对突袭式调查的原则，如保持礼貌、充分配合、遵纪守法。

第二，应明确应对突袭式调查的主要责任人员及相关的职责。

第三，应简要介绍标准的应对流程。例如，调查人员到达公司前台或门口时，前台人员或者警卫的接待流程，前台人员或者警卫通知公司派人接待调查人员的时限及方式。

第四，应简要介绍执法机关在突袭式调查过程中经常采用的调查措施及权限，如查阅公司合同、账册，查看电脑中的数据资料、对员工进行访谈，以及公司及员工该如何依法配合调查人员的调查措施，须遵守的配合义务，享有的合法权利。

2. 事中充分配合

突袭式调查开始后，公司在维护自身合法权益的基础上，应尽量配合调查，避免正面冲突。公司员工在整个调查过程中均应保持礼貌、客气及合作的态度，避免与调查人员发生争吵，严禁公司员工与调查人员发生任何形式的肢体接触、对抗或冲突。在充分配合的基础上，可以关注以下三点：

（1）检查执法证件，了解调查目的。

行政执法机关在开展突袭式调查时，通常会抽调人员组成调查小组。调查人员抵达后，前台人员可要求调查人员出示身份证件及其他执法文件（如有），并礼貌地询问此次检查的目的和范围。需要提示的是，调查人员在行政执法程序中可以仅携带工作证件，且无须出示调查通知书或其他执法文件。前台人员在接待调查人员时，应避免像 A 公司前台人员一样，以调查人员不能出示调查通知等执法文件为由，将调查人员阻挡在门外。

前台接待人员应在合适的时机留存调查人员工作证件的复印件。如果调查人员不同意留存复印件，前台接待人员可以详细记录上述证件的内容，如调查人员的姓名、职位、所属单位，并尽快将上述信息反馈给突袭式调查应对预案中规定的调查接待人员。同时，前台接待人员可以礼貌地请调查人员在办公区域外的会议室稍做等候。

（2）全程陪同调查人员，完整记录调查活动。

如果是大规模调查，调查人员进入办公区后，通常会分组调查。一部分调查人员可能会进入市场部、销售部、财务部的办公区收集、调取与案件有关的原始凭证，如合同、财务账册；另一部分调查人员可能会要求登录公司办公系统、邮件系统、财务管理系统，收集计算机数据，如交易双方之间关于给付财物的电子邮件；还有一部分调查人员可能会对员工进行现场访谈。

调查人员开展上述调查工作时，可能会引起员工的猜测、议论，进而引发不必要的恐慌。为安抚员工情绪，人力资源部可以视情况向员工适当披露突袭式调查的基本情况，同时告知员工未经公司允许，不得在社交媒体上发布与本次调查相关的任何信息，也不得评论与本次调查相关的任何信息，避免使企业面临与A公司类似的舆论危机。

在调查过程中，在征得调查人员同意的情况下，公司可以委派员工全程陪同调查人员开展调查活动。陪同人员应对调查人员的所有调查活动做完整记录，包括但不限于调查人员提出的问题及公司员工的答复、调查人员关于提供文件或电子数据的要求、调查人员查阅、扣押、查封文件或电子数据的情况，以便后续复盘。

（3）客观回答访谈问题，仔细检查访谈笔录。

访谈是调查人员办理案件时常用的一种调查方法。在上述案件中，执法人员也当场对陆某及公司高管进行了访谈，并从中获悉《合作研究单位意见》上的院长签字及医院公章系陆某伪造。

在可能的情况下，公司应安尽量排一间会议室，让调查人员在该会议室里进行访谈。在调查人员允许的情况下，被访谈员工最好能自带笔纸，并在访谈过程中简要记录调查人员的问题及自己的回答。

在访谈过程中，被访谈员工最好能遵守以下基本原则：

①听清且理解问题后再回答。如果没听清或不明白调查人员的问题，可以要求调查人员重复或解释后回答。

②如实陈述自己了解的客观信息，避免提供任何自己无法确认真实性的信息。如果对有关事实不清楚或者记忆不清，可将该情况如实告知调查人员。

③不提供个人主观意见，也不承认或否认调查人员的假设或猜测。

④尽量避免确认与自己岗位无关的信息。

访谈结束后，调查人员通常会要求访谈对象签署笔录。访谈对象应充分行使自己的权利，逐字逐句仔细核对，确认无误后再签署。如果发现笔录中记载的内容与自己的真实意思不一致，可以请调查人员修改后签署，切勿因紧张等因素而在慌乱中随意签署。

3. 事后及时复盘

对于公司来说，调查人员的离开并不意味着公司应对工作的结束。调查人员离开后，公司要第一时间组织相关人员复盘整个调查过程。汇总、整理调查人员翻看、查阅的文件及电子数据范围，盘点调查人员查封、扣押的物品，了解访谈过程及问答情况，并在此基础上进一步考虑和判断公司或其员工是否存在违规行为，是否需要进一步开展内部调查等一系列问题，并在此基础上决定如何跟调查机关进一步沟通，争取变被动为主动。

遭遇突袭式行政执法调查并不代表企业一定会面临不可逆转的不利处境。但是，若想妥善应对突袭式政府调查，企业不仅需要提前制订一份应对预案，并对员工开展培训宣贯，甚至模拟演练，做到未雨绸缪，还可以在调查过程中聘请律师，帮助企业及员工明晰调查过程中享有的权利和应当遵守的义务，安抚员工情绪，应对舆论危机，并随时就突发事件向企业提供专业的法律意见，协助企业与调查人员开展顺畅、积极、有效的沟通，保障合法权益。

二、企业如何有效应对反贿赂调查程序及防范风险

随着我国反贿赂立法的逐步完善，执法力量的进一步加强，反贿赂行政

执法调查，特别是突袭式行政执法调查越来越频繁。为此，企业越来越需要了解反贿赂调查的基本程序，适应并配合行政执法调查，最大限度地降低行政执法调查给企业带来的风险和负面影响。

（一）案情简介

某公司是一家提供旅游、会议服务的上市企业，长期为A公司提供会议及培训服务。某天，B市的市场监督管理局接到举报，声称A公司涉嫌假借商务会议或培训的名义，组织潜在客户的高层管理人员去境外旅游。为了核实相关情况，市场监督管理局的工作人员来到某公司的办公场所，要求提供业务合同等相关材料。

关于是否要配合市场监督管理局提供相关材料，某公司的法务部门、销售部门和运营部门的意见并不统一。虽然法务部门已经提示了拒绝配合调查的法律风险，但销售部门和运营部门的意见在公司内部更占上风，不愿意积极配合提供材料。市场监督管理局多次与某公司的法务进行沟通，但法务部门只能以未获得公司领导批准为由搪塞。

与此同时，市场监督管理局也在A公司进行调查。在对A公司的调查中，市场监督管理局获得了A公司与某公司签订的会议外部服务协议等材料，并对A公司的相关负责人做了询问笔录。经调查，市场监督管理局认为某公司和A公司串通利用虚假会议或其他商务活动套现，向A公司潜在客户的高管行贿，构成商业贿赂。在行政处罚听证会上，某公司匆忙准备的申辩意见没有被市场监督管理局采信，最终收到了罚没200余万元的行政处罚决定书。

之后，对A公司的调查则从行政调查转化成刑事调查。公安机关在对A公司高管进行盘问的过程中，发现了与某公司串通、共谋的线索，因此对某公司的董事与部门负责人采取刑事拘留等强制措施。根据证券监管机关的相关规定，某公司不得不向公众披露这一情况，股价也因此受到重创。

（二）律师点评

在上述案件中，从一次看似普通的行政调查，发展到对某公司高管采取刑事措施，事态的发展完全超出了某公司最初的预期。一只小小的蝴蝶轻轻扇动翅膀，最终竟引起了太平洋上的一场风暴。

我们回顾此案就会发现，某公司"一步错，步步错"。首先，在市场监督管理局开展初步调查时，某公司就没有高度重视，既没有主动与调查机关沟通调查的范围和方向，也没有统一各部门行动，积极配合调查。其次，在行政处罚决定作出的前后，某公司没有聘请外部律师策划周详的申辩意见，也没有充分利用行政复议、行政诉讼等程序救济权利，最终案件进入了刑事侦查阶段，再难挽回。

如果某公司有应对政府调查的预案，积极利用行政调查程序中的申辩权利，充分阐述对自身有利的事实与法律观点，就完全有可能变被动为主动。为了避免重蹈某公司的覆辙，企业经营者有必要了解反贿赂调查究竟有哪些程序，以及应当如何应对。我们希望通过对法律与司法实践的梳理与分析，帮助企业加强对当下反贿赂行政调查、刑事调查[①]的理解，更好地降低企业的风险。

1. 行政调查

（1）现行《反不正当竞争法》强化了反商业贿赂行政执法力量。

2017年《反不正当竞争法》修订后，市场监督管理部门对查处商业贿赂的行政执法措施和权限得到了进一步的明确。执法机关除了进行检查，询问情况，还可以直接查封、扣押有关财物，查询涉案企业的银行账户。对于拒绝、阻碍调查的个人，市场监督管理机关还可视其情节轻重，给予警告、罚款甚至行政拘留等处罚。

同时，在对商业贿赂的处罚幅度方面，除了原有的没收违法所得的权利，现行《反不正当竞争法》还将罚款上限从20万元提升至300万元，并可视情节严重程度决定是否吊销营业执照。因此，相较于以往单一的低额罚款措施，现行《反不正当竞争法》下的反商业贿赂行政调查已经成为企业不可忽视的

[①] 为行文方便，本书中"刑事调查"一词包括公安机关在立案前的刑事初查及立案后的刑事侦查活动。

重要潜在风险。

（2）行政调查可能升格为刑事调查。

除了行政处罚外，市场监督管理部门在行政调查的开展过程中，还有权将其发现的犯罪线索移交至公安机关处理，使行政调查升格为刑事调查。根据《刑事诉讼法》第54条第2款的规定，行政机关在行政执法和查办案件过程中收集的物证、书证、视听资料、电子数据等证据材料，在刑事诉讼中可以作为证据使用。而且，行政调查过程中，行政执法机关的认定结论和处罚结果往往也对公安机关开展后续的刑事侦查有重要的借鉴意义和影响。因此，被调查的企业切不可对看似普通的行政调查掉以轻心。

2. 刑事调查

（1）刑事调查手段的强制性特征更加明显。

相较于行政调查过程中行政机关可采取的检查、查封、扣押、罚款、行政拘留等手段，《刑事诉讼法》赋予公安机关更为宽泛的执法权限，使其在刑事调查过程中可依法进行查封、扣押、冻结、现场搜查，对犯罪嫌疑人采取刑事拘留、逮捕等强制措施。

（2）当事人妨碍刑事侦查与司法活动可能构成犯罪。

《刑事诉讼法》规定，任何单位和个人，有义务按照人民检察院和公安机关的要求，交出可以证明犯罪嫌疑人有罪或者无罪的物证、书证、视听资料等证据。如果隐匿罪证，或提供虚假证据包庇犯罪，可能构成伪证罪或窝藏包庇罪。

（3）被调查人在刑事调查程序中享有的权利受到更加严格的法律限制。

与行政调查相比，被调查人在刑事调查阶段所享有的权利受到刑事法律法规的严格限制。特别是在被调查人被采取刑事措施以后，其享有的会见律师的权利、了解案件相关信息或进展的权利均需严格依照《刑事诉讼法》的相关规定行使。

3. 企业该如何应对政府调查

如前述案例所揭示的那样，一场看似普通的行政调查可能会产生一系列蝴蝶效应,甚至演变成刑事调查程序,对企业的存续和发展产生深远影响。因此,我们建议企业在面临反贿赂调查时采取以下应对措施:

(1) 成立领导小组,全面管理危机。

随着现代企业规模的扩大,企业的部门分工、权责划分更为细致,部门之间的推诿和矛盾成了大企业的典型"通病"。如何有效地调动企业资源主动配合调查,对现代大型企业而言,不仅是一个法律问题,而且是一个管理问题。

我们建议,在面临调查时,企业高层负责人应当高度重视,自上而下,尽早组建领导小组并赋予其所需要的权限,全面负责企业的内部排查、与调查机关的沟通衔接以及公关危机处理,以解决企业的内部集体行动问题与对外沟通问题,尽量降低调查造成的不良影响。

(2) 审时度势,依法积极配合。

在执法机关启动调查程序要求企业配合时,我们建议企业尽早行动,遵循以下步骤有序开展配合工作:

第一,明确企业在调查中所处地位与所选择的立场。针对执法机关的调查目的,企业应当迅速对自身所处的地位进行确定(如证人、被害人、行政处罚相对人或犯罪嫌疑人身份),据此评估提交相关证据可能产生的法律效果,并选择所应采取的立场,以企业作为整体统一行动。这一步骤应当成为企业配合调查的全程指引,并随着事态变化而不断调整。

第二,被调查企业应依法配合,及时提供调查机关要求提交的公司经营数据、账册、银行流水等企业经营过程中产生的文件材料。由于这些证据材料具有相当的客观性,且能够通过多种方式还原或印证,被调查企业一定要如实提供。如果被调查企业刻意隐瞒真实情况或者造假,反而可能导致调查范围的扩大,甚至导致因涉嫌伪证而被追究刑事责任等不可控风险。

第三,对调查所要求提供的涉案企业人员名单,被调查企业要做到心中有数。企业应当成立监察或合规部门,事先制订危机应对预案,在调查初期就对企业可能涉案的人员情况进行摸查，并对企业可能承担的责任范围大致了解，在此基础上做好准备，尝试从对企业有利的角度还原案件事实。

第四，被调查企业应主动提交规章制度与合规建设成果，隔离企业风险。现行司法实践显示，企业有效的合规建设往往是执法机关在调查时判断责任分配的重要考量因素。如果企业在平时就建立行之有效的规章制度，明令禁止员工从事违法行为，那么面临调查时就可用以降低甚至排除企业责任，使调查范围仅限于违法违规的员工个人层面，从而隔离企业可能面临的刑事、行政调查以及民事甚至刑事诉讼风险。

（3）把握机会，合理利用程序权利。

面对执法机关的调查，企业还应当特别注意合理利用程序权利以争取最优结果。以反贿赂行政调查为例，根据《市场监督管理行政处罚程序暂行规定》，市场监督管理部门在发现违法行为后，其行政处罚的程序为：立案→调查取证→调查终结、案件核审→市场监督管理部门负责人审查→事先告知当事人拟进行行政处罚→当事人陈述、申辩、听证→作出处理决定→送达→执行。

从上述流程可知，当市场监管行政处罚程序启动时，企业有四个可以主动介入调查、据理力争的重要时间节点，应当注意把握：

第一，在行政机关调查取证的初期阶段，通过主动配合调查，积极提交证明违法事实不存在或违法情节轻微的证据，并在调查终结时争取较低档次的行政处罚甚至不予处罚的结果。

第二，在行政机关告知企业拟进行行政处罚时，通过聘请代理律师，积极陈述、申辩或在听证会上进行诉辩。当事人陈述、申辩、申请听证是其法定权利，不会因此加重行政处罚。

第三，作出处理决定后，企业对处罚决定不服的，可以向作出处罚决定的行政机关申请行政复议。

第四，对行政处罚决定不服的，企业也可以选择向法院提起行政诉讼，对商业贿赂案件性质的认定、违法所得的计算标准等问题进行申辩。

(4) 正视监管趋严大势，提高企业合规管理水平。

近年来，我国反贿赂执法呈现出高压趋严的显著态势。在这样的大环境下，我们认为企业应当正视这一现实，借助专业律师团队的帮助，首先在企业内部建立有效的合规管理体系，提高公司高管和普通员工的合规意识，明确适用于全员的合规行为准则，防患于未然。其次，在企业经营过程中还应当加强事中管控，在各个业务环节中嵌入法律及合规审查，及时发现企业经营中的可能发生的违法行为并在第一时间予以制止。最后，在面对执法部门的调查时，迅速组成应对调查领导小组，尽早委托专业律师介入，积极利用被调查人在调查程序中的各项权利，发表对企业有利的意见，以有效化解调查危机，将企业的风险降至最低。

三、企业如何应对舆论危机

自党的十八大以来，高压反腐已经成为各界共同的关注和共识。特别是2013年某知名跨国医药企业被曝出"行贿门"后，社会各界和舆论媒体对各种"潜规则""行业惯例"掩饰下的腐败丑闻高度敏感。一旦企业内部人员或外部竞争对手利用网络媒体将腐败现象或线索予以"曝光"，往往会引发大规模的负面媒体报道，使相关涉事企业陷入舆论危机。

（一）案情简介[①]

2019年2月某一天的傍晚，天涯论坛忽然出现一篇"爆料帖"。帖子的作者王某某自称是A公司（某知名跨国医药企业）在中国的医药代表，因为在公司遭受了不公平对待，所以利用天涯论坛向B市人民政府发了一封公开信，实名举报该公司通过虚构学术会议，套取现金，用于临床医生用药奖励的行为。

在这篇"爆料帖"中，王某某不仅披露了公司给正式入职的医药代表匹配多少市场费用，还明确地指出公司在B市的医药代表经常去位于某区一家

[①] 本案例是基于真实事件改编而成。

美食城开虚假学术会议，向美食城支付一定比例的手续费后，购买虚假的会议或餐饮发票回公司套现。由于王某某系实名举报，而且"爆料"了很多细节情况，短短一个晚上的时间，就引起了网友的热烈关注和讨论。

第二天早上，当公司总经理踏入办公室的时候，这篇"爆料帖"已经被转载、转发到微信、微博、搜狐论坛等各种网络媒体。如何摆脱被动的舆论局面是 A 公司面临的急迫问题。

（二）律师点评

1. 企业应对舆论危机的基本步骤

危机事件出现以后，负面舆论很可能在网络和自媒体上迅速发酵。为此，涉事企业必须立即采取一系列应急行动，尽可能将事态控制在初期阶段。

首先，公司应立即组建由公司领导担任组长，由公共关系部门、法务部门组成的舆论危机应对小组，必要时还应当聘请专业的外部律师和媒体公关公司。舆论危机应对小组负责决定各个阶段的应对策略、回应媒体报道的统一口径等，并负责在公司内部进行协调分工。这是应对舆论危机过程中最重要的一个步骤。

其次，舆论危机事件发生后，公司应立即启动持续性的媒体监控。考虑到网络媒体和自媒体的传播特点，很多的负面舆论都是在夜间、周末等非工作时间大规模传播和发酵的。因此，公司应当指派专人对重要的社交网络平台或大型公众传媒进行 24 小时的跟踪和监控，密切关注相关负面舆论的传播情况，以及有无新的负面报道发生，并及时向舆论危机应对小组汇报。

再次，为了避免因为正常信息渠道闭塞而使谣言有机可乘，舆论危机应对小组应当尽快准备好企业自身对危机事件的官方声明，在公司上下形成统一的对外口径，从而尽可能地控制、影响舆论传播的走向。必要时，公司还可以基于现阶段官方声明的立场和态度，主动与媒体进行沟通，阐明公司对危机事件的看法和态度，引导媒体进行中性、客观的报道。

最后，对于内容不实、侵害公司合法利益的发文或报道，公司应保留追究相关主体法律责任的权利，必要时可以向作出不实报道的媒体发出律师函，要求删除稿件。同时，公司还可以利用微信、微博等社交平台的举报、投诉渠道，要求平台删帖，并采取相关审核措施阻止信息发布人重复发布损害公司名誉的帖文。

在上述案例中，A公司关注到王某某的实名举报后，总经理立即集合公共关系部、人事部、法务部、合规部等多个部门召开联合会议。在王某某进行实名举报后的第二天下午，也就是危机事件发生后"黄金24小时"内，A公司及时地在自己的官方微博上发出了声明。在声明中，A公司重申了本企业遵守良好商业道德、行业自律规范的承诺，并表明公司已经启动了内部合规调查，一旦发现违规行为将严肃处理。

此外，A公司在进行基本内部调查后，主动联系了曾对王某某的举报进行报道的媒体，指出王某某的举报内容存在与事实不符之处，涉嫌损害A公司名誉。经过交涉，部分媒体同意删除、撤回原先的报道。在此基础上，A公司进一步与其他媒体进行交涉，最终争取到了更多媒体对此次危机事件做中立、客观的报道，化解了此次舆论危机。

2. 如果监管部门针对危机事件开展调查，负面舆论二次发酵，企业应额外关注的问题

假设在上述案例中王某某的实名举报引起了B市行政监管机关或公安机关的关注，并启动了行政或刑事调查程序，针对A公司的负面舆论二次发酵。此时，形势变得更加严峻，A公司又该如何应对呢？

首先，由于监管机关的介入和政府调查的启动，公司在这个阶段的任何发声和行动都应非常审慎，应提前征求法务部门或外部律师的意见。特别是刑事侦查过程中的案件具有保密性，如果公安机关介入，公司应尽可能避免在其发布的声明中涉及任何与刑事侦查直接相关的案件信息。

其次，如果监管机关或公安机关调查后认定公司或其人员确实存在违规行为，公司应该调整公司声明的态度和立场，向社会公众诚恳表达歉意，理性表述事件产生的原委，争取公众舆论的谅解，并着重对善后和内部整顿措

施加以解释说明，尽最大努力挽回公众对企业的信任。

如果事态严重，可以考虑以总公司或集团公司的名义发表声明，全面回顾公司在此次事件中的行为，承认问题的存在，并向公众传达总公司或集团公司对此事件的重视和整改的决心。

3. 妥善应对，化"危"为"机"

危险与机会是一枚硬币的两面。危机事件发生后，有的企业深陷社会舆论的负面影响，或导致品牌形象受损，或导致市值一夜蒸发。但如果应对得当，完全可以化"危"为"机"，将舆论危机转化成宣传企业正面形象的机遇。

例如，2017年媒体曝光了一家知名餐饮连锁公司后厨有老鼠、调料中有苍蝇的新闻。而此时，这家餐饮公司正在筹划香港交易所上市。媒体曝光以后，引发大量负面舆论，公司上市前景堪忧。

但该公司立即开展了内部调查，发现媒体披露的后厨卫生问题属实。于是，公司迅速发出致顾客朋友的道歉信，主动承认后厨卫生管理中的问题，并承诺立即对所有门店进行整改。不久后，该餐饮公司再次发出关于涉事门店的处理通报，向社会公众公开公司采取的整改措施，并明确表明此次事件是公司深层次管理的问题，公司董事会承担主要责任，涉事门店的员工无须恐慌。

该企业发出道歉信和处理通报后，舆论的风向开始发生转变。有不少网友将该餐饮公司的表态归纳成"这锅我背""这错我改""员工我养"，并对此表示赞赏。一个月后，该餐饮公司在所有门店推行"明厨亮灶"，并且主动与当地食品监督管理部门的"阳光餐饮"App对接，使消费者可以实时看到后厨工作状态的直播。

虽然后厨的卫生问题曾在媒体曝光后迅速发酵，引发强烈的舆论关注，但这家餐饮企业能够迅速地查明事实，第一时间发布声明承认错误，并果断地采取措施改善后厨的卫生管理问题。因此，这家企业不仅能转危为安，更能将危险化为机遇，向社会公众展示了企业对食品安全的重视和不断加强管理的决心。其后,这家餐饮企业的上市并没有受到此次危机事件的影响,并且至今仍然凭借其服务品质和管理水平获得了好口碑。

回顾各类企业在危机应对中的经验和教训,我们建议企业未雨绸缪,从预防着眼,事先制订企业内部的危机应对预案,提前明确各个部门在危机应对过程中的职责和角色,避免危机事件发生后张皇失措,最终导致事态升级,甚至引发进一步的政府调查。

四、企业如何选聘合规律师应对合规调查

在新形势下,企业面临的合规压力越来越大,亟须挑选出合适的律师为自己提供服务,而律师也需要在这片法律服务的蓝海里把握机遇,探索出合规业务的新方向,在这个过程中,有很多因素值得双方进一步思考。

(一)案情简介

G公司在境外投资的过程中参与了一个由亚洲基础设施投资银行(以下简称亚投行)提供资金支持的工程项目。在项目的投标过程中,G公司提供了虚假的项目人员简历,亚投行在对项目进行审核的过程中发现了该违规事实,于是对G公司展开了调查。

在调查过程中,G公司仅由业务人员对亚投行的质询作出答复,并未寻求专业律师的意见,所以,在此过程中,G公司因为应对不当暴露了更多问题,甚至主动提供了一些关键证据,致使亚投行的调查范围不断扩大。最终,亚投行对G公司及项目负责人实施了为期两年的禁入制裁。该起事件不仅使G公司在境外的业务布局陷入被动,而且作为国有企业,G公司也面临来自国务院国资委内部的压力。

根据亚投行的处罚决定,G公司必须实施合规整改计划,建立起一套完善的合规管理体系,并聘请独立的第三方监管人对G公司的合规整改措施和整改过程进行定期评估。只有完成合规整改,搭建好符合亚投行要求的合规体系,G公司才能在制裁期限届满后向亚投行申请解除制裁。

（二）律师点评

1. 企业选择合规律师应考虑的因素

（1）宜早不宜迟。

案例中的 G 公司在应对调查时表现出来的迟延和懈怠，除了重视程度不够外，也体现了 G 公司应对此类合规调查的经验不足。部分国内企业对亚投行、世界银行等多边开发银行的调查程序和执法习惯并不熟悉，也没有成熟的应对预案，如果在遭受外部调查时没有及时咨询专业律师的意见，仅依靠公司法务人员甚至只是业务人员来答复此类机构的调查，容易处理不当，使公司陷入被动的局面，甚至扩大风险。G 公司如果能在被调查的初期就聘请外部律师协助应对调查，很可能会对最终处罚结果产生积极的影响。

亡羊补牢虽然未为迟也，但终究已经给企业造成了损失，与之相比，未雨绸缪、提前预防显然更加重要。在过去，很多国内企业在创业初期更多关注业务和商业上的计划，对合规的重视程度明显不足，部分企业在发展经营的过程中只重视利润导向、结果导向，忽略了对经营过程的规范化管理，长此以往，随着企业规模逐步扩大，管理成本不断增加，此前被掩盖的一些合规问题越来越容易暴露，一旦面临外部调查，就容易引发合规风险。企业应该及早聘请专业的律师，把合规评估、合规建设提上日程，将风险消灭在摇篮里。

（2）宜全不宜缺。

合规是一个综合性问题，动辄关系到多个部门法，甚至涉及不同法域间的衔接。在律师分工日益精细化的今天，单一的律师乃至单一的律师团队，可能难以覆盖企业可能面临的所有合规风险。企业需要熟悉不同领域、不同国家法律法规，需要聘请具有全方位多法域法律服务能力的律师组成团队来为企业提供服务。

在案例中，G 公司需要同时熟悉中国法律、东道国法律以及亚投行监管规则的律师在应对调查的阶段为其提供服务；而在进行合规建设时，只有能够同时为企业提供反贿赂、安全生产、环境保护、国家安全审查、出口管制及贸易制裁、知识产权、招投标管理、反垄断等覆盖多个领域的"大合规"法律服务的律师，才能帮助企业开展全面的合规建设。

即使有了专业齐全、分工明确的律师团队，企业也需要注意律师所在律所的管理模式和团队文化，实行公司化统一管理的律所可以在全所范围内更充分地调动各种资源，共同服务于同一个项目，实现资源的集中共享。

(3) 宜精不宜滥。

企业需要具有丰富项目经验的律师，特别是涉及如世界银行、亚洲开发银行等多边开发银行调查项目时，由于此类案件可参考的案例不多，更需要律师的实际操办经验。在案例中，亚投行要求G公司聘请独立的第三方监管人参与合规整改过程中的评估工作，实际上，亚投行、世界银行等机构内部都有一份"短名单"，只有处在名单内的律师事务所或者会计师事务所才能担任适格的监管人。由于不清楚亚投行的相关规定，G公司在寻找监管人的过程中走了很多弯路，甚至屡次碰壁。

在应对多边开发银行调查事件的时候，企业首先应该尽量聘请处在"短名单"或类似的律所备选库，或者具备丰富相关项目参与经验的律师和律所为其提供应对调查的法律服务。这类律所一来熟悉各类机构的监管规则和标准，二来能够在企业聘请第三方监管人的过程中提供有建设性的意见，帮助企业和监管人建立有效沟通，确保合规整改的过程和结果符合监管机构的要求。

建立合规制度方面，企业需要律师熟悉企业的运作规律，能够和公司的各个部门配合衔接好，理解公司的实际需求。为此，企业可以从已经和自己建立起长期合作关系的律所中选择，此类律所一般更了解公司内部的组织结构、业务模式和工作习惯，从而能够切实把握企业实际业务的风险点，有利于在全面建设合规管理体系的过程中与企业协作，形成合作默契。

实践中，部分企业对合规的概念仍然较为陌生，或者并不熟悉具体的合规管理标准和要求，为此，企业需要寻找对企业合规管理有深入理解和实践能力的律师和律所，其中最突出的选择是参与过诸如《央企合规指引》、《反

贿赂管理体系　要求及使用指南》（ISO 37001）等合规领域的重要指引、标准文件起草过程的律所，这些律所对于合规监管领域的法律、政策有更为深入的理解，能够更好地帮助企业实现合规管理体系的落地。

2. 律师如何更好地为企业提供合规法律服务

在可预见的未来，企业会不断地在合规领域提出多样化、精细化的法律需求，相应地也会要求律师能够持续输出综合性、高品质的法律服务，既要覆盖多个合规领域，又要符合企业的业务特点和实际需求，这正是合规法律服务的应有之义。为了更好地为企业提供合规服务，律师可以从下述角度进行探索。

（1）转换角色定位。

在传统的法律服务里，律师往往提供的是单一的服务内容，例如，进行专项的合同审查或代理某个诉讼案件，较少去关注企业的业务特点和经营管理流程，但是，在合规管理体系的建设过程中，律师需要提供的是系统性的法律服务，需要关注企业从决策、执行到监督、考核等活动的全过程，把自己代入企业运转过程中的各个环节，只有这样，律师才能帮助企业建立起符合企业实际的合规管控机制，实现合规的闭环管理。

如果律师仅依靠外部的法律法规，没有考虑企业的实际情况，那么闭门造车的结果很可能就是输出了一堆无法嵌入企业日常经营的规章制度建议，最终被企业束之高阁，成为一纸空文，这样的结果无论是企业还是律师都不希望看到。

因此，律师需要在提供合规法律服务的过程里不断转换角色，既要保证律师的独立性和专业性，也要从企业的角度深入思考和挖掘其可能面临的合规风险，了解每一个企业内部管理的客观条件和需求，这样才能遵循企业的性质和特点，量体裁衣地为企业制订应对措施，帮助企业把合规风险的评估、管控落到实处。

（2）扩大法律视野。

企业面临的合规风险，既有共性，也有个性。律师在为企业提供法律服务时，既要着眼于通用的合规风险领域，也要关注企业的行业及业务特点。

首先，在"一带一路"的时代背景下，会有越来越多的企业像案例中的G公司一样不断走向国际，相应地也要求合规律师必须具备全球化的法律思维和视野，熟悉国际上一些重点国家和地区或重点领域法律法规的内容和变化，如美国FCPA。同时，在国际贸易摩擦日益增多的今天，合规律师还需要掌握各类国际组织的执法规则和要求，否则就无法具备为企业提供应对国际机构调查的能力。

其次，不同企业所处的行业各不相同，律师在为企业提供服务时，需要了解各个行业的监管要求，例如，核电行业会有核安全以及核两用品等方面的一系列监管标准，医药行业、金融行业所面临的监管环境也大相径庭。律师需要对企业所处的行业有足够的了解，才能有针对性地开展合规风险评估，更准确、全面地识别企业所面临的合规风险。

开展合规风险评估的来源并不仅限于法律法规，律师还应把关注的范围扩大到企业曾遭受过的各种行政处罚、诉讼纠纷，是否曾被列入失信被执行人或曾出现负面新闻报道，如果是国有企业，还要关注其是否曾被巡视组或审计署指出其存在的问题。对这类风险实例进行检索，往往是快速了解和排查企业重点风险领域的有效途径。

在案例中，亚投行同时对G公司和项目负责人实施了制裁，这也提醒律师在参与涉及对具体责任人进行处理的合规调查案件时，还需要注意对个人责任和企业责任的区分。无论是英国《反腐败法案》（2010年）还是中国《反不正当竞争法》，都已提出将"经营者已制定合法合规合理的措施，采取有效措施进行监管"[①]作为一项免责的抗辩事由，如果能从该角度为企业提出合理的抗辩，将有机会将企业的责任降到最低。

（3）优化服务方式。

一个完整的合规管理体系服务，往往包括合规风险调研、评估、改进和

[①]《国家工商总局有关负责人谈新〈反不正当竞争法〉》，载中国政府网，http://www.gov.cn/wenzheng/talking02/2017117ft2/index.htm。

执行等多个阶段，其中很多环节需要的并不仅仅是律师的服务，还需要企业的理解与配合，这也对律师的沟通能力提出了更高的要求。在实际项目的开展过程中，律师除了完成好专业上的工作，还需要积极、主动地与客户进行沟通，例如，通过项目启动会、定期电话会议、建立工作周报机制、提交工作成果样本等多种方式，与客户进行细致、全面的沟通和讨论，确保项目的进展和各项工作成果的内容符合客户的预期和实际需求，在提升客户满意度的同时，也避免了沟通不到位导致返工而给律师们带来的工作压力。同时，在律师行业内部，由于合规领域的专业划分，一个合规项目往往会涉及多个不同团队，只有建立起科学、合理的团队工作机制，才能减少内部沟通的成本，提高工作效率，形成各个团队之间的合力，输出优质的工作成果。

授人以鱼不如授人以渔，企业希望律师所提供的合规服务，并不是一次性的工作成果，如简单地制定若干份合规管理办法或者合规手册，而是提供一套全面、完整的合规管理体系，需要这套体系能够在企业内部真正运转起来，形成长效的工作机制。因此，律师除了帮助企业建立和完善合规制度，还应该根据企业的特点，结合合规管理运行机制的流程，为企业今后开展风险识别、评估、改进等工作提供具有可操作性的指引，帮助企业把合规管理的工作落到实处。

合规已成大势所趋，建立合规管理体系，是企业迈向新阶段的必由之路，也是当前营商形势对企业提出的客观要求。只有尽早借助优秀律师的协助，建立起全面、规范、科学的合规管理体系，才能最大限度地降低企业在境内外所面临的各类合规风险，为企业的良性发展保驾护航。

与此同时，合规法律服务也对律师提出了更高的要求，律师法律服务的附加值不断增加，法律服务产品的外延不断扩大，这将促进整个法律服务市场的良性发展，律师发挥作用的舞台也会更为宽广和重要。为此，律师需要适时地调整和转变工作思路，才能抓住机遇，在合规法律服务的新浪潮里拥有立足之地，取得事业的新发展。

第六章　企业境外运营的合规热点问题

随着"走出去"战略的加快实施以及"一带一路"倡议的提出，越来越多的中国企业开始进军境外市场。大批中国企业开始或正在加紧筹备境外布局。中国企业参与境外建设的积极性值得肯定和鼓励，但参与其中的中国企业要清醒地认识到，境外布局不仅是机遇也是挑战。

目前，境外合规监管环境复杂、多元。规制中国企业的法律法规不仅有中国的法律法规，还有业务所在地的法律法规，美国、英国等国家和地区的反境外腐败法，世界银行等国际组织的反腐败规则等。企业一旦触线，后果难以估量。因此，加强境外合规管理，已成为企业降低境外运营风险的必要手段。

一、中国企业境外合规经营的挑战与实践

近年来，中国企业对"一带一路"倡议的参与程度不断加深，2018年，我国企业共对全球161个国家和地区的5735家境外企业进行了非金融类直接投资，投资金额高达1205亿美元，其中对56个"一带一路"共建国家直接投资156.4亿美元，新签对外承包工程项目合同额达到了1257.8亿美元。2019年4月，第二届"一带一路"国际合作高峰论坛于北京召开，预示"走出去"的中国企业会越来越多，但在广泛参与境外经营的同时，如何迎接境外越发严峻的合规挑战，更好地利用国内国际两个市场、两种资源，成为中国企业在新形势下需要思考的问题。

(一) 案情简介[①]

A 公司为一家在美国上市的中国企业。A 公司在参与"一带一路"建设的过程中，以承包方身份参与 H 国某大型基建项目的投标。该项目总投资额约 25 亿美元，由世界银行提供资金支持。

2017 年年初，A 公司为推进项目开展，根据 H 国的行业惯例和交易习惯与当地一家中介机构 B 公司签署了《咨询服务合同》。

该合同约定由 B 公司为 A 公司提供一系列咨询服务，包括向 H 国政府及有关部门推荐 A 公司，协调 A 公司与 H 国政府之间的关系，为 A 公司争取竞争优势，并最终协助 A 公司获得该项目。作为对价，A 公司将按照该工程项目设计、采购、施工等总成本的 4.5% 向 B 公司支付服务费。首付金额为 20%，剩余 80% 将根据项目工程合同中约定的业主方支付项目进度款的时间，以半年为期分次向 B 公司支付。该合同并未明确 B 公司的收款账户。A 公司第一次付款时，依据 B 公司的指令，将服务费付至一个在某国际知名避税港开设的银行账户，第二次付款时，则直接将服务费付给了 B 公司指定的个人账户。

同年年底，世界银行廉政局接到举报称 A 公司通过 B 公司向 H 国相关人员行贿，遂对 A 公司是否存在相关违规行为开展调查。调查期间，廉政局曾多次向 A 公司发函问询相关事实。A 公司并未意识到此事的重要性，回函时多敷衍搪塞。最终，世界银行向 A 公司发函，称其认为 A 公司在争取 H 国项目时存在向 H 国相关人员行贿的行为，该行为违反了世界银行的规定，将对 A 公司及其直接责任人实施为期 3 年的附条件禁入制裁。

随着事态的发展，此事也引起了美国证券交易委员会（Securities and Exchange Commission，SEC）的关注，并以 A 公司涉嫌违反 FCPA 的规定为由对 A 公司进行立案调查。

---

① 以下为基于真实业务改编的案例。

（二）律师点评

1. "走出去"的中国企业正面临多重合规挑战

随着"一带一路"倡议的贯彻实施，"走出去"的中国企业越来越多，但在不断参与国际市场竞争与合作的同时，中国企业也面临更为复杂的法律环境及合规风险，这些风险来自多个不同的法域和不同层次的法律规范。

首先，不管中国企业在何处开展境外经营，其行为仍然会受到中国法律管辖。近年来，我国对于腐败贿赂行为的打击力度不断增强，相关立法的完备程度、执法的严厉程度进一步提升，对腐败行为"零容忍""全覆盖"。除了刑事法律与《反不正当竞争法》的相关规定，中央纪委国家监委、国务院国资委也对打击腐败贿赂提出了更加严格的要求。

其次，"走出去"的中国企业还需要遵守东道国的法律法规。根据"透明国际"发布的2018年度"清廉指数"，"一带一路"共建国家的得分普遍较低，包括H国在内的多数非洲以及中西亚国家，清廉指数仅有15到30。由于经济社会发展水平不高，腐败现象突出，东道国通过中介机构向投标方索贿的"潜规则"并不鲜见，这也使中国企业在这些国家开展境外经营时面临更大的合规压力。

除此之外，欧美等国家和地区以及一些国际机构的监管态势也日趋严峻，不同国家和地区、不同调查机构之间展开了越来越紧密的合作。2018年，美国3个重要的反海外腐败案件中，便有11个国家的政府机关为美国政府提供了帮助。此外，美国时任司法部部长杰夫·塞申斯（Jeff Sessions）还在2018年年底宣布启动"中国行动计划"，强调要"识别有关同美国公司竞争的中国公司FCPA案件"，中国公司被明确列为执法重点。除了FCPA方面的执法变化，美国在出口管制、贸易制裁的执法触角也越来越频繁地伸向中国企业。根据美国《2012年国防授权法》，对于一个非美国实体，如果其存在违反美国贸易制裁措施的重大交易，即使相关交易不存在任何美国连接点，美国仍然可以对其施加制裁，这些都体现了美国政府对中国公司的关注正在进一步强化。

2018年5月，欧盟《通用数据保护条例》正式生效。自此，一切向欧盟境内主体提供服务并处理个人数据者，均受到该法的管辖，中国企业也不例外。企业违反该法最高可能承担2000万欧元或者企业上一年度全球营业收入的4%（两者取其高）的罚款，对企业影响巨大。

在国际金融机构监管方面，截至2020年6月1日，共有236家中国企业（此处不含港、澳、台地区企业）和个人出现在世界银行的"黑名单"上，而十几年前还仅为4家。很多境外工程项目都是世界银行等国际金融组织资助的，如果这些国际金融组织发现投标人有欺诈、贿赂等不当行为，可能将投标人及其关联主体加入"黑名单"，禁止其继续参与资助项目的投标。

由此可见，中国企业在境外经营过程中会受到多重法律制约，且监管的力度正在不断加强。具体分析上述A公司的案例，世界银行作为该项目的资助方，会对项目相关方的经营行为是否廉洁进行监管，而作为在美国上市的公司，A公司会受到美国FCPA的管辖，FCPA中也明确禁止企业向外国公职人员行贿。尽管各国反腐败的法律完善程度不一，但加强对腐败行为的打击和制裁，维护公平、廉洁的营商环境，是当今世界各国以及相关组织的一致目标，中国企业需要妥善地处理境外经营中遇到的问题，否则就很容易和A公司一样，面临多重制裁的困境。

2. 中国企业在境外经营时暴露出来的合规问题

在境外经营活动中，中国企业常常因为经验不足、观念差异等，在境外遭遇合规问题，甚至不得不支付昂贵的"学费"。上述案例中，A公司不了解H国的营商环境，对通过中介机构行受贿的做法没有予以足够的警惕，且在应对世界银行调查的过程中，A公司也并未采取积极应对的态度和方法，最终被世界银行施以严厉的制裁。

具体到本案例中，A公司与B公司签订《咨询服务合同》时，虽然做了基本的尽职调查，但仍以为自己只是在遵从H国的行业惯例和交易习惯，只要签订了合同就建立起了防火墙，如果出现问题可以由B公司负责，并没有意识到世界银行作为该项目的资助方，会对项目参与方的经营行为进行监管和调查。这表现出中国企业对境外法律制度、监管环境理解不到位。实际上，类似世界银行这样的多边金融机构在共建"一带一路"过程中涉及的大型基建项目中，往往会扮演重要的角色，包括亚洲开发银行、非洲发展银行等，它们会对项目参与方的廉洁性和合规行为进行监管，而东道国的政治、法律环境又各有区别，这就要求企业在开展境外业务可行性分析时，除了对商业因素进行评价外，也应当将东道国的监管环境、项目所涉及的国际金融组织监管规定等合规因素纳入考察范围，识别项目可能面临的合规风险，提前熟悉合规法律环境。A公司并非这些年中国企业因为境外经营中的腐败行为被查处的个案，其所暴露出来的短板，在其他企业中也普遍存在。中国企业应进一步提高境外合规意识，否则在越来越严格的国际营商监管环境下，企业的合规短板将会无处遁形，甚至给企业造成极大的损失。

另外，部分中国企业对境外机构的执法程序、工作习惯较为陌生，在遇到问题的时候往往不能有效沟通和答辩，从而一步步使企业陷入被动。在A公司一案中，世界银行在向A公司发函之前已经掌握了较为充分的行贿证据。但是，在给A公司的第一封函件中，世界银行并未透露调查内容，也没有透露A公司可能涉嫌违规，只是要求A公司确认参与过涉案的基建项目。A公司的项目人员在收到第一封函件后，完全没有意识到风险，也没有向公司的合规部门汇报，而是自行对调查函进行了答复。此后，世界银行围绕事实问题进一步向A公司发函询问，并逐步向A公司披露其已经掌握的行贿证据。此时，A公司的项目人员仍然没有上报合规部门，更没有咨询律师意见，而是以人员离职等理由搪塞回复。直到世界银行发函告知拟对A公司进行处罚时，A公司的项目人员才向公司法务部门汇报了前后的情况。在这一事件中，A公司的应对不力一步步延误了公司的申辩机会，给调查人员留下了不配合、不诚实的印象，使公司承受了更为严厉的处罚结果。

实际上，上述问题也反映了A公司在合规管理体系上存在的一些漏洞，这些漏洞在一些企业中并不罕见。例如，某些企业在启动项目时，合规方面的审查往往是缺失的；企业虽然设立了审计部、法律部，却没有明确规定这些部门的合规管理职能,也没有形成风控流程、合规报告机制;企业不能识别境外监管合规风险信号,及时启动应对预案等。这体现出仍有很多中国企业尚未建立起完善的合规管理体系,也没有针对境外合规风险形成良好的风险管控机制,一旦遇到重大风险,往往无法有效应对。

3. 中国企业亟须建立合规体系以迎接境外合规挑战

除了前述案例,中国企业在境外经营的过程中也暴露出了很多问题,这导致中国企业面临极高的境外合规风险。想解决这些问题,不能等到问题暴露了再逐一去解决,而是需要从体系的层面进行自我完善,防患于未然。为了降低风险,更好地应对境外合规挑战,中国企业亟须结合自身的实际情况,建立起一套有效、全面、有针对性的合规体系,为企业的境外经营保驾护航。

2018年12月16日,国家发改委等机关联合发布《企业境外经营合规管理指引》,为走出去的中国企业如何提升境外经营合规管理水平提供了参考和启示。需要指出的是,《企业境外经营合规管理指引》只是为企业境外经营合规管理提供的基础性指导,国际经营环境复杂多变,企业合规管理的基础和条件也不尽相同,企业应对照《企业境外经营合规管理指引》,结合自身实际加强境外经营相关合规制度建设,不断提高合规管理水平。

其中,《企业境外经营合规管理指引》第2章立足于中国企业参与国际市场的实践,对中国企业经常面临的合规风险进行了梳理,为企业呈现了一张较为清晰的合规风险地图,企业可以参照该地图,依托自身业务性质,圈定自身的合规风险评价重点。例如,关于在对外承包工程中要关注的事项,《企业境外经营合规管理指引》列出的投标管理、合同管理、反腐败反贿赂等内容,都是与A公司案息息相关的。A公司需要以案为鉴,有的放矢地把境外工程承包项目中这些高风险问题作为重点领域,完善合规管理体系。

除此之外,《企业境外经营合规管理指引》列出的高风险问题还包括:

(1)在境外贸易中,企业要关注贸易管制、质量安全与技术标准、知识产权保护等方面的具体要求;此外,企业还要关注业务所涉国家(地区)开展的贸易救济调查，如反倾销、反补贴、保障措施调查。

（2）在境外投资中，企业要关注市场准入、贸易管制、国家安全审查、行业监管、外汇管理、反垄断、反洗钱、反恐怖融资等方面的具体要求。

（3）在境外日常经营中，企业要关注劳工权利保护、环境保护、数据和隐私保护、知识产权保护、反腐败、反贿赂、反垄断、反洗钱、反恐怖融资、贸易管制、财务税收等方面的具体要求。

同时，《企业境外经营合规管理指引》要求企业重视风险管理的全面性，确保经营活动全流程、全方位的合规，点面兼顾。《企业境外经营合规管理指引》的及时出台，为中国企业开展合规制度建设、迎接境外合规挑战提供了重要路径，企业应依托自身特点，识别重点领域，建立起符合自身特点的境外合规制度。

4. 一旦被调查，中国企业可以做什么

如果中国企业在境外经营中因为合规问题被相关机构立案调查，根据我们的经验，中国企业在应对调查的过程中应当重点关注以下几个方面：

第一，要把合规要求嵌入业务一线，形成企业危机处理的有效机制。企业运营过程中，业务部门往往是企业对外开展业务或者与其他各方进行沟通的桥梁和纽带。因此，企业需要形成有效机制，确保外部调查等合规风险事件发生时，业务部门能将相关情况第一时间上报至企业的法律部门或总法律顾问，由法律部门参与对被调查事件或类似危机事件的处理和应对，使业务部门成为沟通的桥梁和纽带、合规的第一道防线，以免像A公司一样延误了公司进行申辩的最佳时机，造成负面影响。企业可以通过合规培训、合规表现纳入绩效考评等手段，不断强化业务部门的风险意识，把合规的要求嵌入一线的业务流程中，使合规成为企业文化的重要组成部分。

第二，端正态度，积极配合，不延误，不推诿。根据以往的经验，当事人积极配合调查的态度和表现在类似调查案件中往往会起到至关重要的作用。毕竟制裁只是手段而非目的，维护公平、廉洁的营商环境才是各方的一致目标。结合A公司上述案例中的情况，在世界银行处理案件的流程中，世界银行更愿意看到一个为了实现合规而不断努力的企业。根据世界银行《一般制裁原则和指南》的规定和公开案例，积极配合调查将为企业争取到减轻 1～3 年或减轻 50% 幅度的处理结果。如果被调查的企业能够在第一时间表示出坦诚的配合态度，对调查机构主动作出自我检举和披露，及时采取补救措施并处分涉事人员，其被减少制裁期限或处罚幅度的概率就会大幅提高。前述案例中，A 公司并没有向世界银行表现出有意愿解决问题的积极态度，甚至企图以涉事项目经理已离职等理由敷衍搪塞，给世界银行一种 A 公司企图回避调查、推卸责任的负面感受，导致制裁结果加重。

第三，组建具有不同法域背景的律师团队。考虑到中国企业境外经营面临多重监管，会受到不同国家法律规范、不同国际组织特定规则和程序的制约，企业应对外部调查时，应视具体情况，组建一支具有多重法域背景的律师团队。首先，无论遭遇何种监管，企业都需要对实务具有丰富理解的中国律师，分析企业面临的问题并协助企业与调查机构或其他中介机构展开有效沟通。其次，企业还应根据调查机构选择不同的律师，例如，面对美国 SEC 或者美国司法部的调查，企业需要熟悉、了解美国法律及相关执法程序的律师；在世界银行调查中，企业需要在应对国际金融组织制裁方面有丰富实践经验的律师。实践中，由对境内法域和境外法域都有深入理解的律师共同为企业提供全面的法律服务至关重要，缺少其中任何一方，都可能对争议的有效解决构成阻碍，一旦在某些重要方面出现疏忽，就会在应对调查的过程中留下重大的法律风险。

第四，开展内部调查，收集整理证据，梳理抗辩思路，按时如实答复。实践中，世界银行对被调查方提供的抗辩意见和证据会予以高度重视。因此，调查一旦启动，企业应尽快开展内部调查，对案件情况进行全面、细致的复盘，尽力搜集相关事实证据，对相关当事人进行访谈并制作访谈笔录，寻找抗辩突破点。而且，企业还可借此机会了解自身还存在哪些合规问题，并予以改进。需要注意的是，世界银行自身也会从多个渠道收集证据并进行相互印证，国内企业切不能存有侥幸心理，企图篡改伪造证据或作出虚假陈述，否则不但会导致抗辩失败，根据世界银行规则，还将因为阻碍调查而受到更严厉的制裁。

第五，重视文化差异，提高与调查机构的沟通效率。很多中国企业在收到相关机构调查函、询问函时，对其中的很多常用概念都存在理解上的偏差，如"fraud"（欺诈）和"negligence"（过失），中外对于"过失""重大过失"等不同法律概念的理解并不完全一样。对于这些英文调查材料，企业的领导如果理解得不够全面，抗辩思路出现偏差，很容易凭主观臆断作出错误应对。在调查应对阶段，我们建议企业及早让熟悉调查程序且兼具中外文化背景的律师介入，由律师为企业提出有效的申辩理由。A公司在调查初期没有寻求律师的帮助，仅凭自身对相关文件的表面理解便草率回函，最终证实徒劳无功。

第六，保持与商业伙伴进行及时的沟通与交流。在"一带一路"共建项目中，多个企业组成联合投标体进行联合投标的做法非常普遍，这类项目如果遇到合规问题，调查机构往往会分别向各企业展开调查，企业应保持与相关的商业伙伴进行及时沟通，避免因为信息不对称导致各自的陈述出现矛盾，进而被调查机构认定为"不诚信"。此外，供应商是投标程序中容易出问题的环节，例如，在投标材料上造假以获取项目机会等，企业要加强和供应商的沟通和管理，加强审查，避免因为供应商的违规行为而引火烧身。

机遇与挑战向来都是并肩而行，"走出去"的中国企业在把握"一带一路"历史机遇，不断开拓境外经营的同时，也要注意防范这个过程中会面临的多重合规挑战。国际合规监管环境越发严峻，中国企业应立足于自身合规管理体系的建设与完善，对境外经营中的重点领域予以高度重视，并注意与相关机构保持良性沟通，最大限度地降低境外合规经营风险。

二、境外反腐败法对跨国公司的合规监管：美国、英国涉华合规执法案件观察

近年来，美国FCPA的涉华执法活动有增加的趋势。2017年，FCPA的执法活动主要集中在拉丁美洲，仅有拉斯维加斯金沙集团案有涉及中国的内容，但在2018年17个美国FCPA执法案件中，有6个案件涉及相关企业在

中国的不当行为。另外,美国司法部于 2018 年 11 月提出"中国行动计划",目标之一是查明涉及与美国企业竞争的中国公司的 FCPA 案件,中国公司被明确列为执法重点。

与此同时,英国严重欺诈案办公室(Serious Fraud Office,SFO)逐步加强了《2010 年反贿赂法》(Bribery Act 2010)的执法活动,并且广泛地寻求与外国的执法机关开展反贿赂国际合作。2017 年 SFO 调查的罗尔斯·罗伊斯股份有限公司案就是这样的一个典型案例。

通过美国、英国执法机构处理的以下 4 起典型案例,我们再一次看到了公司因在商业决定和法律规范之间的摇摆、违规所造成的巨大代价,以及跨境监管环境下各国企业所面临的合规挑战。

(一)案情简介

案例 1　拉斯维加斯金沙集团案(涉华部分)

拉斯维加斯金沙集团(以下简称金沙集团)是一家总部设于美国内华达州的专门经营赌场及度假设施的公司。

在 2006 年至 2009 年,金沙集团通过其中国澳门特别行政区及内地的分支机构,向第三方顾问支付了大约 6000 万美元的费用,用以提升金沙集团的业务及品牌。虽然金沙集团的内部及外部律师屡次向高管警示了违法运用第三方的合规风险,但是,在实际操作中,金沙集团还是与许多第三方顾问签订了协议。这些协议及对应的付款凭证很难证明这些交易是基于正当的商业目的而发生。至 2008 年上半年,某些高管已经知晓其通过分支机构支付的超过 70 万美元的顾问经费不知所终。

举例而言,在无法直接收购中国专业篮球队的情况下,金沙集团假借赞助的名义,向顾问单位支付约 750 万美元,由其代为收购三支球队。然而,金沙集团对上述款项的具体运用完全失去控制。这些顾问单位不仅无法提供付款的支持性文件,甚至编造明显有违事实的付款理由。在此过程中,金沙集团的高管与分支机构联合起来,妨碍独立的会计师事务所对收购行为进行审计。

又如，金沙集团的推广策略还包括与中国某国有旅行社合资开发度假设施，包括从该旅行社购买位于北京的房产。除了未经金沙集团适当的授权、擅自支付约 420 万美元外，金沙集团的分支机构还说服总部向某顾问单位支付约 360 万美元，以换取对该房产地下室的租赁权。然而自始至终，顾问单位也无法证明其对于地下室拥有任何权利，也不能提供支付款项的支持性文件。

美国 FCPA 的"会计条款"规定，发行人应制作、保留具有合理细节、公正反映其交易及资产处置的账册、记录和账户。显然，金沙集团违反了美国 FCPA"会计条款"的要求。最终，金沙集团与美国司法部达成不起诉协议，缴纳共 696 万美元的刑事罚款。

案例 2　邓白氏集团案

邓白氏集团（以下简称邓白氏）是国际著名的商业信息服务管理公司，其总部位于美国新泽西州。根据美国证券交易委员会的调查显示，2006～2012 年，邓白氏的两家中国子公司对政府官员和国有企业进行了不当支付。

2006 年，邓白氏与中国华夏国际信用集团（以下简称华夏）组建了上海华夏邓白氏商业信息咨询有限公司（以下简称华夏邓白氏）。邓白氏对华夏的尽职调查显示，华夏利用政府关系而非公开资源从中国各政府机构获取财务报表信息，且为此对政府官员不当支付。在华夏邓白氏成立后，邓白氏的一名经理为避免法律责任，利用第三方进行不当支付和信息获取，并将其记录为正当的数据获取费用，这一做法持续至 2012 年。

2009 年，邓白氏收购中国领先的直销服务提供商上海罗维互动营销服务有限公司，成立上海罗维邓白氏营销服务有限公司（以下简称罗维邓白氏）。邓白氏在收购时已经知晓该公司从第三方供应商处获取大量的消费者数据，却并未在尽职调查中确保其合法性。收购后，邓白氏也并未审核罗维邓白氏员工获取消费者数据的来源，最后被发现，罗维邓白氏在超过 34% 的交易中对超过 150 家政府机构和国有企业支付了回扣，并且将其记录为正当促销和广告费用。

在调查期间，邓白氏进行了主动披露、合作和补救，包括自愿提交文件、配合调查访谈、中止非法行为、加强合规措施等。2018年4月，为就美国SEC对其违反美国FCPA账簿记录和内部控制规定的指控达成和解，邓白氏同意上缴610万美元的非法所得，并支付超过110万美元的判决前利息。美国SEC还对邓白氏处以200万美元的民事罚金。邓白氏取得了美国司法部的不起诉决定。

案例3　法国兴业银行案

法国兴业银行（Société Générale S. A.）是法国最大的商业银行集团之一，总行在巴黎。

调查期间，法国兴业银行承认，在2004～2009年，其通过利比亚中间人在利比亚国有金融机构进行的14项投资中行贿。对于每笔交易，法国兴业银行向中间人支付了投资金额的1.5%～3%作为佣金，总共支付了9000多万美元。中间人向利比亚高级官员支付了部分款项，以确保获得相应项目。由于腐败行为，法国兴业银行从利比亚国家机构获得了13个投资项目和1个重组项目，总价值约为36.6亿美元。

美国司法部认为法国兴业银行的上述行为违反了美国FCPA的反贿赂条款。为此，法国兴业银行同意支付共计5.85亿元的刑事罚款以达成和解，并表示愿意继续配合相关调查，加强合规程序。

同时，法国兴业银行因操纵伦敦银行同业拆款利率受到美国司法部调查，最后以2.75亿美元罚款达成和解。

此外，美国与法国就行贿案进行了联动，这是两国首次就外国行贿案协调行动。在相关诉讼中，法国兴业银行与法国就利比亚腐败案达成和解，美国将取得和解金额中的292,776,444美元。

案例4　罗尔斯·罗伊斯股份有限公司案（涉华部分）

罗尔斯·罗伊斯股份有限公司（以下简称RR公司）是一家在英国成立的公开有限公司，专业从事涡轮产品生产，包括飞机发动机。早在2012年，就有媒体报道RR公司通过行贿在全球范围内换取交易机会。随后，SFO首先开始向 RR 公司收集其在中国及印度尼西亚开展民用航空业务的相关信息。其后政府调查的领域延伸至 RR 公司在其他国家的能源、国防等业务。

RR 公司为整个调查耗费了庞大的内部资源。直至调查结束，RR 公司收集、审阅了所有相关员工掌握的数据、资料（包括电子邮件），查阅了相关档案材料，进行了 229 个内部调查访谈，定期向 SFO 及司法部提交结果报告，审查了超过 250 个中介往来关系（包括中间人、代理、顾问、咨询等）。

就中国公司的调查结果而言，从 2010 年开始，RR 公司的员工未拒绝中国某国有大型航空公司董事会成员的要求，同意为该公司的众多高级管理人员在美国哥伦比亚大学商学院为期 2 周的工商管理课程提供资金支持。虽然 RR 公司试图控制资金的实际使用，但是该航空公司对 RR 公司提出的合规管控满不在乎，为期 2 周的工商管理课程包含了各类大额、奢侈消费与不合理安排，其中包括全程在纽约市四星级酒店住宿、昂贵的社交活动、高档餐厅用餐，14 天的赴美安排中仅有 7 天课程等。与此同时，RR 公司的员工还应董事会成员的要求，答应为该公司兴建的飞行员健康中心提供资金支持。在此过程中，RR 公司最终未能采纳外部律师以及内部合规与法务的反对意见，向该公司进行了共 500 万美元的利益输送，以换取该公司 16 架空中客车 A330 中 T700 型号引擎的订单。

SFO 认为 RR 公司的上述行为违反了英国《2010 年反贿赂法》第 7 条"商业组织未能防止贿赂罪"的规定。2017 年 1 月，SFO 与 RR 公司达成延迟起诉协议。RR 公司同意缴纳罚款 239,082,645 英镑，上缴违法所得 258,170,000 英镑，支付 SFO 的调查费用 1300 万英镑。

RR 公司的违法行为在多个国家都有发生。SFO 在开展调查的同时，也积极与其他国家的执法机构进行合作。最终，RR 公司同时受到美国、英国、巴西等国的处罚。

（二）律师点评

1. 合规经营不应让步于企业的商业决定

一般来说，跨国企业及其管理人员都能认识到合规经营的重要性及违规可能带来的严重后果。但是，以上案件的调查结果表明，企业及员工在商业利益的诱惑之下，合规经营总是知易行难。

上述案件中，无论是 RR 公司还是金沙集团的高级管理人员、法务部门、合规部门在整个事件的发展过程中都意识到了相关行为的违法性。虽然英美公司的合规意识较强，两家公司也都在关键时刻寻求了外部专业律师的法律意见，但是，由于种种原因，两家公司最终依然选择冒合规风险以获得业务。两案当中都涉及时间较长的由政府主导的内部调查、天文数字的调查费用、民事或刑事罚单。实质上，这些不可估量的资源耗费是可以通过事前预防、事中监督、事后补救等有效的治理机制而尽量避免的。

2. 应及时、合法、合理地应对监管调查

一旦跨国企业的在华业务成为境外合规执法机构的调查目标，涉案企业或人员应及时寻求中国及相关国家富有经验的专业人士的协助，以避免因怠于应对而产生严重的法律责任。在应对这样的执法调查的过程中，英美的司法当局以及本土律师通常都会索要大量的文件资料供调查之需。跨国企业的在华分支机构及员工则要注意严格遵守中国有关保护国家秘密、重要数据、个人信息等的相关法律规定。如果处理不慎，还可能产生中国法律层面的泄露国家秘密、重要数据或个人隐私等民事、刑事层面的法律责任。

3. 应更加谨慎地处理来自新兴市场国家的合规挑战

当来自经济较发达地区的国家的企业试图在新兴市场国家拓展业务时，往往出于迎合当地市场等目的，在应对普遍存在的贿赂、腐败问题时会更被动，更可能被迫接受不正当的要求。因此，越是面临复杂的商业环境，涉事企业越要谨慎，避免屈从于当地的行事方式。"暗箱操作""重义轻法""走后门"等违法行为都会为跨国企业进入新兴市场带来巨大的法律风险。同时，"走出去"的中国企业在境外运营的过程中也面临类似甚至更大的合规风险。

4. 来自美国的跨境监管会更加严厉

单就美国而言，美国的政府官员在过去多次接受记者相关采访时都表明，美国 FCPA 执法行动是"平整游戏场地"的行动。在美国 FCPA 的管辖范围内，美国通过对企业及个人的腐败行为进行处罚，起到维护美国企业在海外市场与其他企业实现公平竞争的目的。同时，这也呼应了美国精英阶层对来自新兴市场国家的竞争对手（包括中国）的担忧。因此，来自新兴市场国家的企业和个人可能在未来会更有针对性地成为美国 FCPA 的执法重点。

随着中国在全球化进程中与美国之间的经济竞争愈加激烈，美国政府在相关竞争中运用法律作为重要武器将成为常态。美国政府在 2017 年 12 月发布的《国家安全战略报告》中明确表示："美国将继续运用其经济及外交武器，针对那些腐败的外国官员，与其他国家共同打击腐败问题，以便美国的公司可以在透明的商业气候中公平竞争……而那些经济武器就包括制裁、反洗钱、反腐败手段及相应的执法行动……"其中，美国又在地区性战略中指出非洲市场对于美国的重要性及其严重的腐败问题，而重点应对措施之一就是向非洲提供美国的商品及服务，以替代所谓中国在非洲大陆"采掘式"的经济活动。

5. 企业配置充足且独立的合规资源的必要性

无论我们是从企业合规的角度出发，还是最终着眼于国际竞争的宏观现状，我们都看到企业在自身发展之路上所面临的前所未有的机遇和挑战。在这样的大背景之下，企业要如何应对法律环境的快速变化，如何平衡业务需求与合法合规之间的矛盾，如何配置足够且相对独立的内、外部资源以预防、处理、补救违法违规的后果，是每个企业在取得商业成功之前必须解决的首要问题。

三、中国香港特区反腐败法对跨国企业的合规监管

（一）法律简介

近年来，中国内地和跨国企业积极投资境外市场，其中有以中国香港特区作为投资和运营平台的，这些中国内地企业在中国香港特区的投资和商业活动须受中国香港特区反腐败法的严格合规监管。

中国香港特区法律下的反腐败相关法例主要载于《香港法例》第201章《防止贿赂条例》及第204章《廉政公署条例》，该等条例下对贿赂行为的规管主要分为两类，分别针对公营机构及私营机构的贿赂罪行。此外，中国香港特区也有针对公务员贪污的"公职人员行为失当罪"及"串谋公职人员行为失当罪"；而针对指定行业和范畴，如银行业和选举活动，中国香港特区也有特定法例去规管贿赂行为，如第155章《银行业条例》及第554章《选举（舞弊及非法行为）条例》。

1. 对公营机构的反腐败监管

《防止贿赂条例》不仅约束公营机构人员自身的受贿行为，任何人士向公营机构人员行贿也会触犯同类的刑事罪行。此外，受该条例规管的公营机构人员的类别十分广泛，不但包括中国香港特区的主要官员及公务员，还包括一些公共机构如中国香港特区的大学、香港赛马会、香港联合交易所、证券及期货事务监察委员会等机构的雇员。

简单而言，有关公营机构的贿赂罪行，是指以下行为：

（1）政府官员及公务员在没有行政长官的一般或特别许可下，索取或接受任何利益（《防止贿赂条例》第3条）；

（2）政府官员、公务员及公共机构的雇员索取或接受利益，以作为执行职务或在合约事务上给予协助或运用影响力的诱因或报酬（《防止贿赂条例》第4条、第5条）；

（3）政府官员、公务员在没有圆满解释下享有的生活水平，拥有或支配的财富与其公职收入不相称（《防止贿赂条例》第10条）；

（4）任何人士包括企业或其雇员向上述政府官员、公务员或公营机构人员提供利益，也会触犯同类的贿赂罪行。

贿赂罪行中的"利益"之定义非常广泛。任何金钱、礼物、贷款、职位、契约、服务、优待及免除法律上全部或部分的责任等，均可被视为利益，但利益一般不包括款待，如享用的食物或饮品，以及同时提供的其他款待如表演。

中国香港特区对公务员的操守有十分严格的规定。除了以上介绍的法规外，视乎中国香港特区官员的级别和类别，中国香港特区的政治委任官员，须严格遵守《政治委任制度官员守则》的规定，而一般中国香港特区公务员则须遵守《公务员守则》，这些守则对政治委任官员在防止利益冲突、投资或利益的申报、接受利益、赞助访问及馈赠及保存记录等方面有严格规定，对公务员也有类似包括防止利益冲突、接受利益和款待等方面的准则。如果企业的业务与中国香港特区的行政部门或公共机构有任何来往，企业应注意避免向行政部门或公共机构的雇员提供任何利益，以预防被调查或控告的风险。

2. 私营机构的反腐败监管

私营机构的商业行为也受到《防止贿赂条例》的约束，范围比公营机构有关的贿赂罪行更广泛。即使私营机构的贿赂行为不涉及政府及公营机构的业务或人员，也可能会涉及犯《防止贿赂条例》下的贿赂罪行。

《防止贿赂条例》第9条规定，私营机构的代理人（通常为雇员）在未取得主事人（通常为雇主）的许可下，不得因办理其主事人的事务或业务而索取或接受利益；而提供利益者也犯同样罪行。该罪行有三个主要元素：

（1）"受贿"的一方作为代理人，对外代表该企业或机构；

（2）索取或接受利益；

（3）索取或接受利益的行为是在其办理主事人的事务或业务时作出，而且该行为是有针对性且是有意图影响其主事人的事务或业务的。

在中国香港特区相关规定下，有关的罪行统称为"代理人的贪污交易"。比较常见的情况有企业的负责人之间利益输送以换取生意上的优待，如绕过公司的内部审批程序、串通投标、换取内幕消息、要求管理层不当使用影响力提供合同和换取生意。

（二）案情简介

案例1 新鸿基案——公营机构贿赂案件

2008年下半年，中国香港特区的反贿赂执法机关廉政公署收到匿名投诉信，指控许某某（中国香港特区前政务司司长）在任职积金局行政总监期间，获时任新鸿基地产联席主席郭某江、郭某联郭氏兄弟免租入住礼顿山豪宅。

根据调查结果，廉政公署在香港高等法院起诉许某某及数名企业高层，包括新鸿基地产的郭氏兄弟。案情指控许某某在其担任公职期间，收受新鸿基地产高层的款项及利益，作为许某某在公职上倾向优待其企业的报酬，且没有作出利益申报。

许某某被控多项罪名，其中包括公职人员行为失当罪、《防止贿赂条例》下索取或接受利益以作为执行职务的诱因或报酬的罪行。

经过多月的聆讯，2014年12月，许某某因公职人员行为失当、串谋向公职人员提供利益等5项罪名被高等法院判处有期徒刑7年6个月，并需要向政府归还涉案的1118.2万港元的贿款，成为当时中国香港特区被定罪的最高级别的官员。

后各被告人向上诉法庭及终审法庭提出上诉。其中，就控方案情指称许某某与其他被告人串谋的目的是使许某某借公职作出不当行为，被告人等提出法律争议，辩称案中并无涉及任何许某某在履行公职过程中（或在与其公职有关的事中）的相关不当行为。

终审法庭最终驳回被告人的上诉并裁决指出：

（1）当时，许某某身为政务司司长及行政会议成员，在相关政策发展中担任重要参与角色，掌握高度机密的资料，当中涉及与新鸿基地产有重大利益关系的事项。

（2）控方提出的被告人等之间的"串谋协议"关乎许某某收取金钱利益，以换取他身为政务司司长期间对有关人士持有优待倾向，此项交易明显属贪污舞弊。

（3）虽然诱使许某某处身于如此妥协境地的款项是他在出任公职之前支付，但这并不代表滥用公众信任发生于支付款项当时。其他被告人应能预期，许某某从就职政务司司长开始，将持续倾向于优待新鸿基地产及滥用公众对其信任。

(4) 各方达成"串谋协议",乃基于预期许某某将要就任该公职,这协议乃纯粹与其将担任职务有关。

从本案例可见,我国香港特区法庭对于贿赂及串谋贿赂行为的诠释颇为广泛,因此企业对于任何与公务员的交易都需要非常谨慎地处理。

案例2　陈某某案——私营机构贿赂案件

陈某某在涉事时出任香港电视广播有限公司(无线电视)电视广播业务总经理。陈某某于2009年参与商场活动时,主持他在无线电视的皇牌清谈节目,并通过其助手的公司收取商场管理公司支付的112,000港元报酬的行为,被控违反《防止贿赂条例》第9条。

检控方指陈某某在活动中主持某节目是"与其主事人的事务或业务有关的作为",因此收取报酬违反《防止贿赂条例》。

检控方首先向区域法院提诉,区域法院裁定陈某某无罪。检控方其后提出上诉。上诉法庭认为区域法院的裁决有法律错误,命令将案件发还区域法院重审。但区域法院维持原判,再次裁定陈某某无罪。检控方再次向上诉法庭上诉,并获得胜诉。陈某某不服上诉法庭裁决,上诉至终审法院。

5位终审法院法官一致裁定驳回上诉,撤销上诉法庭的定罪。终审法院针对"与其主事人的事务或业务有关的作为"此罪行元素作出澄清。终审法院认为《防止贿赂条例》第9条规定代理人旨在监管雇员意图影响或影响主事人的事务或业务的作为或不作为。检控方需要证明代理人的作为或不作为损害了主事人和代理人之间的信任和忠诚进而损害主事人的利益才符合该罪行元素。如果代理人的行为与主事人的利益一致,便不构成犯罪。

终审法院认为由于陈某某主持某节目对无线电视没有造成损害,此事并不符合"与其主事人的事务或业务有关"这一罪行元素,因此,终审法院撤销上诉法庭的定罪。

从上述案例可见,终审法院的判决厘清了《防止贿赂条例》第9条内有关罪行的元素。虽然被告陈某某最终被判无罪,但是由廉政公署对举报展开调查开始,直到司法程序结束,有7年多时间,耗费大量金钱和时间。因此,企业或个人在中国香港特区运营时，应注意和避免触犯中国香港特区的反贪法例。

（三）律师点评

通过上述案例，给企业在中国香港特别行政区运营的重要启示如下：

在中国香港特区，无论是跨国或内地的企业，接待收礼的"文化"并不罕见，如上述《防止贿赂条例》认为利益不包括款待，因此，在一般情况下，如请客、应酬等当场享用食物或饮品的款待行为，并不触犯反贪法例，当然，企业或人员应避免过分奢华或丰厚的应酬和款待。同时，建议企业应制定内部指引或守则，规范管理公司人员对外提供或接收款待、应酬、馈赠等行为，而内部指引或守则的内容需清楚说明受管理人员的级别、相关款待或馈赠的目的、馈赠礼物的性质和价值（最好限制可接收礼物的价值，如不多于人民币 500 元）、向公司申报利益的程序和要求等。

此外，派发或接收红包的做法在我国香港特区也较常见，但企业在中国香港特区运营时，须多加注意，避免触犯反贪法例。中国香港特区有一个案例，涉及一名内地居民到中国香港特区的银行办理户口事宜，该内地居民为了能让银行职员尽快办理手续，向银行职员提供了现金红包，后来银行职员向廉政公署举报，该内地居民被控违反《防止贿赂条例》向银行职员行贿，行贿罪名成立。

总体而言，在中国香港特区对贪污等罪行的要求、管制也十分严格，企业和人员在中国香港特区运营时，应小心处理款待、应酬、馈赠等行为，企业需要制定清晰的内部指引或守则，以规范管理公司人员，避免触犯任何反贪法律法规。

四、世界银行的反腐制裁：中国企业不可忽视的境外合规风险

企业境外运营过程中的合规监管环境是复杂和多元的。除了英美等国家和地区制定了反境外腐败法律以外，以世界银行为代表的国际组织也制定了

各自的反腐规则，形成了独具特色的反腐体系。随着"走出去"战略的深化和"一带一路"倡议的推进，中国企业不可避免地会参与世界银行等国际组织的资助项目，因而受到世界银行反腐合规制度的管辖。

（一）案情简介

浙江 ZD 集团与意大利 IDRECO 公司组成联合体，中标了位于保加利亚马里查东二热电厂的一项烟气脱硫施工项目。该项目由欧洲复兴开发银行资助。

其后，保加利亚保护竞争委员会调查发现，ZD 集团、IDRECO 公司在上述项目的竞标过程中提交了虚假数据，据此对其作出了处罚。相应地，欧洲复兴开发银行对 ZD 集团及其子公司浙江 ZD 股份有限公司（以下简称 ZD 股份，上海证券交易所上市企业）作出了取消参与资格的制裁。继而，世界银行也发布公告，自 2011 年 9 月 15 日至 2014 年 8 月 11 日，禁止 ZD 集团和 ZD 股份参与世界银行集团资助的其他项目。

（二）律师点评

1. 世界银行对可制裁行为的界定

根据世界银行颁布的《投资项目贷款借款人采购规则》，以下五类行为属于可制裁行为：

（1）"腐败行为"，是指直接或间接地提供、给予、收受或索取有价值的物品，不正当地影响另一方的行为。

（2）"欺诈行为"，是指任何作为或不作为，包括失实陈述，即明知或不顾实情误导，或企图误导一方以获得财物或其他利益或者避免义务的行为。

（3）"串通行为"，是指双方或多方之间的安排，图谋达到不正当目的，包括不正当地影响另一方的行为。

（4）"施加压力"，是指直接或间接地削弱、伤害或威胁要削弱、伤害任何一方或其财产，不正当地影响一方的行为。

（5）"阻碍行为"，是指：①故意破坏、伪造、改变或隐瞒调查所需的证据材料或向调查官提供虚假材料严重阻碍世界银行对被指控的腐败、欺诈、施加压力或串通行为进行调查，和/或威胁、骚扰或胁迫任何一方使其不得透露与调查相关的所知信息或参与调查；②企图阻碍世界银行进行调查和行使根据合同条款所赋予世界银行的审计权力的行为。

"走出去"的中国企业开展境外运营之初，由于不了解世界银行等国际组织的合规政策，再加上诚信合规意识及管理制度的缺失，因腐败问题、虚构公司业务经验或伪造投标证明文件等欺诈问题被世界银行制裁的案例不在少数，本案即其中一例。

2. 世界银行的制裁措施

针对腐败、欺诈等可制裁行为，世界银行的制裁措施主要包括六种，分别是：

（1）惩戒信（Letter of Reprimand），是指如果被指控的企业的关联企业仅仅因为监管疏漏而需要对已发生的孤立的违规行为负责时，世界银行通常会考虑以惩戒信的方式对关联企业予以制裁。

（2）恢复原状及采取补救措施（Restitution and other Remedies），是指对于项目合同执行过程中出现的欺诈行为，如果有可计量损失的话，世界银行会要求恢复原状或采取补救措施。

（3）附条件的免予取消资格（Conditional Non-debarment），是指如果被制裁人在规定时间内采取改进措施、建立有效合规体系或满足其他条件时，可以不被取消参与世界银行项目的资格。

（4）附解除条件的取消资格（Debarment with Conditional Release），是指被制裁人在最低制裁期限（通常是 3 年）内被取消参与世界银行项目的资格。如果被制裁人采取改进措施，建立有效合规体系或满足其他条件，被制裁人可以在最低制裁期限届满后解除制裁。

（5）取消资格（Debarment），是指在一定期限内取消被制裁人参与世界银行项目的资格。

（6）永久取消资格（Permanent Debarment），是指永久或无解除期限地取消被制裁人参与世界银行项目的资格。

3. 加重或减轻制裁的情节

根据《世界银行制裁指引》的规定，世界银行对可制裁行为的基准制裁幅度是附解除条件的取消资格3年。但存在加重或减轻情节的，世界银行会在基准制裁幅度的基础上考虑加重或减轻。

常见的加重制裁的情节包括：

（1）被制裁的行为情节严重：如果被制裁行为反复多次发生，或者经过周密策划，作案手段复杂精密，或者被制裁人发挥了组织、领导的主要作用，或者违规行为中有公司高层、公职人员或世界银行的工作人员参与，很有可能会被认定为情节严重，世界银行有权在1~5年的幅度内加重制裁。

（2）被制裁的行为造成严重损失：如果对公共安全或公共利益造成危害，或者对世界银行资助的项目执行造成影响的，很有可能会被认定为造成严重损失，世界银行有权在1~5年的幅度内加重制裁。

（3）被制裁人干扰调查：如果有故意损毁证据、提供虚假证言、恐吓或贿赂证人等不配合世界银行调查的行为，很可能被认定为干扰调查，世界银行有权在1~3年的幅度内加重制裁。

（4）因其他行为被制裁或被处罚的前科记录：如果被制裁人因为其他行为曾经被世界银行或其他多边发展银行处罚或制裁，世界银行有可能会加重制裁10年。

常见的减轻制裁的情节包括：

（1）如果被制裁人在违规行为中仅起到次要作用，最高可能减轻25%的制裁。

（2）如果被制裁人主动采取纠正措施，如立即停止违规行为、处理责任员工、建立有效的合规体系或者愿意赔偿经济损失，世界银行可能减轻不超过50%的制裁，例外情况下减轻幅度可能更大。

（3）如果被制裁人积极配合世界银行的调查，如主动开展内部自查并向世界银行廉政局分享自查结果尽早承认或接受责任或在接受调查期间主动声明不参与世界银行项目的投标,世界银行可能因此减轻不超过33%的制裁,例外情况下减轻幅度可能更大。

4. 世界银行的制裁具有连带制裁和联合制裁的特点

收到世界银行的制裁通知函后,ZD股份的公司管理层曾接受媒体采访并介绍称,ZD股份没有直接参与位于保加利亚的项目。该项目最初是ZD集团承接的,然后交给ZD机电工程有限公司(以下简称ZD机电,ZD股份的控股子公司、ZD集团的二级子公司)来具体实施。因此,ZD股份的管理层对于世界银行将ZD股份列为被制裁人之一表示"很不理解"。

事实上,世界银行将ZD股份列入被制裁人之一是具备法律依据的。根据世界银行的制裁规则,世界银行不仅可以制裁直接实施可制裁行为的企业,还可以制裁该企业的关联企业,包括母公司、子公司、兄弟公司等,无论关联企业是否直接参与被制裁行为。

这样的制裁规则被称为连带制裁,是世界银行等多边开发银行的制裁规则区别于中国法律的特色之一。中国法律通常认为各关联企业为相互独立的法人实体,除非关联企业直接参与不当行为,否则不会对关联企业连带处罚。但在世界银行等多边开发银行资助的项目中,各国企业往往是以新设海外项目公司的方式进行参与。仅仅制裁项目公司无法从源头上遏制腐败、欺诈等行为,也无法解决重新设立海外项目公司再次承接项目的问题。

除连带制裁外,世界银行等多边开发银行还会实施联合制裁。2010年,世界银行集团、亚洲开发银行、非洲开发银行集团、欧洲复兴开发银行、美洲开发银行集团签订《共同实施制裁决议的协议》,开始对腐败、欺诈等行为实施联合制裁。上述5家缔约银行之间会共享被取消资格的企业名单。一旦企业被一家缔约银行取消资格达一年以上,其他缔约银行也会对该企业采取相同的制裁措施。本案中,ZD集团和ZD股份就是先被欧洲复兴开发银行制裁,后被世界银行联合制裁的。

鉴于世界银行的制裁规则具有连带制裁和联合制裁的特点,中国企业,特别是境外分支机构较多的大型企业,需要特别注意管控境外分支机构合规风险，建立境外合规管理体系，避免给国内公司造成影响。

五、涉美出口管制与经济制裁引发的企业高管出境安全风险应对——为重要人员商旅出境全程保驾护航

出口管制与经济制裁已然演变成美国对华最为常用的"地缘政治武器"之一，美国司法的"长臂管辖"及与他国达成的引渡安排，使这一武器的射程范围已然覆盖除美国以外的100多个国家。特别是随着近年来中国企业"美国陷阱事件"的不断涌现，高管及核心人员出境商旅安全风险评估与应急处置问题受到中国企业的高度重视。

（一）典型案例

相信前法国阿尔斯通集团锅炉部全球负责人弗雷德里克·皮耶鲁齐先生，通过其著书《美国陷阱》所讲述的从2013年在美机场被捕直至2018年刑满释放的亲身经历和深刻感悟，已被很多企业熟知。但是，早于该事件5年之前，中国企业高管人员就曾因为出口管制违法问题在美遇到过类似事件，并最终被美国法院判处84个月的有期徒刑。近年来身处美国境内的华裔科学家，来自中国的企业商旅人员、派驻人员、访问学者及留学生等频繁受到美方调查，甚至被追究法律责任的事例还是层出不穷。

（二）与美国存在引渡安排的主要国家统计情况

经查询美国官网数据[①]，目前已有超过100个国家/地区与美国签订引渡条约。"引渡"通常指某一国家/地区将罪犯或者犯罪嫌疑人移交给另一主权国家/地区，以便后者对其执行司法审判。比如，某C国人在D国实施犯罪后回到C国，如果C、D两国之间签订有引渡协议，则C国可以将犯罪嫌疑人逮捕后移交给D国，由D国司法机关对其进行控诉和审判。

[①] 参见 GovInfo 官网，https：//www.govinfo.gov/content/pkg/USCODE-2020-title18/pdf/USCODE-2020-title18-partII-chap209-sec3181.pdf。此外，2020年8月19日，根据美国前总统特朗普签发的有关行政命令，美方暂停或终止与中国香港特别行政区的有关引渡安排，参见 https：//2017-2021.state.gov/suspension-or-termination-of-three-bilateral-agreements-with-hong-kong/index.html。

以美国向加拿大提出引渡要求为例，美国要求加拿大配合逮捕并引渡犯罪嫌疑人的主要法律依据是 1974 年《加美引渡条约》（Treaty on Extradition Between the Government of Canada and the Government of the United States of America）和加拿大 1999 年《引渡法》（Extradition Act）第 33 条。

就美国国内程序而言，联邦或州检察官需要通过美国司法部国际事务办公室（The Office of International Affairs，OIA）向外国政府提出引渡请求。OIA 全权负责与外国政府沟通协调在美国国外的逮捕和引渡犯罪嫌疑人的具体工作。OIA 需在逮捕后 60 天内发出正式的引渡请求。

（三）美国出口管制与经济制裁下的"长臂管辖"

1. 违规风险可能发生在涉美受控物项流转中的任一细小环节

根据美国出口管制相关法律的规定，同时结合法律语境下的广义出口概念（包括出口、再出口、国内转移及视同出口等），美国有权对受 EAR 管辖的物项（包括商品、技术和软件，以下简称受控物项）实施"从摇篮到坟墓"（"由生至死"）的全流程管控（见图 6-1）。因此，无论是中国企业在美设立的子公司，还是国内企业通过美国厂商在华设立的经销商或代理商以人民币购买获得受控物项，均需要遵守美国出口管制法律的合规要求。

受 EAR 管辖的物项：
- 任何在美国境内的物项（包括美国对外贸易区内的物项以及中转途经美国的物项）。
- 所有美国原产的物项，不论物项实际位于何处。
- 由其他国家制造的、嵌入的美国原产受控物项达到一定比例的最终产品（De Minimis，最低减让标准）。
- 使用特定的美国技术或软件直接生产的，由其他国家制造的物项（包括生产流程和服务）。
- 美国境外生产的产品，但生产该产品的设备或设备的主要部件是美国技术或软件的直接产品。

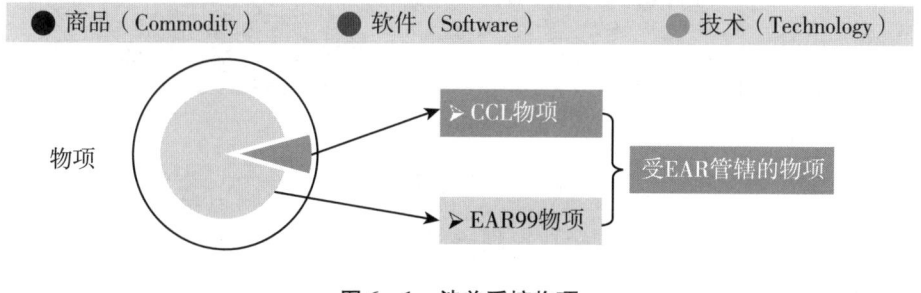

图 6-1 涉美受控物项

2. 一级制裁下的涉美连接点在业务实践中很难完全隔断

美国实施经济制裁的主要目的在于通过各种经济制裁手段确保美国的外交政策、经济政策和国家安全计划得以顺利实施。学术界及实务界将美国经济制裁的效力划分为一级制裁和二级制裁。所谓一级制裁，即要求美国人（包含持有美国绿卡的外国人）或者与美国存在连接点（如使用美元结算）的非美国人需要遵守有关法律及经济制裁项目的具体要求，不得与被美国制裁对象实体等违规开展禁止性交易。所谓二级制裁，即要求与美国没有连接点的非美国人也不得违规与美国制裁对象开展交易活动（见图6-2）。因此，中国企业如果违反上述美国经济制裁的有关规定，与其制裁对象实体违规开展交易，则可能面临被美列入制裁黑名单甚至追究相应法律责任的风险。

一级制裁 Primary Sanction

·**美国人**
美国企业及其海外分支机构，在某些制裁项目中受美国实体控制的外国企业也被视为美国人；
美国公民、持有美国绿卡的外国人；
某些情况下，位于美国境内的人也被视为美国人。

·**与美国有连接点的非美国人**
直接或间接涉美国，包括美国金融体系、美元、原产于美国的物项等；
即便与美国无连接点，只要非美国人的行为构成了对某一级制裁事项的"实质支持"，仍有可能触发二级制裁。例如，非美国人但其行为导致在美国境内发生促进被美国制裁禁止的交易，或促使美国人采取促进被美国制裁所禁止的交易。

---------------- 谁需遵守 ----------------

·**与美国没有连接点的非美国人**
要求非美国人遵守，并且适用于发生在美国境外的、无美国连接点的交易（如非美国人从伊朗进口石油）。禁止非美国人与受制裁对象进行无美国连接点的交易，否则该非美国人也将面临美国的制裁，从而迫使非美国人在受制裁对象和美国之间作出选择。

二级制裁 Secondary Sanction

图6-2 美国经济制裁

回首现实，有很多中国企业在现阶段还必须或多或少地依赖于美国的高端设备或者软件和技术，与此同时也无法完全避免在国际贸易中使用美元作为主要结算货币,这就导致企业必须充分理解和准确适用美国出口管制与经济制裁的相关规定,建立起符合标准的合规管控体系。但是,由于很多无法掌控的复杂客观原因(如企业的不当宣传引发的美方重大误解)或者对于有关美国法律的理解不够清晰,企业高管人员或者技术研发、销售等主干业务部门的核心管理人员可能作出错误的判断或者指示。在此情形下,企业高管在赴美或者与其签订引渡条约或者相关安排的国家、地区开展商旅活动时,则可能面临前述案例中所提及的安全风险。

(四)尽早制定《企业高管出境安全风险应对手册》

如上所述,鉴于近期美方不断加大针对中国企业涉及违反出口管制与经济制裁行为的调查及处罚力度,建议中国企业除了根据业务开展所需适用国家和地区(包括但不限于美国、中国及欧盟等)法规要求,及时建立必要的合规管控体系之外,还应当尽早制定《企业高管出境安全风险应对手册》,以有效保障出境商旅高管及核心人员的合法权益,同时避免企业因为类似境外安全事件遭受重大损失。

1. 虽要充分考虑业务需求,但应以风险预防为重

企业高管出境商旅安全需以"预防"为先,为此,我们根据多年从事相关风险预防工作的实务经验,建议企业应当结合自身境外业务布局与美国制裁项目所涉及国家或地区,制作相关的出境风险国别地图,以供高管及核心人员在安排出境计划前参考。

2. 风险评估及预案准备,必须重视每一个细节

我们结合近年协助处置和应对高管人员出境安全突发事件的相关经验,建议企业应当首先树立底线思维意识,对于此类问题可能带来的直接影响和次生风险予以充分重视,根据自身高管人员出境需求,不放松自出行前到归国后的每一个细节,在参考相关案例的基础上,尽早着手制定适合自身的《企业高管出境安全风险应对手册》及相关的流程性审批、风险评估、结果汇报等一系列工具表单。此外,为了确保有关制度可以得到切实执行,建议

有条件的企业还应当将上述管控制度嵌入既有信息化系统，以全面监督执行情况，并及时对制度规定作出必要的完善和调整（见图6-3）。

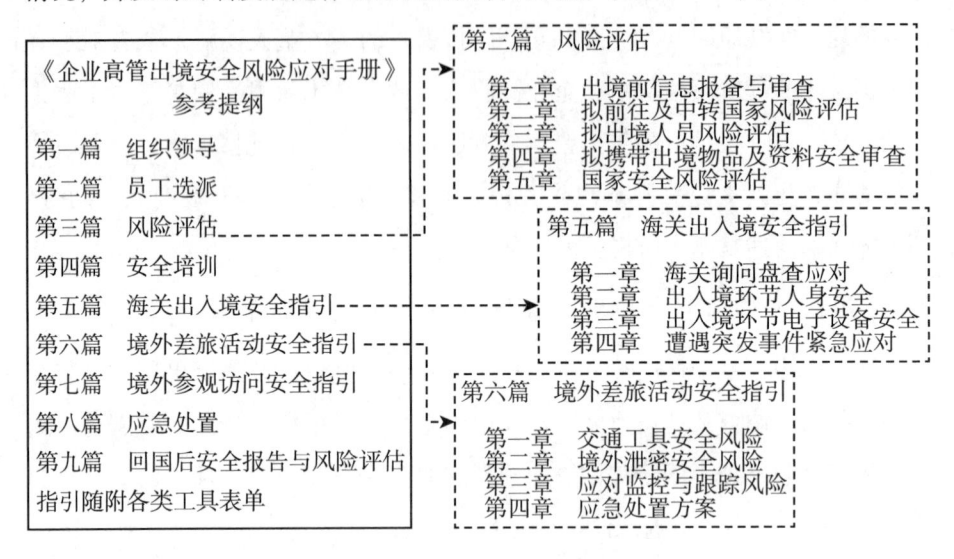

```
《企业高管出境安全风险应对手册》
         参考提纲

第一篇   组织领导
第二篇   员工选派
第三篇   风险评估 ────────┐
第四篇   安全培训           │
第五篇   海关出入境安全指引 ─┼──→
第六篇   境外差旅活动安全指引┼──→
第七篇   境外参观访问安全指引│
第八篇   应急处置            │
第九篇   回国后安全报告与风险评估
指引随附各类工具表单
```

第三篇　风险评估
　第一章　出境前信息报备与审查
　第二章　拟前往及中转国家风险评估
　第三章　拟出境人员风险评估
　第四章　拟携带出境物品及资料安全审查
　第五章　国家安全风险评估

第五篇　海关出入境安全指引
　第一章　海关询问盘查应对
　第二章　出入境环节人身安全
　第三章　出入境环节电子设备安全
　第四章　遭遇突发事件紧急应对

第六篇　境外差旅活动安全指引
　第一章　交通工具安全风险
　第二章　境外泄密安全风险
　第三章　应对监控与跟踪风险
　第四章　应急处置方案

图6-3　《企业高管出境安全风险应对手册》

第七章　国有企业合规管理体系建设的热点问题

一、国有企业应如何完善自身的合规管理体系

近年来，我国持续释放政策信号，要求企业重视合规建设。2014年，国务院国资委曾在"中央企业法制工作新五年规划"中明确提出大力加强企业合规管理体系建设，并在2016年选定招商局、中石油、中国移动、中国中铁和东方电气5家央企逐步试点合规管理体系建设。5家央企的试点工作均取得了显著成果。在小范围试点成熟后，国务院国资委在总结、借鉴不同试点企业经验的基础上，于2018年11月正式印发《央企合规指引》，对央企合规管理提出更加全面、系统的要求和指引，并要求地方国资监管机构积极推进地方国企的合规管理工作。经过数年的试点推行，国务院国资委在总结之前合规管理工作经验的基础上，于2022年8月正式发布了《央企合规管理办法》，以部门规章的形式对中央企业进一步深化合规管理提出明确要求，使搭建合规管理体系成为央企的强制性义务，这是依法治企道路上的又一里程碑。

不过，根据我们的观察，企业在探索合规管理体系建设工作的过程中也出现了一些问题。例如，有的企业想当然地要推翻原有的管理制度，重建一套大而全的静态管理制度，一蹴而就地解决合规问题；有些企业则认为简简单单地换牌子、进行人员调整、组织培训或知识竞赛就算是完成了合规体系建设。其实，以上两种做法都欠妥当。企图一蹴而就，大而全地重建制度体

系，容易造成重复建设和管理资源的浪费；应付了事的做法则流于形式，无法将合规要求真正"嵌入"企业的日常操作流程。一旦企业遭遇合规风险，纸面上的制度仍然会显得捉襟见肘。因此，我们建议国内企业在开展合规管理体系建设工作时，应从实际出发，结合企业的行业类型、特点及企业独有的运营方式，建设一套符合自身特点的合规管理体系。

对于如何开展合规管理体系建设，《央企合规指引》《央企合规管理办法》虽然从合规管理的组织架构、制度体系、重点领域、风险管控流程、合规文化建设等诸多方面提出了具体要求和指引，但其内容稍显抽象，不够直观。而且，对于大多数央企、国企而言，现阶段虽尚未建成统一的合规管理体系，但企业内部往往已经存在纪检监察、审计、风控、法律风险防范等多方面的合规制度。如何结合企业的现状和自身特点有针对性地开展合规管理体系建设工作，成为困扰众多合规管理工作人员的难题。通过梳理、对比5家试点央企的合规管理体系建设工作，我们发现合规管理体系建设应至少围绕组织架构、制度体系、风险管控机制和合规文化4个方面开展。对于体系庞大、业务多元的企业，还需选择相应的下属企业进行试点，确定重点风险领域。我们将结合5家央企的试点经验对企业在建设合规管理体系的过程中经常遇到的问题进行初步探讨。

（一）如何设计、调整企业合规管理的组织架构

不同企业的现有组织架构均有所不同。如何在现有组织架构中融入合规管理职能是企业需要考虑的一大难点。结合5家试点企业的建设经验，我们建议企业从治理层、管理层和执行层3个层级入手搭建组织架构。

其中，治理层一般负责批准企业合规管理战略规划、基本制度和年度报告，决定合规管理部门设置和相关人员任免，多由董事会承担相应职责。管理层一般由合规管理委员会、总经理和总法律顾问组成。合规管理委员会承担合规管理的组织领导和统筹协调工作。执行层则多由法律事务机构牵头，协同企业其他部门负责日常合规工作的执行。

在每个层级具体的职责划分上，各家企业应根据自身特点进行组织框架

的搭建。以东方电气为例,东方电气建立了以"董事会—战略、投资及风险管理委员会—公司管理层—总法律顾问"为架构的合规管理顶层设计。集团总法律顾问作为首席合规官,负责研究制定公司合规政策,监督管理合规文化和合规制度的落实。法务审计部为合规归口管理部门,全面负责公司具体合规工作的执行,包括制定基本合规管理制度、重大事项合规审查制度,开展合规评价及合规培训等。另外,将纪检监察部作为专项管理部门,负责违规案件的调查处理,以公司其他部门和所属企业为直接责任部门,构建起完善的合规管理组织架构(见图7-1)。

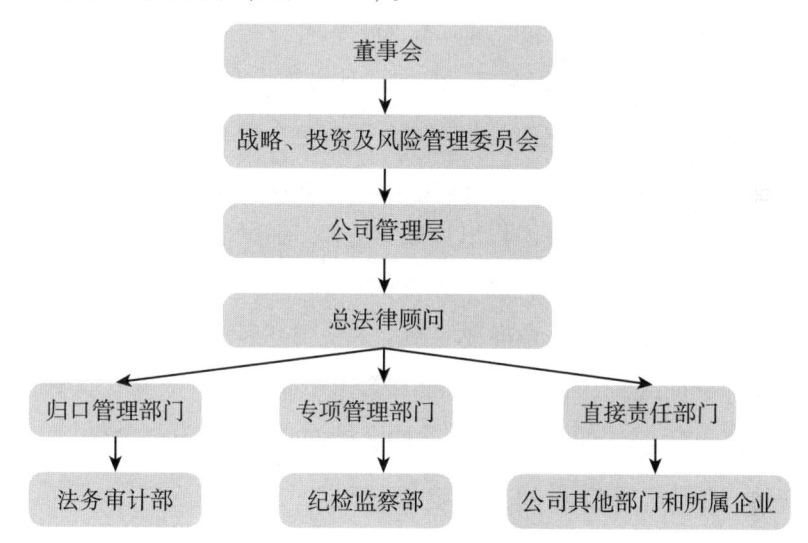

图7-1 东方电气合规管理组织架构

(二)如何选择试点企业建设合规管理体系

央企及国企的体系一般较为庞大,特别是一些集团单位,可能存在许多业态类型不一的二级子公司。直接全面铺开合规管理体系建设工作,不仅增加建设成本,也无法突出企业的业务及合规重点。因此,企业应当有目标、有计划、有步骤、分阶段、有重点地开展合规管理体系建设工作。可以先试点,再逐步推广,直至全面覆盖。企业在选择哪些下属子公司进行试点的过程中,可以借鉴招商局集团的先进经验,综合考虑选择的全面性、重要性和实效性。

招商局集团是一家集综合交通、特色金融和房地产三大核心产业于一身的大型综合企业集团。招商局集团按照国务院国资委的总体部署，紧紧围绕建设具有全球竞争力的世界一流企业的战略目标，从2016年开始合规管理体系建设工作。在合规管理体系建设过程中，招商局集团本着全面性、重要性和实效性的原则，首批选择了招商蛇口、招商国际、招商证券和交进公司作为试点企业，与集团共同开展合规试点工作。

招商蛇口的主营业务属于房地产板块，旗下业务曾面临国家审计及中央巡视，对合规管理的需求较高，有一定的紧迫性。招商国际作为招商局集团践行"一带一路"倡议的排头兵，旗下境外投资领域的合规重要性不言而喻。招商证券和交进公司的主营业务则分属特色金融和综合交通板块，对其特有的金融领域和船舶贸易领域开展合规试点建设工作，则充分实现了选择试点时的全面性。招商局集团作出这样的选择，兼顾了选择的实效性、重要性和全面性。

招商蛇口、招商国际、招商证券和交进公司开展试点工作后，招商局集团又在2017年将试点工作扩大到总部和8家子企业，2018年扩大到总部和14家子企业，并计划在2019年实现集团合规管理体系建设全覆盖。

（三）如何选择自身的重点合规领域

公司在运作的过程中会遇到很多不同的风险，这些风险有些来自企业营商的共性，有些则与每个企业的业态类型和经营特点息息相关。

《央企合规指引》曾明确提出企业应将市场交易、安全环保、产品质量、劳动用工、财务税收、知识产权和商业伙伴作为企业需要重点关注的合规领域。5家央企开展试点时无一例外地将市场交易领域内的反商业贿赂、反垄断、反不正当竞争和商业合作伙伴管理列为合规重点，再次从实践的角度验证了这几类风险在合规建设中的普遍性和重要性，建议各企业在开展合规建设时予以高度重视。

此外，建议企业选择自身重点合规领域时能够像5家试点企业一样积极结合企业自身行业和经营特点，识别出与企业密切相关的其他重点合规领域。例如，中国移动通过内部问卷调查、梳理出险记录等多种手段，筛选出消费者权益保护、信息数据安全等与通信行业密切相关的风险领域，并制定相应的合规指南，统一下发组织学习。中石油则基于能源行业的敏感性，在境外经营时对贸易制裁有更特殊的关注。对在苏丹、南苏丹等国家开展的任何石油天然气勘探开发和生产投资项目，中石油都坚持严格审查，并建立起自身的"制裁名单"排查体系。

（四）如何制定系统的合规制度

实践中，企业无论从哪个维度、利用何种方式、追求何种目标、构建何种管理系统进行管理，都绕不开规章制度这个纽带。完善的合规制度应该体现涵盖全面、主次分明的特征，既类似一张越织越密的大网，涵盖企业经营的全过程和各方面，又类似一棵根基牢固、枝繁叶茂的大树，有主干、有枝叶。综合5家试点企业的实践经验，建议企业参考它们的做法，制定由纲领性、规范性和指引性文件组成的合规制度。

具体而言，纲领性文件相当于企业合规管理的"宪法"，对公司和企业的合规行为起着根本的引导作用，应当包含企业合规的基本原则和全体员工必须遵守的合规行为准则。

例如，中石油在《中国石油天然气集团公司诚信合规手册》中明确提出"诚信合规优先于经济利益"的合规理念，强调诚信合规是公司发展的基石，并要求全体员工就遵守手册内容向公司签订书面承诺。这样的纲领性文件，除了对全体员工的合规行为具有提纲挈领的指导作用，也是对外展示公司诚信合规理念和价值观的重要载体。

规范性文件属于企业需要制定的合规管理基本制度，是其他合规制度的基础和依据，为企业的合规方针、合规管理原则、合规组织、重点合规领域以及合规管理运行机制等提供框架性保障。这种规范性文件一般属于内部管理文件，需要结合企业自身情况量身定制。

例如，作为中国移动合规管理规范性制度的《中国移动合规管理办法》，便从合规管理机构及职责、合规管理制度建设、合规管理工作流程、合规文化建设4个方面分别作出规定和要求，以确保企业合规管理的组织架构清楚、制度体系完善、流程机制明晰、文化建设突出，充分体现了规范性文件的主干作用。

有了纲领性和规范性文件，企业还须制定指引性文件，以明确企业运营过程中某些专项领域、专项业务环节的合规要求和操作细则。指引性文件应该以业务需求为导向，梳理整合相关法律法规要求，使其成为重点业务岗位、关键业务人员合规管理要求的执行标准和参考依据。

例如，中国移动便针对市场竞争、反商业贿赂、行政执法配合、信息安全等10项内容分别制定了对应的合规指南，明确告诉员工在对应的领域和业务操作及管理中，哪些可以做，哪些不可以做，各自的后果是什么，从而确保这些指引性文件能深入一线、融入岗位、发挥实效，成为一线员工和重点岗位人员的手边书、常用书。

（五）如何培养企业的合规文化

企业的合规观念影响企业的方方面面，不管是管理层的经营决定，还是普通员工的日常行为，都会受到合规观念的影响；如果企业未能树立正确的合规观念，即便建立了一套合规制度，也很难被尊重和执行。

对于创建良好的合规文化，5家试点单位的管理层都非常支持。中国移动的领导班子曾集体签署并发布合规倡议，提出中国移动的合规精神和理念，表明公司合规态度和立场。中国中铁的主要领导也曾在党委会、董事会上对加强依法合规治企工作作出明确批示，要求中国中铁按照国务院国资委的要求做好合规体系建设试点工作，树立起"人人、处处、事事、时时"合规的理念。可以说管理层对合规管理倾注的精力，以及身体力行地参与合规，对于公司的合规体系建设至关重要。

除了管理层的重视，企业还应做好合规文化的全员普及，将重点专项领域的合规要求宣贯到每个员工，使其在日常生产经营中做到诚实守信、公平竞争。5家试点企业在开展合规管理工作的过程中多次强调合规培训，注重培育合规文化。中国移动甚至将重点专项领域合规培训纳入高层学法范畴，通过领导干部合规带动全员合规，并要求领导干部人均年度学法不少于40小时。

实践中，各家央企的宣传手段也是屡屡创新。招商局利用新媒体制作和推广合规文化宣传系列片，拍摄合规情景剧；中国移动则组织了合规护航微视频大赛。结合实际效果来看，这些接地气的合规文化建设活动，能够有效提高员工对合规管理的了解和接受程度，提升全员合规意识，帮助员工在日常经营活动中自觉主动践行合规。

综上所述，在加强合规管理体系建设的浪潮中，企业只有树立正确观念、掌握科学方法，才能实质性地推进合规制度建设。企业在解决了上述常见问题，有了良好的组织架构，确定了试点企业、重点合规领域，并完成基本合规制度的制定后，还应将合规管理嵌入日常运营中，并通过信息化等手段，不断优化合规管理的运行机制，使合规真正成为企业可持续发展中不可或缺的一环。

合规管理体系建设是一个庞大的工程，涉及企业运营过程中方方面面的细节和要求，仅靠企业自身进行建设，难以实现全覆盖；企业可以寻求律师等专业人士的协助，从而更好地帮企业建立起有效的合规体系，为企业的发展保驾护航，使企业在合规的护翼下飞得更高、更远、更稳。

二、不同央企开展合规体系建设的困境与破解思路

在总结5家试点央企合规建设经验的基础上，国务院国资委于2018年年底发布《央企合规指引》，并于2022年正式发布《央企合规管理办法》。此后，众多央企及其下属企业都纷纷开始探索合规体系建设。根据《央企合规管理办法》的要求，各企业一般都会围绕组织架构、制度体系、运行机制、合规文化以及信息化保障开展合规管理体系建设。但由于在管理层级、业务类型、业务规模等方面都有各自的特点，不同企业开展合规管理的思路和具体方法往往存在较大的区别，如何有效地开展合规建设，已经成为各中央企

业普遍关注的热点问题。

（一） 不同央企所面临的合规问题各不相同

截至 2023 年 11 月，由国务院国资委直接管理的中央企业已达到 97 家，[①] 分布在关系国家安全和国民经济命脉的各个主要行业和关键领域，是国民经济的重要支柱。但由于行业众多，不同特点、不同管控模式的央企开展合规建设时会面临不同的难处和问题。

对于板块多元的中央企业，或者集团公司本身是由多个公司合并重组整合形成的企业，集团总部往往没有具体的业务，业务沉降在二级、三级单位。集团在大多数情况下主要发挥的是统筹管理的职能，呈现为"弱管控"的管理模式。对于聚焦于集团管理职能的集团公司来讲，如何既保证总部合规管理部门对全集团成员单位的全面掌控，又确保能充分调动各个业务板块的二级单位在合规管理上的主动性与积极性，是集团总部开展合规建设时需要解决的核心问题。在实践中，此类中央企业往往会选取若干二级单位作为试点进行先行先试，但由于缺乏明确的框架指引和方向，部分二级单位在开展合规建设时经常需要花费大量的时间进行探索和尝试，导致合规建设的效率较低。

对于业务类型相对集中的中央企业，集团总部往往不局限于仅从集团管控的角度进行宏观管理，还很可能会深入参与对核心业务的具体管理工作，呈现为"强管控"的管理模式。尽管此类企业开展合规建设时不需要过多考虑多个业务板块所带来的兼容问题，但要建立一套易于执行，可在不同二级单位、三级单位进行复制推广的合规体系同样并非易事。如果缺乏深入、有针对性的合规风险调研评估，所建立的合规体系容易浮于表面，难以落地执行。此外，尽管集团的业务相对集中，但往往仍会有若干二级单位的业务与集团的主营业务不同。对于这些下级企业而言，所面临的合规风险与集团其他业务板块的风险有较大的区别，无法直接适用集团的合规制度，因此，在

[①] 资料来源：http://www.sasac.gov.cn/n2588035/n2641579/n2641645/index.html。

开展合规建设时,如何在与集团保持有效衔接的同时充分突出自身特点,又成为困扰多家央企二级单位的难题之一。

可见,不同特点、不同管控模式的中央企业,开展合规建设时所面临的问题各不相同,我们在为各个央企提供合规服务的过程中,也充分感受到企业合规工作人员的困惑与焦虑。为此,结合我们的实践经验,我们将在下文中探讨不同央企开展合规建设时可参考的思路与解决方案。

(二)不同央企需要不同的合规建设方案

1. 聚焦集团管理职能的集团公司如何开展合规建设

无论是"强管控"还是"弱管控",央企集团公司在集团宏观管理层面的合规建设思路基本一致,区别主要在于"强管控"模式的集团公司还会根据业务实际情况加入对重点领域的合规建设。由于我们会在下文关于二级单位的部分详细介绍如何围绕重点领域开展合规建设,为了避免赘述,本节会聚焦于发挥宏观管理职能即"弱管控"模式的集团公司如何开展合规管理。根据我们的实践,聚焦于集团管理职能的集团公司在开展合规建设的过程中一般会重点突出以下三点内容:

(1)制订合规建设规划,循序渐进地推进合规工作。

央企在开展合规建设前,往往需要制订合规工作规划,工作规划的内容一般会包括合规建设的总体目标与阶段性目标、合规建设周期、下属试点单位的选择、整体工作思路以及拟订的合规重点领域等内容。这些内容因为涉及对整个集团战略重心、发展规划的把握与集团内相关资源的调配整合,实践中一般只有集团公司才具备制订和执行的条件,无法由二级单位来完成。因此,集团公司首先可以从集团总部的角度,充分发挥总部统筹协调的职能,结合集团法治建设工作的安排,制订合规管理体系的建设规划。

例如,招商局集团在开展合规建设前制订了《合规管理体系建设试点工作方案》,确定了合规工作的总体思路,明确以风险为导向,以标准化、重点化、内生化和常态化工作为试点内容和手段。同时,基于全面性、重要性和实效性三方面的考虑,选取了招商蛇口、招商证券、招商国际、交进公司

4家二级公司率先开展试点工作，试点结束后，招商局集团在总结全集团试点企业经验的基础上，计划利用3年时间在所有二级公司全面推广和实施合规管理体系建设工作。①

（2）搭建合规体系框架，为二级单位提供参考与指导。

在集团内部，下属单位的管理条线需要与集团公司的管理体系保持一致，以确保集团内不同层级单位间的管理工作衔接顺畅，实现"上行下效"的管理效果。同时，由集团先行制定合规制度体系中的核心制度，也有利于为下属单位在后续的合规建设中提供借鉴与参考，便于合规制度的推广执行。有鉴于此，全集团内合规体系的顶层设计，特别是关于组织体系和制度体系的框架搭建，由集团公司牵头完成会更符合央企的管控现状。

为此，集团公司需要从全局出发，以《央企合规管理办法》为基础，结合集团主要的业务板块，制定《合规管理办法》《合规手册》等合规管理的纲领性、规范性制度，明确集团的合规管理组织架构，为下属单位提供制度上的框架指引，并要求各下属单位在此基础上结合自身特点自行制定相关的合规制度。我们为多个央企集团公司所制定的合规制度里均会包含上述内容。

（3）自上而下地梳理规章制度。

企业内部完善和有效的规章制度是合规管理的基础，合规管理的一个重要内容是实现"外规内化"，即通过识别外部监管规定中的风险点，全面梳理内部规章制度，判断是否将外部的法律法规转化为内部规定，并进行必要的查漏补缺。在实践中，这样的工作由集团牵头负责会更有效率，因为往往在集团内部的规章体系建设里，集团公司的制度会对下属单位的制度建设起到纲举目张的指导作用。另外，从下属单位的角度，集团公司的规定也是开展合规建设时需要遵守的"外规"之一，集团公司率先梳理集团的规章制度，既是集团公司开展合规管理工作必不可少的重要环节，也能够为后续下

---

① 参见《国有企业合规体系建设的良好实践》，载 http://lawv3.wkinfo.com.cn/topic/61000000768/2.HTML，2020年6月29日最后访问。

属单位的合规建设打下良好的基础。

例如，我们在帮助某粮食领域的大型央企建立合规管理体系的过程中，就充分结合公司实际情况，对公司的规章制度进行了全面梳理及合法性审查，查找制度缺陷和程序瑕疵。在完成规章制度的梳理和修订后，集团公司可以层层要求下属单位结合集团梳理的情况，自行修订各项规章制度，从而实现全集团范围内规章制度的更新。

在规章制度体系建设方面，招商局集团也在合规体系建设的过程中制定了规章制度建设的制度性文件和规章制度年度更新标准化流程，系统更新了集团规章制度，还通过法律事务管理信息系统建设了"规章制度管理"模块，实现了规章制度的信息化、流程化管理。①

2. 二级单位应如何开展合规建设

央企的二级单位往往在整个集团内部承担承上启下的重要作用，既要承接集团的合规体系框架，又要突出自身业务特点，为下属的三级单位提供具体的业务合规指导。在实践中，央企的二级单位在开展合规建设时往往会突出以下两点内容。

（1）承接集团的合规体系，并在集团的基础上进行细化。

集团的合规框架为二级单位提供了开展合规工作的重要参考和借鉴，二级单位需要在此基础上结合自身业务特点，从组织体系、制度体系、合规运行机制、保障机制4个维度推进合规管理体系建设工作，确保二级单位的合规管理体系既符合集团的要求，也得以充分体现自身特色。

例如，我们帮助某央企的二级单位在借鉴其集团总部《合规管理办法》《合规手册》的基础上，制定了符合自身实际情况的合规制度，同时结合业务特点，另行制定专项的合规制度或指引，把集团的纲领性、原则性要求落实到更具体的风险管控工作环节中。此外，该二级单位的集团总部在《合规管理办法》中对合规风险的识别、评估与预警作出了原则性规定和工作要

---

① 参见《国有企业合规体系建设的良好实践》，载 http://lawv3.wkinfo.com.cn/topic/61000000768/2.HTML，2020年6月29日最后访问。

求，我们帮助该二级单位在此基础上对风险识别的途径、风险评估的维度进行了细化和量化，并整理为专门的工作指引，从而可以指导各部门有效开展合规风险识别与评估工作。

(2) 以风险为导向，突出重点风险领域的合规管理。

在集团内部，各个二级单位的主营业务往往各有侧重，在开展合规体系建设时，也需要以风险为导向，根据主营业务识别专项风险。例如，除了劳动用工、财务管理、商业伙伴等通用于各个央企的合规领域以外，对于工程承包类企业，还需要重点关注招投标、施工建设、工程进度管理、验收管理等环节的风险；对于主营业务是光伏风电类的新能源企业，则需要关注项目开发、用地选址等方面的风险。

在全面进行合规风险识别工作的基础上，公司应组织各部门开展合规风险评估工作，围绕合规风险发生的可能性、风险影响程度和公司管控程度3个维度开展风险评估与分析，对合规风险进行高、中、低的等级划分，从而确定合规管理的重点领域、重点环节，识别出具有典型性、普遍性和可能产生较严重后果的合规风险领域，并倾注公司资源在此基础上开展专项领域的合规建设，制定专项合规制度，在高风险业务环节嵌入风险管控措施，确保合规管理能够有的放矢，发挥实效，契合企业特点与经营管理需要。

例如，招商局港口作为招商局集团的二级单位，在开展合规建设时明确将境外投资作为合规重点领域，专门编制了境外投资的合规手册，用以指导公司及员工的境外投资行为。除了制定专项合规制度，招商局港口还选取了其境外的重点下属公司，通过公司自查及总部检查的方式开展合规检查工作，形成合规检查报告并建立起境外下属公司的合规工作标准，以便在其他境外管控企业推广适用，不断完善境外投资领域的合规管理。[①]

[①] 参见《中信证券股份有限公司关于〈深圳赤湾港航股份有限公司关于《中国证监会行政许可项目审查一次反馈意见通知书》(181142号) 之反馈意见回复〉之核查意见》，载中财网2018年9月14日，http://www.cfi.net.cn/p20180914000330.html。

3. 三级单位应如何开展合规建设

三级单位作为央企中与业务一线联系最紧密的单位，开展合规建设的思路和工作方式往往与集团总部、上级单位有较大的区别。除了遵循集团内部统一的合规管理原则要求之外，对于三级单位而言更重要的是紧密围绕自身业务特点，以风险为导向，细化合规管理的体系性、制度性要求，优化相关业务流程，切实防控一线的合规风险，真正实现合规管理的落地实施。

我们以实务中承办过的合规项目为例，分别通过工程承包类企业和医药外贸类企业，介绍不同业务领域的央企三级单位应该如何开展合规建设。

（1）工程承包类企业。

我们的客户具有较强的工程总承包业务能力，拥有大量的国际总承包业务。随着业务的发展，公司往往需要在境外设立分支机构，因此会涉及境外投资以及在当地运营的问题。作为重点业务突出的三级单位，在合规体系方面，除了参考《央企合规指引》《企业境外经营合规管理指引》以及集团和上级单位的框架要求，完成大合规体系的搭建以外，还需要以境外业务的合规管理为重点专项，参考世界银行《诚信合规指南》等在国际上具有影响力的合规指引，制定符合自身情况的境外业务合规管理指引，将境外业务在合规管理制度及流程上区别于一般境内业务的内容作出专门的规定，充分满足境外合规监管及其法律文化对企业合规管理的不同要求。

在这种情况下，除了建立健全境内的合规组织体系，境外分支机构的组织机构也必须配备到位，才能实现全面、有效的合规管理。在设立境外分支机构时，企业需要聚焦境外业务的重点国家及地区，进行专门的差别研究，具体梳理其法律法规。对于工程类企业来说，在这一过程中主要需要关注的是工程承包领域的合规风险，包括投标管理、合同管理、项目履约、劳工权利保护、环境保护、连带风险管理、债务管理、捐赠与赞助、反腐败、反贿赂等方面的具体要求。

为了确保对境外业务的合规风险管控不会流于形式，除了制定专项制度，公司还需要增补、完善境外业务相关的规章制度，将合规审查等内控措施与合规管控的要求相结合，在境外高风险的业务流程与环节中嵌入合规审批、审查等预防控制程序，明确各业务流程及环节的合规管理标准，确保境外业务合规管理的可操作性和落地实施。

在"走出去"的过程中，由于需要大量参与国际工程承包业务，公司经常会以总承包商、承包商的身份，直接参与世界银行、亚洲开发银行、非洲开发银行集团等多边金融机构所赞助的各类项目，这些项目都会受到对应金融机构的监管。为了避免受到世界银行等金融机构的制裁，公司在完成境外机构合规管理体系的建设后，还需要以世界银行《诚信合规指南》等国际通行的合规标准对公司的合规管理体系进行评估，并根据评估结果进行改进优化，确保公司的合规管理体系符合世界银行等国际组织的要求，切实防控境外业务合规风险。

（2）医药外贸类企业。

我们的客户是一家以医药保健品贸易为主营业务的央企三级单位，在开展业务的过程中经常会受到外商发起的尽职调查，再加上我国《药品管理法》强调全过程监管，公司面临多方的监管要求，亟须完善合规制度以进行有效应对。

在开展合规建设时，公司首先针对外商尽调中关注的焦点问题（如公司或管理方及各级管理人员的过往诉讼案件），全面整理了公司所有涉诉案件，并按照案件类型、案件时间进行区分，形成案件地图。同时，在此基础上制定了《关于应对外商尽职调查的操作指引》，对各级员工答复尽调机构的标准与要求进行统一规范，避免公司员工因为对案件了解不全面或者答复不严谨而影响外商尽调的结果。

之后，结合公司以境内贸易、境外贸易为主的业务特点，公司需要全面评估业务流程中涉及的合规风险，特别是与医药贸易业务密切相关的财税违规、商业贿赂、外汇管理、贸易管制与经济制裁等重点领域及环节，识别突出的合规问题，并通过制定、完善《学术会议赞助管理办法》《对外捐赠管理办法》《市场推广服务采购管理办法》等专项办法或制度，优化设计业务协议模板、外贸佣金模板及相关的证据链，有效防控重点领域的合规风险，加强合规管控。

合规需要由点及面，在有针对性地开展重点领域的合规建设后，公司发布了《合规手册》，并要求全体员工签署《合规承诺函》，将合规建设的成果在全公司范围内普及和宣传，强化合规文化的培育。同时，公司制定了《合规工作三年规划》，要求建立合规管理的常态工作机制，进一步明确未来的合规工作重点，确保公司能够有序推进合规管理各个环节的建设与完善。

中央企业的合规建设已经全面铺开，但不同层级、不同业务类型、不同管控模式的企业，开展合规建设的思路不尽相同，只有立足企业实际，充分结合自身的管控模式与实际需求，有针对性地开展合规建设，才能更好地在央企合规的浪潮里把握方向，稳步前行。

三、合规、内控、风控、法律管理"四位一体"的探索与实践

2019年10月19日，国务院国资委发布《关于加强中央企业内部控制体系建设与监督工作的实施意见》，提出央企应该提高企业风险管理水平，建立健全企业的全面风险管理体系和内控体系，夯实企业管理基础，增强企业的抗风险能力和竞争力。内部控制建设的要求首见于2008年财政部、证监会、审计署、原银监会、原保监会印发的《企业内部控制基本规范》；在2006年，国务院国资委发布了《中央企业全面风险管理指引》，要求中央企业开展全面风险管理工作；2018年年底，国务院国资委发布《央企合规指引》，国家发改委等部委发布了《企业境外经营合规管理指引》；2022年，在总结央企合规管理实践、借鉴国际大企业先进做法的基础上，国务院国资委发布《央企合规管理办法》，再加上企业原有的法律管理体系，央企已经有了合规管理、内部控制、风险管理与法律管理4套管理体系。

先后出台的不同体系要求，为央企防控化解重大风险、维护合法合规经营提供了系统的理论参照，也为夯实企业基础管理、实现高质量发展提供了有益指引。但在具体实践过程中，央企也遇到了一系列亟须共同关注和研究

解决的现实问题，包括不同体系之间的概念、内涵、边界模糊不清；不同体系各行其道，增加企业管理成本；体系成果浮于表面，无法落地执行等。央企一边面对外部监管趋严的合规压力，一边又面对不同体系多头管理带来的困扰，迫切需要根据国务院国资委的监管要求，对合规、内控、风险、法律管理体系之间的关系作出厘清和调整，确保在合规建设的过程中形成合力，建立、优化企业的一体化风险防范体系。

（一）如何理解四种不同的风险管理体系

合规的概念起源于美国 FCPA，主要目的是禁止企业及个人向海外政府官员行贿。此后，坚决打击商业贿赂，建立全球性的合规营商环境，成为越来越多国家的共同目标，并通过国际标准化组织（ISO）在 2014 年和 2016 年分别制定的《合规管理体系 指南》（ISO 19600）和《反贿赂管理体系 要求及使用指南》（ISO 37001），让合规从狭义的反商业贿赂扩充为更广义的合规。中国的合规管理则是在经历了金融行业、上市企业的合规起步后，逐渐形成了合规法律体系的框架，并由国务院国资委在《央企合规指引》中首次提出要求中央企业建立合规体系。根据《央企合规管理办法》，合规管理是指以有效防控合规风险为目的，以企业和员工经营管理行为为对象，开展包括制度制定、风险识别、合规审查、风险应对、责任追究、考核评价、合规培训等在内的有组织、有计划的管理活动。

根据《企业内部控制基本规范》，内部控制是指由企业董事会、监事会、经理层和全体员工实施的、旨在实现控制目标的过程。内部控制的目标是合理保证企业经营管理合法合规、资产安全、财务报告及相关信息真实完整，提高经营效率和效果，促进企业实现发展战略。

2006 年国务院国资委在《中央企业全面风险管理指引》中明确了全面风险管理的概念，指企业围绕总体经营目标，通过在企业管理的各个环节和经营过程中执行风险管理的基本流程，培育良好的风险管理文化，建立健全全面风险管理体系，包括风险管理策略、风险理财措施、风险管理的组织职能体系、风险管理信息系统和内部控制系统，从而为实现风险管理的总体目标提供合理保证的过程和方法。

企业法律风险管理的主要参考标准是《企业法律风险管理指南》（GB/T 27914-2011）。根据该指南，法律风险管理是企业全面风险管理的组成部分，贯穿企业决策和经营管理的各个环节。法律风险管理过程由明确法律风险环境信息、法律风险评估、法律风险应对、监督和检查等环节组成，目的是有效管理法律风险，支持企业的决策和经营管理活动。

（二）四种风险管理体系的侧重与区别

通过对比上述四种管理体系的定义，我们可以发现四者各有侧重与区别，具体体现在三个方面。

1. 工作目标

合规管理体系以有效防控企业合规风险为目标，以企业及其员工的经营管理行为为对象；企业内控体系的基本目标是促进或保证企业经营管理合法合规、资产安全、财务报告信息真实准确完整；全面风险管理的基本目标旨在通过采取有效措施减少、降低风险发生的概率或者规避风险，以保证企业持续、健康、稳定发展；法律风险管理的目标是有效管理法律风险，支持企业的决策和经营管理活动，促进企业战略目标的实现。

2. 管理依据

合规管理的管理依据范围大于法律管理。根据《企业法律风险管理指南》的规定，法律风险管理的规定依据主要源于法律规定、监管要求或合同约定，法律风险管理的策略和方法不应违反法律的强制性规定和义务性规定；而根据《央企合规管理办法》和《企业境外经营合规管理指引》，企业合规中的"规"，不仅包括法律法规、监管规定，还包括行业准则和企业章程、规章制度以及国际条约、规则，甚至还包括商业惯例、道德规范等；全面风险管理的依据是有关法律法规、行业监管要求、企业内部规章制度等；企业内控体系主要体现在企业内部工作流程和方法上，是企业风险管理的必要环节，内控体系主要强调设计和建立相互制衡的组织机构以及企业内部制度、流程，并对这些制度和流程的实施有效性进行评价和监督。

3. 工作内容

法律风险管理并不包含管理体系的考核评价和责任追究，法律风险管理体系工作内容的范围也小于合规管理体系工作内容。法律风险管理的工作内容主要包括：明确法律风险环境信息（对企业内外部环境中与法律风险相关的信息进行收集、分析、整理、归纳的一系列过程），法律风险评估（包含法律风险识别、法律风险分析和法律风险评价三个步骤），法律风险应对，监督和检查；而企业合规管理体系工作内容主要包括风险识别、风险评估、合规审查、风险应对、考核评价、责任追究、合规培训等管理活动；内控体系则强调的是企业内部的制度和流程，工作内容主要是检查企业内部制度和流程是否相互制衡，是否有效、完整；企业全面风险管理的主要工作内容包括：收集风险管理初始信息、进行风险评估、制订风险管理策略、提出和实施风险管理解决方案以及风险管理的监督与改进。

（三）四种风险管理体系的交叉

与此同时，由于合规、内控、风控、法律管理四个管理体系都是针对同一企业组织体系的经营管理和业务流程，并且都是由企业现有的业务部门、职能部门根据部门职责贯彻实施，各管理体系在工作内容和工作方法上除了上述分析的侧重与区别外，实际上也存在重合交叉的地方。

1. 外部规范

企业防范合规风险及法律风险管理体系均包含了企业需要遵守法律规定和监管要求。法律管理是合规管理的核心，但合规管理的范围大于法律管理。

2. 风险维度

基于未来的不确定性对企业经营目标实现的影响，企业的风险一般可分为战略风险、财务风险、市场风险、运营风险、法律风险等。可见，法律风险属于企业面临的全面风险之一，法律风险管理是企业风险管理体系的组成部分。同时，法律风险管理也是企业合规管理工作的重要构成部分，而建立健全内控体系是确保合规管理、法律管理落地的重要途径。

3. 工作方法

就工作方法而言，内部控制的五要素是控制环境、风险评估、控制活动、信息与沟通、监控活动。合规管理则是通过搭建合规组织架构、制定合规管理制度、合规风险的识别与评估、合规举报与调查、合规审查、合规处理、合规考核与培训等方式来实现合规风险的管控。两者的管控手段虽然并不完全一致，但本质上它们的管控逻辑是一样的，这也是它们可以整合在一起的原因之一，而风险管理所采用的收集初始信息、进行风险评估、监督改进等工作方法，实际上也同样适用于合规风险管理。

（四）企业如何通过合理的工作安排，实现"强内控、防风险、促合规"

通过上述对比，我们可以发现企业合规、内控、风险、法律管理这四个管理体系在管理依据、工作内容、工作方法等方面既有侧重和区别，又有重合与交叉，中央企业在建设合规体系时，并不是建立一个孤立的新体系，而应该结合企业实际情况，围绕企业战略目标和经营目标，将合规、内控、风险、法律管理的要求，嵌入企业管理各个环节和业务经营的基本流程，并通过持续优化整合及完善，促进四者在企业经营管理中的有机融合。国务院国资委在《关于加强中央企业内部控制体系建设与监督工作的实施意见》中也提出，中央企业要建立健全以风险管理为导向、合规管理监督为重点的内控体系，且要将风险管理和合规管理要求嵌入业务流程，实现"强内控、防风险、促合规"的管控目标。

实际上，大部分中央企业已经不同程度地建立了合规体系、内控体系、风险管理及法律管理体系，但由于这四种管理体系是在同一个企业组织体内运行实施，加上部分管理体系在工作内容或工作方法上有重合交叉之处，在实践中容易形成管理缺位或带来不同体系之间的衔接问题。为此，中央企业可以从以下四个角度探索建设合规、内控、风险、法律管理"四位一体"风险防控体系。

1. 由集团总部牵头探索"四位一体"的实践

实践中，中央企业集团内部各下级单位的内控、风控、合规、法律管理工作等都需要与集团的接口部门形成有效对接，集团企业在各个管理体系中对下属单位的管理也需要形成较为统一的工作机制，才能便于具体工作的开展和管理，因此，探索各个体系在企业经营管理中的融合，往往需要集团企业先做好相关的梳理工作。

此外，由于二、三级单位会更聚焦于具体业务，出于减轻工作压力的考虑，对于内控、风控、合规、法律管理的一体化往往有强烈的需求，但可能不具备足够的理论功底来推进相关工作。在这一点上，集团企业可以从集团的角度，探索建设合规、内控、风控、法律管理"四位一体"的风险防控体系，避免在实践中出现部门职责不明确，业务流程不清晰，甚至在管理流程衔接上出现真空地带，导致企业管理资源重复配置或配置不足，也难以有效防范企业经营管理风险。例如，华侨城集团作为大型央企集团，已经开始探索合规管理、内部控制、风险管理、法务管理四项职能的一体化管理，为下属企业提供建设性思路。[①]

2. 在不同体系之间整合组织架构的职能

在多个体系的要求下，企业可能需要各部门承担多个管理职能。在实践中，企业可以将相同的职责进行合并，避免企业制度、组织架构的冗杂。例如，企业可以设定由董事会下的审计与风控委员会承担《央企合规管理办法》中规定的合规委员会职责，将合规职能附着在现有的专业委员会里，或者借鉴全面风险管理体系中关于风险控制"三道防线"的思路，搭建合规管理牵头部门与业务部门、纪检监察部门、审计部门在合规管理职能上的分工与合作机制。

5家试点央企之一的东方电气及其试点下属企业在开展合规建设的过程中，就充分利用了公司法律事务、内部控制、风险管理部门集中一个部门的

[①] 参见《2020慧点科技·法智易——企业法治合规管理数字化建设研讨会圆满召开》，载新浪网，http://vr.sina.com.cn/news/hz/2020-08-26/doc-iivhvpwy3116739.shtml。

优势，避免各条线、各部门独立运行、难以兼容的弊端，充分利用合规管理、内部控制与风险管理之间的融合、反哺关系，统筹整合形成管理合力，将风险评估与预警手段和内控评价方法运用到合规管理中，通过三大体系有效结合，提升合规管理水平，同时协调监察、审计等资源，实现违规信息共享和联动机制。①

3. 借鉴不同体系的工作方法与风险管控思路

如前所述，不同体系的工作方法存在相通之处，因此，在一个企业内部，不同体系之间的管理工作可以相互借力，共享相同工作要素和成果，避免重复劳动。例如，企业在开展合规风险识别和评估时，可以借鉴《企业法律风险管理指南》中关于法律风险清单梳理的工作方法和评估标准，梳理合规风险点并形成合规风险库，确定重点领域，并在企业法律风险管理工作中识别出的法律风险的基础上，识别、评估企业合规风险。同时，企业也可以结合绩效考评控制、授权审批控制、财务及预算控制、不相容职责分离控制等各项内控措施的要求，细化与合规管理相关的各项配套细则。

例如，中石油在开展合规管理时就运用了风险管理的思路，持续推进法律合规风险岗位防控机制建设，结合岗位责任制，逐项明确岗位法律合规风险，细化防控措施，形成岗位法律合规风险防控手册，将合规风险防控纳入公司内部控制体系，促使合规风险防控落实到具体岗位。②

4. 建立统一的信息管理系统

在"无纸化办公"已成为主流的今天，信息化对于任何一个企业管理体系都是不可或缺的。企业探索合规、内控、风控、法律管理"四位一体"风险防控体系时，应当将如何建设一个能够覆盖全方位、全流程，整合企业内部合规、内控、风控、法律管理等信息资源，实现风险评估集中化、风险监控常态化、风控效果可量化的信息化、数字化的统一管理信息系统一并纳入考虑范围。一个合理、高效、完善的一体化信息管理系统，不仅能够使合规

---

① 载http://www.legaldaily.com.cn/index/content/2018-09/28/content_7656402.htm。
② 载http://www.nelaw.com.cn/nyqy/yq/201907/t20190719_1144361.htm。

管理嵌入企业运作的重点领域、重点环节，覆盖合规管理的重点人员，还能实现合规、内控、风控体系与业务信息系统互联互通、有机融合。对于信息化基础较好的中央企业，还可以探索利用大数据、云计算、人工智能等技术，实现实时监测、自动预警、监督评价等在线监管功能，有效减少传统模式下企业内部产生大量的纸质文件流转、审批和存档工作，提高办公效率。

合规、内控、风险、法律管理四者之间既有关联又有区别，中央企业应结合企业管控实际，充分利用现有资源，将企业的合规管理、内部控制、全面风险管理、法律管理既做到有所区分，又能实现有效融合，从而提升整体的管理效率，实现"强内控、防风险、促合规"的目的。

四、制定违规追责制度，助力国企合规落地执行

汇总中央和地方情况，2022年，全国国有企业资产总额达339.5万亿元。[①]其中，2021年中央企业上缴税费2.4万亿元，比2012年增长35.5%。2013年以来累计上缴税费18.2万亿元，约占全国税收收入的1/8。[②] 国有企业特别是中央企业对国民经济的重大意义和作用，使加强国有资产合规管理、防止国有资产流失成为国企监管的重中之重。近年来，国务院和国务院国资委相继出台了多部办法，为央企和国企开展合规建设提供了政策指导。这些文件中多次提到企业应该针对各类重点领域制定具体的合规制度和行为准则，但是，徒法不足以自行，各种合规行为准则如果缺乏配套的违规追责制度，就无法真正落地执行，企业需要一套强有力的追责制度，确保合规行为准则不会沦为一纸空文。

---

① 参见《国务院关于2022年度国有资产管理情况的综合报告——2023年10月21日在第十四届全国人民代表大会常务委员会第六次会议上》，载全国人大网，http://www.npc.gov.cn/npc/c2/c30834/202310/t20231027_432641.html。

② 参见《中央企业高质量发展报告（2022）》，载国务院国资委官网2022年11月17日，http://www.sasac.gov.cn/n2588020/n2877938/n2879671/n2879673/c26508617/content.html。

（一）案情简介[①]

A公司是一家生产港口机械设备的大型地方国企。2016年，A公司以承包方的身份参与H国某水电站机电设备成套项目的投标，该项目由世界银行提供资金支持。根据业主方的招标文件要求，投标方需要向业主方提供其在过去10年内作为主承包方或持有不低于25%份额的联合投标方所参与过的4个涉及特定机电设备的项目经验，同时这些项目均需要已经完成且成功运行至少2年以上。

为证明自身的业绩及项目参与能力，A公司向H国业主方提供了4个项目的业主证明。在这4个项目中，3个是A公司作为主承包方，另一个为A公司的子公司AK公司负责。所有业主证明连同其他投标文件，均由A公司的市场营销部主任暨项目负责人Z先生代表A公司签署后提交给业主方。

后来，A公司因为商务技术条件等没有中标，但事件并没有就此结束。在世界银行对该项目相关文件进行审查的过程中发现由A公司负责的项目的业主证明是伪造的，该项目的业主方B公司并未出具过该业主证明。实际上，A公司确实曾于2012年参与并完成了该项目，但由于尾款结算事宜，与B公司发生了矛盾，B公司不配合A公司在业主证明上盖章。为了满足A公司的投标要求，A公司伪造了B公司的印章，自行在业主证明上盖章后交给H国业主方。A公司相关部门以及项目负责人Z先生均未对该业主证明的真实性进行仔细审核就提交给了该项目业主方。

世界银行廉政局认为，A公司在投标文件中造假的行为，违反了世界银行集团《国际复兴开发银行贷款和国际开发协会信贷采购指南》和《关于预防和打击国际复兴开发银行贷款和国际开发协会信贷和赠款资助项目中的欺诈和腐败行为的指导方针》中关于欺诈行为的规定，因此对A公司及项目的实际负责人Z先生进行了制裁。由于受到制裁，A公司及其关联主体在很长

[①] 基于真实业务改编的案例。

一段时间内都不能参加由国际金融机构资助的基建工程项目。

此后，A公司迟迟没有对Z先生进行人事处理。2018年，在巡视组对A公司进行巡视的过程中，公司内部人员向巡视组举报了该问题，巡视组非常重视，要求A公司对责任人Z先生进行严肃处理，并明确指出A公司的业务制度体系、风险管控体系不健全，管控能力明显不足，尚未出台风险控制及责任追究等制度，要求其进行整改。

（二）律师点评

1. 建立追责制度是国企的"必选动作"

企业在营商过程中，不可避免地会和A公司一样，面临各种类型的员工违规问题。在处理这些问题时所采取的做法，往往能在一定程度上表现出企业的决心。如果企业无法实现对员工违规行为的有效追责，那么不仅企业的自身利益会受到损害，在企业内部也很难营造出积极的合规文化氛围，长此以往，企业的经营行为会面临更多的合规风险，对企业的形象和声誉也会有负面影响。

同时，企业的追责举措还考验着企业合规制度的健全程度。追责制度是合规制度中不可缺少的一部分，缺乏完善的违规追责制度，可能会导致企业的合规指引得不到支撑和保障，无法对员工的违规行为展开有效问责。企业需要一套与合规行为规范配套的追责制度，将行为规范的具体要求在执行层面落到实处，对违反行为规范的行为进行查处与追责，使合规制度真正运转起来，发挥其令行禁止的规范作用。

无论是国际通行的ISO合规管理体系标准，还是我国的《央企合规管理办法》，都明确提出企业在建设合规体系的过程中需要制定配套的问责追责机制，强化违规问责，明晰违规责任范围，细化惩处标准，对违规行为进行惩处，进而实现合规风险的闭环管控。可见，制定违规追责制度已是大势所趋。

早在2016年8月，国务院办公厅就发布了《关于建立国有企业违规经营投资责任追究制度的意见》，2018年7月，国务院国资委又发布了《中央企业违规经营投资责任追究实施办法（试行）》（以下简称《责任追究实施办法》），对央企经营管理有关人员违规经营投资行为的追责工作进行了初步规定，明确了责任追究的范围、标准、责任认定、追责程序等内容，对重大决策实行终身问责，并要求央企制定违规追责制度后报国务院国资委备案，各国有企业也需要参照该办法的规定，结合实际情况研究制定相关的追责制度。目前，我们在实务中已经看到多家央企及央企子公司着手制定或已出台了内部违规追责办法，且是否按要求制定追责制度已成为国务院国资委巡视的重要内容之一。因此，国有企业应参考上述《责任追究实施办法》的相关内容，尽快将制定违规追责制度提上日程。

2. 企业制定违规追责制度时应注意的问题

（1）外规内化，是违规追责制度得以落地的重要前提。

在竞标过程中，无论是国内的法律法规，还是对外投资经营中东道国的法律和第三方金融机构的监管，都对企业的投标行为有明确的规范和要求，例如，在案例中，《国际复兴开发银行和国际开发协会信贷采购指南》就对投标行为的合规性进行了界定，同时，世界银行及业主方还会要求投标人作出合规承诺，把遵守相关规定作为其在投标及合作过程中必须履行的合规义务。这些投标行为规范通常包括：

①不得相互串通投标报价；

②不得排挤其他投标人的公平竞争；

③不得以低于成本的报价竞标；

④不得以他人名义投标或者以其他方式弄虚作假，骗取中标；

⑤不得以向招标人或者评标委员会成员行贿的手段谋取中标。

根据我们的经验，结合企业所处的行业和面临的不同监管环节，还可以细化出一些更具体的规定，总之，企业在投标时会面临多种外部的规范要求。然而，A公司虽然制定了一部《投标管理办法》，但其内容更关注的是投标环节中的商务流程，包括标书制作的格式规范、响应招标的及时性，以及商务方案和技术条件是否符合招标方要求等。与上述的投标义务进行对比，整部《投标管理办法》并没有提及投标行为在合规范畴的规范要求，也未体现对投标环节中一些高发风险问题的重视和管控，在这种情况下，即使有严格的审核程序，也无法达到很好的风险防范效果。

具体而言，A公司内部在投标前经过了包括经营部门、采购部、质量检测部、财务部等14个部门严格的评审与会签，分别就投标文件的技术资料、价格、完整性等内容进行审核，相关部门均出具了评审意见并由部门负责人在流转表单上签字确认。但是，没有任何一个部门与投标环节的合规义务有关，也没有任何一个部门对相关文件的真实性、合规性负责，更缺乏对应的管控措施。例如，对于业主证明，没有规定由哪个部门负责与出具该文件的业主方或相关员工进行确认、复核。在案发后，A公司内部出现了相互推诿问题，每一个部门都认为投标文件造假的责任不应该由自己承担，这也再次凸显了A公司的合规制度存在严重缺陷。

企业如果缺少完善的行为规范，那么追责制度就失去了赖以生长的土壤，无法落地生根。企业需要有针对性地梳理、汇编所有相关的法律法规，识别法规中的合规义务，同时结合企业在营商过程中对外作出的合规、廉洁承诺等，对所有需要承担的义务进行汇总和编号，形成合规风险库，并据以制定相应的行为规范，确保该行为规范可以全面覆盖企业所有的合规义务。

（2）违规追责制度需要与合规行为规范一一对应，避免相互脱节。

在A公司的《职工管理奖惩办法》中，共有18章关于各类行为的奖惩措施，涵盖了物资管理、生产管理、财务管理、市场开发等多个业务环节，列出需要进行惩处的不当行为共350多项，其中包括一个专门针对招投标行为的章节。这份《职工管理奖惩办法》看似全面，但实际上并不完善。关于案例中工程建设项目的投标环节，上述《责任追究实施办法》第10条"工程承包建设方面的责任追究情形"列出了以下需要追责的行为：

①未按规定对合同标的进行调查论证或风险分析；

②未按规定履行决策和审批程序，或未经授权和超越授权投标；

③违反规定,无合理商业理由以低于成本的报价中标;

④未按规定履行决策和审批程序,擅自签订或变更合同;

⑤未按规定程序对合同约定进行严格审查,存在重大疏漏;

⑥工程以及与工程建设有关的货物、服务未按规定招标或规避招标;

⑦违反规定分包;

⑧违反合同约定超计价、超进度付款。

除了上述情形,实践中企业在投标环节的违规行为还可以进一步梳理,如在投标文件中造假或者贿赂招标方。但是,A公司的《职工管理奖惩办法》在"招标投标"一章中仅列出了两种投标过程中需要追责的行为,分别是"标书编制进度拖期,影响投标结果"和"因个人失误和过失,造成丢标、废标,或造成200万元以上的损失",上述其他需要追责的情形在《职工管理奖惩办法》中都未提及。

以上述《责任追究实施办法》列出的低于成本中标的行为为例,我国的《招标投标法》明确禁止投标人以低于成本的报价竞标。在国际上,世界银行等国际组织为了规制异常的低价投标,也规定采购主体可以核查供应商是否符合参加条件和是否具备履行合同约定的实力,企业一旦违反了上述规定,可能面临行政处罚、列入相关组织制裁名单等多种严重的法律后果;但由于A公司的《职工管理奖惩办法》没有覆盖该行为,一旦发生低成本竞标的违规事件,即使造成了严重后果,企业也无法直接适用《职工管理奖惩办法》对违规员工进行处罚。

另外,依据A公司已有的《职工管理奖惩办法》,案例中的Z先生也不符合相关的处罚标准,因为Z先生的行为并没有"造成丢标、废标",A公司是由于其他正常的商务原因没有中标。而想适用《职工管理奖惩办法》中"严重失职,给公司或他人造成直接经济损失200万元以上"的规定,又会因为金额限定过高且缺乏损失认定标准,难以直接对Z先生进行处分。我们在上文已经提到,A公司的《投标管理办法》并未从合规角度为投标环节制定行为规范,但即使A公司已经有了完善的投标行为规范,在发生类似的违规事件时，A公司依然很难凭借现有的《职工管理奖惩办法》对违规员工进行惩处，因为《职工管理奖惩办法》的追责细则没有与行为规范一一对应。企业在制定追责办法时，需要注意将其与已有的合规准则和行为规范进行衔接，否则很可能无法对违反企业制度的行为进行有效查处。

A公司之所以迟迟无法对Z先生作出处分决定，很大程度上是由于A公司的制度规定不够完善，缺乏开除Z先生的充足理由。A公司内部的规章制度和行为规范虽然很多，但一来没有将外部的法律法规和监管要求内化为企业制度，二来缺少配套的追责办法，导致制度层面与执行层面相互分离，在遇到具体问题时，无法适用《职工管理奖惩办法》对违规员工进行追责。那么，A公司是否可以依据《劳动合同法》解除与Z先生的劳动合同呢？根据《劳动合同法》第39条第2项，劳动者严重违反用人单位的规章制度的，用人单位可以解除劳动合同。但是，适用该条款的前提是企业已经有了健全的规章制度，对劳动者的违规行为作出了明确的禁止性规定，A公司的现有制度显然并不完善，若要凭上述规定开除Z先生，缺乏有力的依据，在劳动仲裁和诉讼中很难得到劳动争议仲裁委员会和法院的支持。

实践中，企业在对违规员工进行处理时，可能还会面临"人情困境"。中国向来有讲人情的传统，但这种传统与公司的职业化、法治化在某种程度上可能存在冲突。特别是一些老牌企业，有很多为公司供职十年甚至数十年的老员工，这些员工在企业内部已经建立起深厚的人脉网，一旦该员工涉嫌违规违纪，公司往往会因为人情对其网开一面，这其实是不职业的表现。重人情很容易导致没有人会真正为公司的营商结果负责，企业的规章制度也形同虚设。在全面推进依法治国、依法治企的今天，国有企业更要以身作则，不能牺牲制度去换人情。

一套覆盖全面、科学合理的合规制度及行为准则，是违规追责制度得以实施的前提和基础，对于一些重点领域的违规行为，合规指引需要有明确的界定，才能使违规追责制度在执行时有据可依；而一套运转有效、执行得当的违规追责制度，则是合规制度和指引得以充分发挥作用的重要保障。国有企业制定了合规制度和行为规范后，如果缺少配套的追责制度，无法执行落地，那么这些合规制度和指引对于企业员工而言就是一只"纸老虎"，没有震慑力。

"动员千遍不如问责一次"，制定违规追责制度，严肃查处违规经营投资问题，一方面可以充分发挥责任追究的警示和震慑作用，另一方面可以推动企业建立健全权责清晰、约束有效的经营投资责任体系，倒逼经营管理人员正确履行职责，让国企合规制度可落地、可执行，让合规真正为企业的经营投资保驾护航，实现国有资产保值增值。

五、助跑出口管制合规"最后一公里"——信息化合规管控解决方案

为了化解当前复杂国际环境下企业经营中的合规风险，很多企业已经初步完成了以中美为核心的出口管制合规制度设计以及体系搭建工作。但是，仅仅停留在纸面上的合规制度在实践中面临诸多不尽如人意之处。为此，本书拟结合部分成功案例，通过对出口管制信息化合规管控解决方案加以分析，进而协助广大企业顺利跑完有效出口管制合规工作的"最后一公里"。

（一）从成功案例看出口管制合规信息化优势

中国某知名通信公司在与美国监管机构达成和解协议后，基于新的和解协议，建立了一系列有效的专项合规计划，尤其是出口管制合规体系，走在了业界前沿。该公司吸取之前的经验教训，除了增加合规投入、加强合规组织建设、提高合规人员专业能力和培育企业合规文化外，其着力构建的出口管制信息化合规管控体系可谓功不可没，成为能够有效识别风险、防范风险、提高合规效率、促进合规政策有效落地的重要保障。

通常来讲，建立出口管制信息化合规管控体系，至少可以体现出三个方面的优势。

1. **风险筛查的准确性和效率性得以大幅提升**

通过自动扫描系统对客户、供应商等合作伙伴进行自动筛查和管理，有效识别出禁运国家或地区的公司以及受限制的实体或个人，既避免了人工筛查的疏漏，保证扫描的权威性和准确性，又实现了以系统代替人工初步审核，降低了合规人员的工作量，极大地提高了日常合规工作的效率。

2. **实现受控物项占比计算及编码分类自动化**

对产品进行定期的占比计算以及出口管制编码分类（export control classification numbers，ECCN），对产品进行信息化的分类管理，可以定期更新产品 ECCN 信息，保证产品的合规性，也便于后续的筛查和审计。

3. **系统风险初筛与人工审核的有机结合**

首先，在出口、再出口或以其他方式转移产品、软件或技术，或者在提供相关服务之前，对产品进行自动化筛查，并结合客户、用途、目的国等信息对营销合同、供应链、财务等业务进行筛查，自动识别出口管制合规风险后进行人工审查，以保证公司业务符合出口要求。

其次，打造一个相对完善的出口管制合规信息化体系，至少应当包括以下三个方面的要素：

（1）通过业务系统与合规信息化系统的对接，嵌入合规管控点，要求所有相关的业务都要进行自动化的筛查，确保筛查的全面性、准确性和权威性。

（2）通过自动化合规筛查，大部分合规的业务和合作伙伴可以自动快速通过，只针对少部分有合规风险的情况由出口管制合规的专业人员介入和处理，可以提高合规的效率，也减少对公司业务的影响。

（3）信息化合规管控平台的建立，一方面保证出口管制合规专项计划的切实有效，另一方面也有利于提升效率，随时获知改进需求，保证公司的出口管制动作及轨迹等相关记录的完整性，便于配合开展合规审计以及向外举证，得到外部监管部门及合作伙伴的信任。

(二) 信息化是出口管制合规未来发展的必然趋势

合规管控体系作为企业管理的重要一环,有效性是其最重要的评价指标,也是实现其合规价值的前提,而合规管控信息化是其合规计划有效性的重要保障。因此,出口管制合规也不例外,信息化是其未来发展的必然趋势。

1. 合规的效率是影响合规有效性的重要因素

如前例所述,出口管制合规信息化建设有利于合规效率的提升,降低对业务的影响;反之,缺乏合规的信息化建设,会导致业务合规成本上升,甚至影响业务正常进行。企业出口管制合规归根结底是业务的合规,为了公司更好、更平稳地发展。要保证业务合规,无可避免地会影响业务效率,要平衡好二者的关系。因此,合规的效率是影响合规有效性的重要因素,一旦合规效率过低,导致业务根本无法开展,那么必然会受到业务部门的抵触,甚至导致公司发展停滞、倒退,"皮之不存,毛将焉附",公司经营若陷入风险,空谈合规无疑是本末倒置。

2. 全面而准确地识别风险是实现合规有效性的前提

出口管制信息化建设有利于风险识别的准确性和全面性,缺乏信息化建设,仅依靠人工筛查,可能会有所疏漏,缺乏权威性。全面而准确地识别风险是实现合规有效性的前提。如果风险都无法识别,或有所疏漏,那么很难说合规计划是有效的。众所周知,系统之所以可靠是因为一旦设定统一的出口管制合规标准,系统会按此标准统一执行,几乎不会存在遗漏。但是,人工筛查由于业务数量庞大,要逐单地全面筛查,就像老师人工审阅大量试卷,难免会有疏漏或者审核尺度不一,因此这种方式一定程度上缺乏权威性和准确性。

3. 记录保存是证明合规有效性的重要证据

记录保存是证明合规有效性的重要证据,缺乏出口管制合规信息化建设,会导致合规动作及轨迹难以被记录和保存,既导致后续的审计难以追根溯源,又难以向外部提供相应的证据,从而无法取得外部的信任,在需要时很难举证企业合规计划的有效性。

4. 确保出口管制合规真正落地的重要保证和有力措施

如有效合规理论中提到的，合规不仅是落在纸面上，更要实现对业务合规管控的切实落地。出口管制合规信息化建设，是实现出口管制合规落地的重要保证和措施，是实现有效合规的要求和途径。在出口管制合规实践中，很多出口管制合规实践前沿的公司，在接受监管方处罚和达成和解协议时，均被要求建立相应的出口管制信息化合规体系，如自动化筛查工具、合规系统与业务系统对接、将合规管控点嵌入业务流程、搭建风险评估平台。因为如前所述，出口管制合规信息化有利于实现合规与业务的统一，提高合规效率，保证合规筛查结果的可靠、准确和权威，从而建立有效的合规计划。

综上所述，出口管制合规信息化建设是合规效率和可靠性的必然要求，是合规有效性的保证，是获得减轻处罚或者免予处罚的重要证据来源。缺乏合规信息化建设，往往会导致合规管控失控、产生合规风险、造成合规管控无效，无法实现合规的价值和目的。

（三）何为出口管制信息化合规管控解决方案

那么，到底何为出口管制合规信息化建设？我们认为，出口管制合规信息化建设并非某一个单独的模块，而是一套完整的信息化合规管控解决方案，包括合规风险评估信息化、合作伙伴及产品管理信息化、合规筛查自动化、合规管控平台一体化、合规资源信息化。

合规风险评估信息化是整个信息化合规管控方案的起点；合作伙伴及产品管理信息化是信息化合规解决方案的基础和前提；合规筛查自动化是整个解决方案的工具和基石；合规管控平台搭建保障整个解决方案的顺利运作；合规资源信息化为业务人员和合规人员赋能，为整个解决方案的实现提供人力的支撑。

出口管制信息化合规管控解决方案项下主要模块的内容和作用见图7-2。

1 合规风险评估信息化

◆ 主要内容：通过打造出口管制风险评估平台，从出口管制四要素（客户、目的国、产品、用途）出发，针对公司主要业务部门、合规部门以及相关的人员（包括管理人员、业务人员、合规人员等），通过风险评估问卷、业务数据识别、专家评估等方式收集风险信号数据，由设计的风险评估模型进行计算，构建部门合规画像，为公司各业务领域打上相应的合规标识、确定各领域的合规风险偏好，从而为后续合规管控点的嵌入和筛查打下基础。

◆ 主要作用：依托风险评估工具，收集风险信号数据，并构建统一的评估模型，对收集的数据进行建模和分析。通过风险评估信息化，由系统自动收集数据、处理数据，一方面提高各部门风险评估的效率，另一方面也使风险评估结果更为精准，便于后续的合规管控。

2 合作伙伴及产品管理信息化

◆ 主要内容：从客户、供应商等合作伙伴以及产品等维度出发，打造合作伙伴和产品的管控平台，以便后续对接合规自动化筛查工具进行风险识别和管控。

◆ 主要作用：将客户等合作伙伴按照合规筛查结果、股东信息、涉及合作领域用途等维度进行风险分组，打造合作伙伴画像，形成合作伙伴主数据管理系统以便于筛查使用。针对产品，通过出口管制编码分类，将产品的主要信息如价格、用途、层级、ECCN、许可证或许可例外等进行统一管理，形成产品主数据管理系统，既可以提前识别产品存在的合规风险，也能够为后续业务中的合规筛查奠定基础，提高后续筛查的效率。

3 合规筛查自动化

◆ 主要内容：依据出口管制四要素设计出口管制合规筛查工具，实现对涉及业务的黑名单、禁运国、用途和产品自动化筛查。其中主要包括两个层面：一是针对上述合作伙伴及产品主数据筛查平台的主数据筛查，比如审查该合作伙伴是否被列入黑名单、是否涉及禁运国、是否涉及军事主体，该产品是否涉及军事用途、是否属于高管控级别的产品等，以便在业务发生之前作出预警；二是对正在发生的业务进行逐单的自动化审查，比如，签订销售合同时，对合同的主体、合同产品的用途、合同的目的地、合同涉及的产品进行自动化筛查，或发货时对出口管制四要素进行自动化审查，以识别实际业务中的风险。

◆ 主要作用：出口管制合规自动化筛查工具一方面可以防范于事前，通过与上述合作伙伴及产品的主数据管理平台对接，可以在交易发生前预先识别涉及的出口管制风险，有更多时间应对合规风险，保证业务顺利进行，降低对业务的影响；另一方面通过自动化筛查，可以全面管控发生的业务交易，确保合规管控的全面性、准确性，提高合规管控的效率。

4 合规管控平台一体化

◆ 主要内容：合规管控平台一体化是指通过搭建出口管制合规管控平台，将所有合规管控动作集中到线上进行，打通合规管控与业务系统，将合规管控节点嵌入业务流程当中，实现合规管控的线上统一，保证合规管控动作的有迹可循，合规管控主要包括合规审核、合规咨询、合规监控、合规筛查、合规审查等。

◆ 主要作用：打造出口管制合规管控平台可以实现合规管控动作的集成化，适应当前企业主营业务信息化的发展趋势，实现对业务合规管制的线上化、标准化，提高合规管控的效率和管理水平。也有利于对合规管控情况进行实时监控，尽早发现问题，及时向业务部门预警，避免合规事件的发生。另外，合规管控平台也有利于合规记录保存，保证每个动作的可追溯性，一旦出现合规事件，可以作为主观无恶意的证据，向监管机构申请豁免，以避免或减轻处罚。

5 合规资源信息化

◆ 主要内容：打造线上出口管制合规资源库，将出口管制相关的法律法规、公司政策制度、培训材料以及相应案例等集中管理，定期更新，并根据不同部门、人员进行层级分类，开放不同的权限，给予定制化的赋能培训，并将培训情况加以记录，不断改进。

◆ 主要作用：打造出口管制合规资源中心，有四个方面的主要优势：第一，有利于提高合规资源的利用率，可以使合规和业务人员直接、快速地了解所需要的合规信息，提高合规工作效率；第二，通过智能化赋能，提高业务人员的合规意识，从而实现良好的合规文化建设，达到全员合规的目的；第三，通过分层级、设权限的方式，使各岗位人员可以获得与自己工作相匹配的合规培训，获得更好的培训效果，实现合规培训的目的；第四，通过线上平台培训，有利于培训记录的保存，以便在后续审计中进行举证，获得外部监管的信任，降低合规审查风险。

图 7-2 出口管制信息化合规管控解决方案项下主要模块

(四) 如何设计与实施出口管制信息化合规管控解决方案

如前所述,出口管制信息化合规是一套整体的解决方案,要打造出口管制信息化合规体系,实现有效合规,通常需要按照以下步骤实施:

1. 评估公司当前出口管制合规管控现状

梳理公司现有合规政策、制度和规范要求,以及对应的实行情况,这是打造出口管制信息化合规管控方案的环境背景。

评估公司当前纸面化合规体系建设的情况,比如公司是否具备管理层承诺,是否制定出口管制合规手册,各个业务领域是否有相应的规范要求出口、再出口、转移产品或提供服务时要进行合规筛查,是否有记录保存的要求,是否有定期组织培训,是否有相应的合规审计稽查机制等,以及这些合规制度是否为业务部门所认可,并有效执行。因为出口管制信息化合规管控方案解决的就是公司的合规政策、制度无法落地、落地成本过高、效率低下影响业务等问题,即通过信息化手段和工具,将纸面的制度政策变成具体可行的系统化、信息化工具,从而达到提高效率、降低合规成本、减少对业务影响的目的。所以,高层承诺、手册、培训等出口合规流程,八要素[①]的合规制度建设情况,构成出口管制信息化合规方案的背景和任务,要有明确的合规制度、明晰当前纸面化合规制度面临的问题,再因地制宜、有的放矢地定制相应的信息化合规管控方案。

2. 评估公司当前业务情况,梳理当前业务信息化水平,确保可获得准确完整的业务数据

梳理当前公司的主要业务,评估各业务领域的信息化管理水平,准备好合规筛查所需要的相应业务数据。具备业务领域信息化管理系统以及完整准确的业务数据信息是实施出口管制信息化合规管控的前提。归根结底,合规是为了保证公司业务的可持续发展,因此,公司的业务情况也决定了公司是

[①] 根据美国商务部发布的《出口合规指引》(Export Compliance Guidelines),一个完善的出口合规流程(export compliance program, ECP)应至少包括管理层承诺、风险评估、出口授权、记录保存、培训、合规审计、违规报告与整改以及编制更新合规手册八项内容。

否需要进行出口管制信息化合规建设以及如何进行信息化合规建设。

（1）要先评估公司的主要业务是否存在出口管制风险，以确定是否有出口管制合规建设的必要性。

（2）要梳理当前公司的主要业务、运营模式和业务流程，并根据公司的出口管制政策制度，评估主要的出口管制风险点，这些风险点就是出口管制合规信息化需要关注的关键管控节点。

（3）梳理上述业务所涉及的公司信息化管理系统，如客户管理系统、订单系统、发货系统。公司的业务信息化管理水平影响出口管制合规信息化方案的实现，因为出口管制合规判断基于的是业务数据情况，只有业务环节已经实现了信息化管理，才能够打通业务系统与合规管控系统，合规筛查所需要的数据信息才能被准确完整地传递给合规系统，实现合规自动化筛查，保证合规管控的有效性。

（4）合规管控所筛查的数据都来自业务，如客户信息、收货目的地、产品信息、合同用途，如果基础数据失真，那么业务系统传给合规管控系统进行筛查的数据也不可能准确，筛查结果当然也不具有权威性和可信度。因此，业务基础数据的准确性和完整性是实施出口管制信息化合规管控的基础和前提。

3. 制订完整的出口管制信息化合规管控方案

根据公司的合规政策制度和业务情况，开发出口管制合规筛查工具，打造出口管制合规管控平台，制订完整的信息化合规解决方案，与外围业务系统对接进行管控，以实现公司合规政策制度的落地、确保业务合规。

（1）根据公司合规制度需求，开发自动化筛查工具，针对出口管制四要素进行自动化筛查，包括合作伙伴黑名单筛查、禁运国筛查、产品筛查以及用途风险筛查。

（2）以自动化合规筛查工具为核心打造合规管控平台，利用自动筛查工具，识别合规风险，促进合规审核自动化。当出现系统认为有合规风险的情况时，系统将锁定业务单据、中止业务流程，由合规专家人工介入进行进一步的尽职调查和合规分析，以得出最终结论，并由系统依据此结论释放或终止该业务。

（3）上述所有的合规操作均需要在系统中完成，合规管控平台要对每一步的结果和举证进行记录保存，以便后续的数据比对、合规审计和合规举证，甚至是追责和奖惩。

（4）根据业务风险评估的情况，识别关键业务节点，设定关键合规管控点，制订合规管控方案，将关键业务系统和合规管控平台、合规筛查工具对接，实现关键业务节点的自动化筛查和管控，使绝大多数无合规风险业务自动通过，集中合规人力资源于高合规风险的业务案件，快速给予业务指导，提高合规效率，减少对业务运行的影响。

4. 完成出口管制信息化合规管控方案的系统开发、联调测试及试运行评估

出口管制信息化合规解决方案确定后，在实施前要同相关业务系统的业务人员、IT 技术人员进行充分的沟通，将合规要求"翻译"为业务语言、IT 语言，以便业务和 IT 人员可以更好地明晰合规需求，配合系统开发、对接和联调测试，保证落地后的实施方案既能够满足合规要求，又不影响业务正常运行，还有利于业务效率的提高。在合规信息化系统开发和联调测试时，要重点关注合规需求的实现和对业务的影响，并及时调整参数、匹配率等内容，既要保证不遗漏、没有合规风险，又要降低对业务的影响，尤其是锁定业务单据、合作伙伴、产品的情况，实现合规和效率的平衡。在联调测试完成后，最好进行一定时期的灰度测试或试点运行，保证系统上功能的可用性、合规的完整性，评估好对业务的影响。

5. 出口管制信息化合规解决方案全面实施及宣贯推广

经过充分的联调测试和试运行之后，就可以正式上线整体的出口管制信息化合规管控方案，进行全公司的宣贯和推广，并给予必要的培训和指引，明确接口人员，确保相关的合规人员、业务人员、IT 技术人员都可知可用相应的合规管控信息化系统；一旦出现需要人工介入的情况，比如业务存在合

规风险被系统锁定，需要合规人员介入处理，或者系统功能出现错误，需要IT技术人员维护和解决时，能够及时找到对应的接口人员处理，确保业务流程的顺利推进。

6. 出口管制信息化合规解决方案实施后的运维、优化及审计

要注意对合规信息化系统平台的日常运维、新功能的优化升级以及定期审计。

（1）因为信息化合规解决方案主要依靠的是系统功能，在日常运行过程中不可避免地会出现一些漏洞或者相关人员对系统功能的一些疑问，所以，要注意对系统日常的运维和监控，一旦出现波动情况，要及时处理，回应相关人员的问题和需求。

（2）在信息化系统应用过程中，相关的用户，包括业务人员、合规人员，总会有一些新的需求，比如优化一些系统上的功能、开发一些新的功能以提高效率等需求。甚至由于外部监管的法规变化，也会产生对合规信息化系统的优化需求，比如，美国出口管制制裁清单的变化、禁运国的变化、中国《出口管制法》的颁布，都要求合规信息化系统同步进行优化和升级。因此，出口管制信息化合规解决方案不是一成不变的，而是要根据需求变化、法律变化、实践变化不断进行调整和优化。

（3）针对信息化合规解决方案的实施落地情况，也要有定期的监控和审计，回溯以往业务的管控情况，确保业务关键节点均已被覆盖，并无遗漏；确保业务信息录入、传输的规范性和完整性；确保高风险业务合规人工介入审核结论的准确性；确保所有关键业务合规管控记录保存的完整性，由此对违规事件进行问责、披露和惩罚，保证合规管控方案的切实落地执行。

（五）小结

信息化无疑是未来出口管制合规工作的发展趋势。其既可以保证纸面化的合规制度全方位地实施落地，又能够提高合规效率，解决传统合规中对业务效率影响过大的问题，实现合规与效率的平衡。同时，相比传统的人工审核和记录，在对外部监管的合规举证中，出口管制合规信息化系统可以更详

尽、客观地记录何时何地对业务的合规审核措施，更能得到监管机构的认可和信任；一旦发生违规事件，也能够更轻易证明自身主观无过错，从而获得减轻或者免除处罚。以上这些都是传统线下单纯依靠人工合规所无法比拟的。

综上，完整的出口管制信息化合规管控解决方案更有利于解决企业合规效率的问题，帮助企业落实合规政策制度，实现合规计划的有效性，助力企业完成出口管制合规工作的"最后一公里"。

第八章 民企反舞弊合规热点问题

一、互联网企业内部舞弊行为的特点及规律

随着互联网行业的蓬勃发展,互联网企业员工舞弊类犯罪的案件数量也显著增多,借助IT技术进行舞弊的手段及各类新型作案工具层出不穷。为了更加深入地了解我国互联网企业员工舞弊的现实情况,我们对我国互联网企业发生员工舞弊的判决进行了梳理,分析互联网企业发生员工舞弊的特点和规律,并总结员工舞弊的成因。

为完成上述案例分析,我们检索了已公开的涉及互联网企业员工舞弊的刑事判决书。[①] 经检索,我们获得了89个互联网企业员工舞弊的判决书(以下简称样本案例)。我们按照一名员工实施一个违法行为的标准,从上述样本案例中梳理出133项舞弊行为,并从作案手段、员工岗位特点等角度对这133项舞弊行为进行归纳和分析。

(一)作案手段规律分析

1. 利用IT技术手段或利用系统漏洞作案

我们统计了互联网企业员工利用IT技术手段或系统漏洞实施舞弊行为的

[①] 企业发现员工舞弊行为后,往往很难通过民事手段进行追偿,绝大多数情况下都要借助刑事手段。因此,我们的检索范围锁定在相关的刑事判决书。囿于裁判文书收录的条件及时效性,以及检索功能、字段检索的局限性等多种原因(如依法不予公开审理的案件的裁判文书不予以公布),我们通过检索获得的案例不可能涵盖所有实际发生的互联网企业员工舞弊案例。但我们倾向于认为,本次检索是相对全面的,不影响对舞弊特点、规律和成因的分析。

案例数量。统计数据显示，虽然不借助 IT 技术手段或系统漏洞作案的仍然占多数，但利用 IT 技术手段或系统漏洞的比例已经达到 22.56%。

互联网行业是技术密集型行业，因此利用 IT 技术手段或系统漏洞作案是互联网行业舞弊案件的一大特点。相关典型案例有下列 3 件。

在（2017）苏 0812 刑初 198 号案件中，百拓公司城市经理丁某某利用百度糯米平台的技术漏洞（签约店铺在生成交易后，可以在后台更改结算时间），通过虚构订单、更改结算时间、申请退款的方式，套取百度公司的资金。

在（2015）深南法刑初字第 1540 号案件中，腾讯公司的网络工程师周某利用工作权限违规解封 QQ 空间并收取费用。被腾讯公司发现后，周某离职，但他离职前在腾讯服务器上留下了后门特殊代码，并在离职后继续靠解封 QQ 空间牟利。

在（2015）杭上刑初字第 454 号案件中，杭州界内电子商务有限公司的境外主管叶某将自己开的网店接入公司网仓系统接口，使公司系统自动按照叶某网店的订单发货，而订单买家的货款由叶某的网店收取。

2. 与外部人员勾结作案、内部人员串通作案的现象普遍

我们统计了互联网企业员工与外部人员勾结作案、公司内部人员串通作案的情况。统计结果显示，数量最多的是作案员工既勾结外部人员又串通内部人员作案的情况，占总数的 31.58%。同样常见的是公司员工勾结外部人员作案的情况，占 30.83%。涉事员工单独作案的情况占 27.07%。数量最少的是与其他内部员工串通作案的情况，占 10.53%，详见图 8-1。

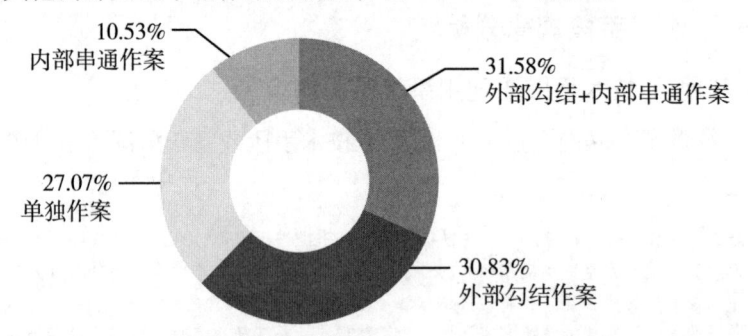

图 8-1　互联网企业员工勾结外部人员、串通其他内部人员作案情况

从犯罪行为造成的损失来看，既勾结外部人员又串通内部人员作案的情况给企业造成的损失最为严重，平均损失金额为 606,204.91 元，是单独作案的 1.7 倍；其次为仅勾结外部人员的情况，平均损失为 455,363.12 元。员工单独作案、仅内部串通作案的情况给企业造成的损失相对较少，但平均损失金额仍然达到 35 万~40 万元，详见图 8-2。

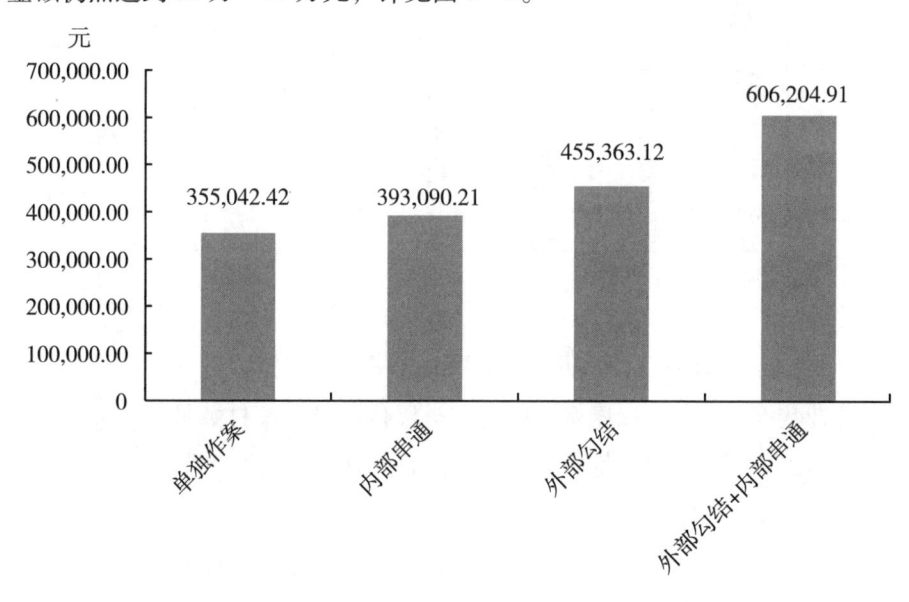

图 8-2　不同的作案方式导致的公司损失情况

（二）员工岗位规律分析

1. 运营类、销售类岗位的舞弊案件数量突出

虽然不同企业对员工岗位的命名各不相同，但我们将互联网企业岗位大致分成运营类、销售类、技术类、人力资源类、采购类、客户服务类、综合管理类 7 类，并对不同岗位的舞弊案件数量进行了统计，[①] 详见图 8-3。

[①] 因为有一个案例是法院适用简易程序的，判决文书不披露具体的案件事实，所以在统计互联网企业舞弊案件的员工岗位分布时，我们的统计基数扣除这一个案例，是 132 项舞弊行为。

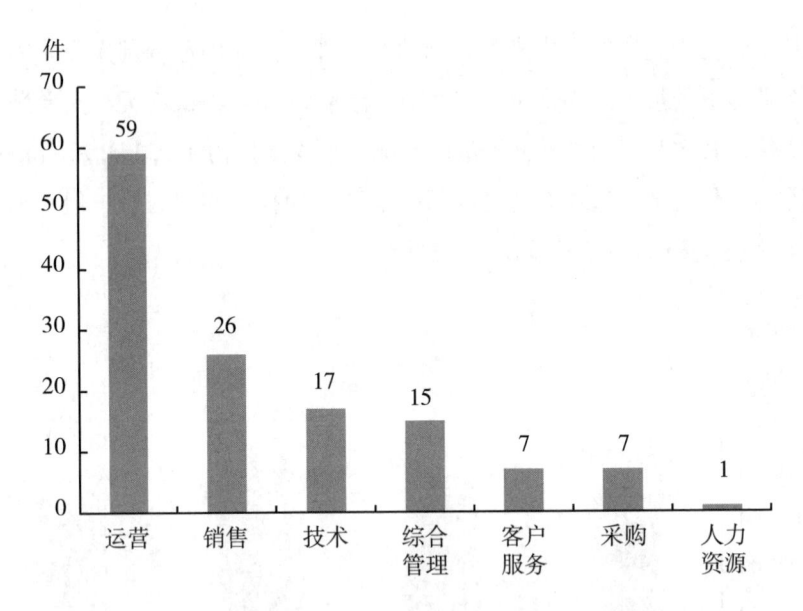

图8-3 互联网企业不同岗位的舞弊案件数量统计

统计数据显示,互联网企业的运营类岗位的舞弊案件数量最为突出,其次是销售岗位。技术类、综合管理类岗位的舞弊案件也比较常见。

(1)运营类岗位。

绝大多数互联网企业都会有运营类的岗位,但不同企业对运营类岗位的工作范围的设置各不相同,可能会包括内容运营、用户运营、活动运营、产品运营、商铺运营,等等。鉴于在互联网行业,运营类岗位的人数配置可能较多,工作职责涉及诸多方面,运营类岗位的舞弊案件数量也比较大。

例如,在(2017)陕0111刑初12号案件中,刘某某是陕西数字出版传媒有限公司(陕西新华出版传媒集团数字出版基地发展有限公司的子公司)的运营部长,负责企业的书海网网站运营、签约作者、网站的建设推广、内容合作及电子书销售回款。任职期间,刘某某控制书海网的收款账号,侵占了书海网的销售款。同时,刘某某还利用书海网插播网页广告,并将广告推广费的收款账户设定为其妻子控制的账户。通过这两种方式,刘某某共侵占了书海网512,761.57元资金。

又如,在(2016)浙0110刑初512号案例中,时某甲是浙江天猫技术有限公司商家品控部专员，负责天猫的商品质量及假货管理。任职期间，时某甲先后 5 次收受"库玛旗舰店"负责人王某的贿赂款 20 万元、"春笑旗舰店"供货商马某的贿赂款 1.3 万元，为其在商品检测、商家处罚等方面提供"关照"。

（2）销售类岗位。

销售类岗位的员工通常与客户、经销商、渠道商等有密切的接触，直接经手业务合同、业务文件以及相关业务款项，因此不论是在传统行业还是互联网行业，销售类岗位都有比较高的舞弊风险。

例如，在（2016）京 0105 刑初 10 号案件中，屈某是北京某公司的招商总监，负责该企业运营的某网站的童装童鞋招商。企业有对刷单金额高的客户赠送网站广告位的政策，而屈某有权限申请免费的广告位。屈某申请广告位后，把免费的广告位按正常广告位的价格卖给商户，并让商户把广告费打入屈某控制的个人账户。通过这种方式，屈某侵占企业的资金约 55 万元。

（3）综合管理类岗位。

综合管理类岗位的员工级别高、权限大，其更容易不受公司制度的约束，存在较高的舞弊风险。

例如，（2016）川 0704 刑初 254 号案件中，熊某某担任四川鑫循环网络科技有限公司的总经理，负责公司 P2P 网贷平台业务。任职期间，熊某某假借他人名义在公司的 P2P 网贷平台上注册了账户，并编造了一个再生铝质押借款项目，通过公司的 P2P 网贷平台，面向社会发标融资，但融资账户由熊某某实际管理。

因为与公司就解聘问题产生纠纷，熊某某萌生了将正在平台上融资的再生铝质押借款项目的第 7 期借款融资成功的资金留作己用的意图。于是，熊某某仍然以总经理的身份要求公司技术人员余某某为其开通一个超级管理账户，然后通过该账户修改了公司对融资项目原设定的两级审批程序，使沈某某的融资项目满标审核通过，P2P 网贷平台随后向沈某某的银行卡中转入"项目"融得的资金 14.925 万元（扣除平台手续费后）。

（4）技术类岗位。

互联网行业具有技术密集型的特点，因此技术类岗位的舞弊风险可能较传统行业要更高。

例如，在（2015）三中刑终字第00537号案件中，李某担任央视网互联网业务部的软件开发工程师，有在央视网任意板块发布、删除、修改稿件的技术权限。李某利用该权限，多次为他人在央视网有偿删除信息，收受共计172,600元。

又如，前述（2015）深南法刑初字第1540号案件中，腾讯公司的网络工程师利用技术权限，违规解封QQ空间并牟利。在（2017）京0108刑初2862号案件中，网络游戏公司的工程师利用技术权限，修改游戏配置数据从而实现获利。

2. 基层员工实施的舞弊行为数量最多

除了舞弊案件在不同员工岗位的分布情况以外，我们还统计了舞弊案件在不同职务级别上的分布情况。[①] 统计结果显示，由低级员工实施的舞弊行为数量最大，占总数的68.75%，中级员工实施的舞弊行为占17.19%，高级员工实施的舞弊行为占14.06%，详见图8-4。

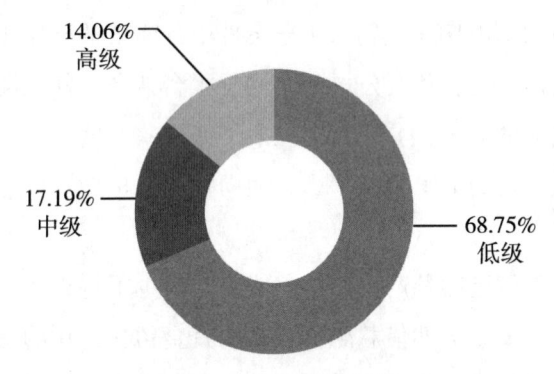

图8-4 互联网企业舞弊员工级别分布

---

① 因为有一个案例法院适用的速裁程序，判决文书不披露具体的案件事实，所以在统计互联网企业舞弊案件的员工岗位分布时，我们的统计基数扣除这一个案例，是132项舞弊行为。

由基层员工实施舞弊的典型案例有：

在（2018）鄂0192刑初230号案件中，周某担任武汉鱼行天下文化传媒有限公司的运营专员，代表公司与主播签订解说合作协议。周某先后向主播的经纪人索取29万元。周某实施该行为时，入职仅1个月。

在（2015）深中法刑二终字第1083号案件中，杨某是派遣到深圳市腾讯计算机系统有限公司语音产品部赛事直播组直播间的负责人。杨某是劳务派遣用工，其岗位属于具有临时性、辅助性或者替代性的工作岗位。任职期间，杨某利用招聘直播间兼职人员的机会，虚构自己的父母在直播间的策划岗位和后期制作岗位工作，共虚领工资302,679元。

3. 高级员工实施的舞弊行为给公司造成的损失最大

虽然高级员工舞弊的案件数量相对较少，但是其对企业造成的损失却很显著。平均每一个高级员工舞弊案件给企业造成的损失是1,479,972.05元，是低级员工（260,187.52元）的5.7倍，详见图8-5。

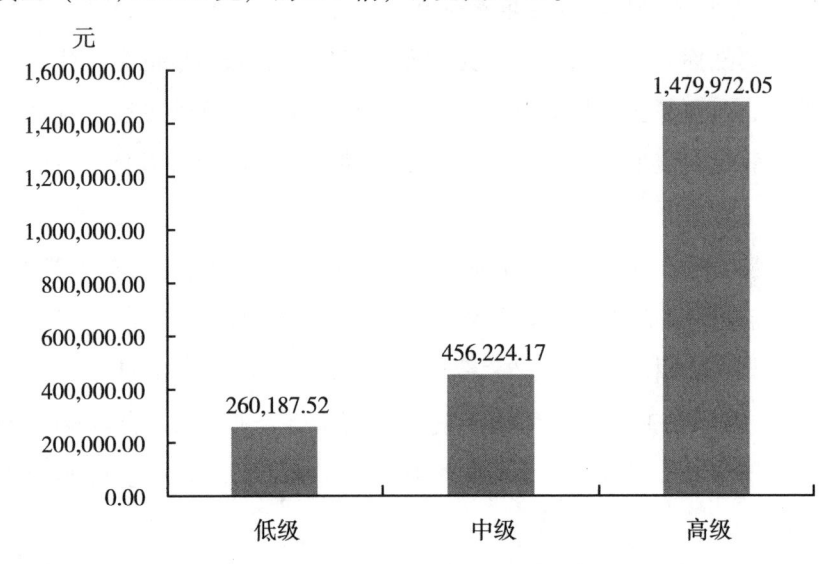

图8-5 各级别员工舞弊案件给企业造成的平均损失统计

在样本案例中，高级别员工给公司造成的损失最大的案例是（2018）沪01刑终539号案件。该案中，万某侵占的公司资金高达1100多万元。

(三) 对策建议

互联网企业往往发展很快。很多互联网企业在"蒙眼狂奔"的同时，对企业的制度建设不够重视，留下了制度隐患。例如，有些互联网企业为了激励员工，给予业务人员极大的权限，导致在企业内部权限较大的事业部大小林立。这些事业部可以独立完成采购、收款、绩效奖金发放等事项，企业既没有事前的审批，也缺少事中的监控，很容易滋生舞弊。而且，当公司需要对这些业务人员开展调查时，很可能还会发现因为前期的过度信任而产生的信息"黑洞"，材料难以收集，调查无从着手。

近年来，越来越多的互联网企业意识到员工舞弊对于企业的巨大伤害，开始重视打击员工舞弊，强化反舞弊制度建设。字节跳动创始人张一鸣曾定义过舞弊给企业造成的三层损害：第一层是直接利益损失；第二层是受舞弊行为影响的决策带来的不良后果；第三层是廉洁风气变坏后，团队向心力的丧失。[1] 京东集团创始人刘强东曾在公开场合表示，"你贪十万，我就是花一千万也要把你查出来"，"这不是我狠，是因为你做的事情完全违背了我的价值观，颠覆了我的梦想。所以，别说几万块钱，几千块钱，就是你敢拿一分钱我也一定把你开掉，我不会跟你讲任何感情，我不会有一丝一毫的犹豫"[2]。

对于互联网企业来说，一方面，其在经营管理方面存在一些共性特征，由此也使企业内高舞弊风险岗位的分布呈现一定的规律性。另一方面，不同企业的规模、盈利模式、授权体系等也都存在各自的特点，相应地，企业需要关注的容易导致员工舞弊的风险环节也存在差异。企业应当结合自身的特点，"站在公司董事会，站在整个公司的权力架构的基础上去思考这样的问题"[3]，

---

[1] 参见《驱散腐败"雾霾"，人人都是参与者》，载北京市丰台区监察委员会官网，http://www.ftjj.gov.cn/ztjf/lzqf/20161216/002001_e6dbbf82-33a3-4032-8de7-8ae0c17d31d1.htm。

[2] 载 https://www.sohu.com/a/163418020_391474。

[3] 参见刘少顺：《互联网反腐浪潮下的小米大合规建设》，载微信公众号"阳光惟诚会员服务平台" 2020 年 4 月 21 日，https://mp.weixin.qq.com/s/c3lZIHzGwbBDbmxWsqygGw。

有针对性地采取措施，提升企业的内控合规水平。

二、民营企业反舞弊合规建设的优秀实践

一直以来，打击内部舞弊是民营企业合规管理的重要内容。近年来，民营企业继续保持对员工舞弊行为的高压打击态势。特别是，很多互联网企业坚持"高调反腐"，创新管理机制，取得了显著成效。

（一）建立专门的廉正合规部门，保持对员工舞弊行为的高压打击态势

近年来，很多知名的民营企业纷纷组建专门的廉正合规部门，如字节跳动的"企业纪律与职业道德委员会"、百度的"职业道德建设部"、阿里的"廉正合规部"、腾讯的"反舞弊调查部"。民营企业的廉正合规部门具有显著的专业性与独立性，以及极高的权威性。

企业的廉正合规部门往往注重聘请外部人员，而不是从企业内部选拔。这在一定程度上保证了该部门的独立性。而且，企业往往会招聘原检察官、警察等拥有侦查工作经验的人士，确保该部门人员拥有充分的专业经验知识开展内部反舞弊调查。

企业会为廉正合规部门配置很高的内部权力，确保该部门能够有效开展内部调查工作。从汇报层级来看，在很多企业，廉正合规部门都是可以直接向企业"一把手"汇报的，如京东的内控合规部就可以直接向集团 CEO 汇报。[1] 从工作流程来看，廉正合规部门往往可以直接发起调查，而不需要经过层层审批。例如，百度的职业道德建设部在进行案件调查时，不必经过相关业务部门领导即可直接展开调查。[2]

---

[1] 参见《京东"最狠"的内控合规部、美团"重案六组"、小米"高压线"、腾讯反舞弊调查、华为 EMT 自律宣言……互联网大厂反腐败制度大全》，载微信公众号"阳光惟诚会员服务平台"2020年6月24日，https://mp.weixin.qq.com/s/wHXQqjc8TslVzmtMQM9Bag。

[2] 参见《京东"最狠"的内控合规部、美团"重案六组"、小米"高压线"、腾讯反舞弊调查、华为 EMT 自律宣言……互联网大厂反腐败制度大全》，载微信公众号"阳光惟诚会员服务平台"2020年6月24日，https://mp.weixin.qq.com/s/wHXQqjc8TslVzmtMQM9Bag。

结合各种公开的信息可知，民营企业的廉正合规部门在企业反舞弊调查方面取得了显著的成效：

美团公司对外发布 2022 年生态反腐公告显示，2022 年，美团公司共查处刑事案件 41 起，移送司法机关 107 人，其中涉及内部员工 47 人，生态合作商等外部人员 60 人，因廉洁合作问题清退且永不合作的合作商 41 家。[①]

腾讯集团反舞弊调查部发布反舞弊通报称，2022 年全年，腾讯反舞弊调查部共发现并查处触犯"腾讯高压线"案件 70 余起，100 余人因触犯"腾讯高压线"被辞退，10 余人因涉嫌犯罪被移送公安机关处理，全年查处的案件和人员数量较 2021 年有所增加。[②]

小米集团内控内审监察部在其官方微信公众号"小米合规风向标"发布反舞弊通报：2021 年上半年，共查处舞弊等案件 66 起，其中移送司法机关处理 19 人，辞退员工 5 人，劝退员工 1 人，给予警告处分 48 人。上述违规问题主要集中在非国家工作人员受贿、职务侵占、人事违规、利益冲突、泄露商业秘密等方面。[③]

（二）创新并不断完善反舞弊合规机制，实现业务发展与合规之间的良性循环

对于民营企业来说，如何把握追求业务效率与合规管控之间的平衡，显得尤为重要。如小米副总裁刘少顺先生所言，国内民营企业的所有者、经营者和监督者基本上是一条线，"老板一方面要拓展业务，另一方面要抓合规。就像我们开一辆汽车，一方面要使劲地踩油门，争取业务；另一方面还要考虑汽车的刹车系统是不是足够好，看见红灯的时候是不是能及时刹住"。

我们看到，很多民营企业在创新和完善反舞弊机制方面探索出很多有益

[①] 参见范佳来、戚夜云：《美团反腐：去年查处员工涉刑事案件 31 起，清退合作商 41 家》，载澎湃网 2023 年 1 月 13 日，https://www.thepaper.cn/newsDetail_forward_21546786。

[②] 参见长河：《腾讯反舞弊通报：2022 年 100 余人触犯"腾讯高压线"被辞退》，载 IT 之家网 2023 年 1 月 16 日，https://www.ithome.com/0/668/003.htm。

[③] 参见《小米集团发布反舞弊通报：上半年共查处舞弊等案件 66 起，其中 19 人移送司法机关》，载腾讯网，https://new.qq.com/rain/a/20210702A036MH00。

的机制，实现了业务发展与合规之间的良性循环。

1. 夯实业务人员在日常经营中的个人责任

面对稍纵即逝的商机，民营企业往往会向一些骨干人员"充分授权"。但与此同时，权力若缺少必要的制约，则极易滋生腐败。我们看到，面对这种情况，很多民营企业并没有诉诸职能部门来对业务部门"层层制衡"，而是更多地通过夯实业务人员的个人责任来实现业务与合规之间的平衡。

例如，华为的会计人员一般不会对员工的费用发票做实质性审核，而是由员工的主管领导对报销的真实性、合理性把关，公司只在后端通过审计抽查的方式来进行监督。如果华为某位领导对下属的费用报销未能认真履责，导致了不当的费用报销，华为会要求这位领导承担连带赔偿责任；如果不当报销费用的员工已经离职，审批人要赔付不当报销的全部金额。此外，华为还会停止这位领导费用报销签字权 3 年。如果这位领导本人希望恢复该项权力，需自费请两名注册会计师对他自己过去 3 年所审批的费用报销单做一番审计。如果审计没有问题，可以恢复他的费用报销签字权力；如果审计发现还有不当报销，该领导仍然要承担连带赔偿责任。[①]

2. 向全社会公布举报途径，并向主动报告的合作伙伴等给予一定的"豁免"奖励

舞弊行为往往具有一定的隐蔽性。举报是重要的信息来源。很多民营企业都会对外公布举报平台、举报邮箱、举报电话。例如，小米的官方举报入口就包括廉洁举报平台、举报邮箱和举报电话三种方式，全面覆盖 60 多个国家，60 多种语言，全天候"面向全球员工、客户、投资人和合作伙伴"提供服务。此外，小米还会向实名举报者提供最高 100 万元的奖励。[②]

除此之外，有些公司还实行主动报告制度，对主动向公司报告违规行为

[①] 载 https://mp.weixin.qq.com/s?src=11&timestamp=1600158567&ver=2585&signature=YwdrPcu8FQnFCcCwErwlxROVBOxFp-Ffjrgh1uQoPpMOfL9FnIF3Q4QltZuigHwa58M3og-owmT4AReFdU6m4ffu8W37XRzFI7MYqKI-aGhBhMRYUzwdSUNGibio65e0&new=1。

[②] 参见《小米发布反腐公告：上半年查处 31 起案件，8 人被移送司法》，载微信公众号"阳光惟诚会员服务平台"2020 年 7 月 28 日，https://mp.weixin.qq.com/s/GNZE9OI3bSiuPo4cjOPvHg。

的合作伙伴给予"豁免"奖励。例如，滴滴曾表示会限期要求与滴滴出行在商务合作中有违规行为的供应商主动进行报告，如果如实向滴滴公司申报，滴滴将保留继续与其合作的机会；而如逾期未申报，被查出有违规行为的，滴滴将终止双方合作关系，公布违规信息，并视情节严重情况诉诸司法。

3. 主动披露查实的违规员工、合作伙伴信息，建立违规员工、供应商黑名单

很多企业都有自己的反舞弊信息发布平台，如"阳光腾讯""廉洁京东""滴滴清风""小米合规风向标"等微信公众号。这些平台除了对外宣传企业的反舞弊制度和文化、受理举报外，还会对外发布违规信息。例如，阳光腾讯2023年1月16日发布了2022年《腾讯集团反舞弊通报》，通报了2022年度因涉嫌受贿或职务侵占被查处、移送司法以及被法院判决的案件共18个，详细披露了违规员工的姓名、原工作岗位、违规事实、处理结果，并附上了一份列示了20余家公司名称的"2022年新增永不合作主体清单"[1]。

此外，华为、万达、德邦物流等公司还纷纷推出了员工"除名查询"系统，[2]反馈内容包括被除名人在工作期间的职务、除名时间、除名原因等，将员工在公司工作期间的违规行为在社会上公开，减少员工"打一枪换一个地方"的侥幸心理。

（三）加强行业交流，注重信息共享

除了企业自行主动公开员工舞弊、渎职行为的信息外，很多企业还加入了反舞弊联盟组织。目前，比较有影响力的联盟组织有企业反舞弊联盟和阳光诚信联盟。企业反舞弊联盟由阿里巴巴、碧桂园、美的、顺丰、万科等来自不同行业的知名企业于2015年联合发起成立，目前联盟成员单位已累计达

---

[1]《腾讯集团反舞弊通报》，载微信公众号"阳光腾讯"2023年1月16日，https：//mp.weixin.qq.com/s/Mn7PrMn02mPyGdy1oiRPKA。

[2] https：//www.huawei.com/cn/Terminations，http：//www.wanda.cn/help/quit，https：//www.deppon.com/remove。

到1224家。①阳光诚信联盟由百度、京东集团、美团、联想、美的、李宁、腾讯、唯品会、小米、永辉、中国人民大学刑事法律科学研究中心等14家企业及机构于2017年共同发起并成立，2018年联盟成员单位已经突破850家。②

通过参与反舞弊联盟组织，各成员单位不仅能进行反舞弊合规建设方面的经验交流，还可以共享各成员单位主动披露的失信人员及失信企业名单。企业反舞弊联盟和阳光诚信联盟官方网站向成员单位免费开放黑名单信息的检索、查询功能。

例如，2018年10月，德邦快递审计部发现，前德邦快递运营经理黄某存在收受贿赂的嫌疑，当时黄某已从德邦离职，入职京东，德邦快递随即通过阳光诚信联盟联合调查的沟通机制与京东进行接洽。经京东与德邦快递联合调查确认，黄某存在收受贿赂的事实，黄某在德邦快递工作期间共收受供应商谢某贿赂1万多元，调查还发现黄某在入职京东后将谢某推荐为供应商。京东随后解除了与黄某的劳动合同，以及与供应商谢某的合作关系。③

"现代化剧烈进行的时期往往是腐败现象最为猖獗的时期"④，对于高歌猛进的中国民营企业来说也是如此。有效开展反舞弊工作，不仅可以避免企业遭受不必要的损失和经营风险，更可以肃清整个企业的不良风气，提高工作效率，保证企业家精神和市场活力，让合规为业务赋能。

三、发现员工实施了舞弊行为，企业应如何处置

根据注册舞弊审查师协会（ACFE）发布的《2022年度全球舞弊调查报告》，舞弊为包括政府和企业在内的各类组织带来的经济损失约为全年总收

---

① https://www.fanwubi.org/Category_11645/Index.aspx.
② 参见《2023阳光诚信联盟年终总结》，载微信公众号"阳光惟诚会员服务平台"2023年12月27日，https://mp.weixin.qq.com/s/NCg8jsTYHqBp2Jqbf1KGvA。
③ 参见《重磅！阳光诚信联盟联合调查案件公告》，载凤凰网2018年12月27日，http://news.ifeng.com/c/7iydO8QqQnw。
④ [美]塞缪尔·P.亨廷顿：《变化社会中的政治秩序》，王冠华等译，上海人民出版社2008年版。

入的5%，每起案件的损失中值为117,000美元，每起案件的平均损失为1,783,000美元，而除了直接经济损失，员工舞弊行为还会对企业的声誉和品牌形象造成负面影响。为了帮助企业实施反舞弊行动和制度建设，推进资源共享和交流，包括阿里巴巴在内的国内多个著名企业及其他组织于2015年6月共同设立了中国企业反舞弊联盟，旨在通过创新和合作，建设更廉洁的商业环境，目前该联盟的成员企业已累计达到1224家，可见，反舞弊正在日益成为企业关心的重要议题。然而，在实践中，员工舞弊行为往往处于发现容易、查处难、固定证据更难的现实窘境，为此，企业应该如何应对？

（一）案情简介

某科技公司主营业务为App数字点播业务，为推广公司的数款App，公司与众多硬件厂家合作，鼓励厂家预装和推广公司App。

2018年6月上旬，公司进行重大融资活动前夕接到举报，举报人匿名反映有硬件厂家存在虚假点击骗取公司推广费的情形。接到举报后，公司第一时间召开公司高层会议研究部署调查事宜。

公司法务部调查人员通过数据分析初步确定8家硬件生产厂商存在虚假点击行为。2018年6月中旬，公司管理层研究决定报案。当调查人员准备提取报案证据时，公司服务器突发故障，存储的部分电子数据灭失，且无法恢复。尽管之前已导出部分数据，但完整的原始电子数据已不复存在。事后，公司技术人员推断，该故障可能系人为因素导致，但已无从查证。

之后，调查人员了解到，2017年4月前后，公司与部分硬件厂商的合作模式发生了改变。之前，由公司营销人员主动联系硬件厂商，直接与其签订推广协议。之后，改由咨询公司负责营销推介，由硬件厂商直接和咨询公司签订协议，硬件厂商不再与公司直接发生关系。

经查，涉案8家硬件生产厂商皆由一家咨询公司推荐，咨询公司实为已离职的原营销部员工黄某成立。经查看公司商务合同，推广费支付比例明显高于其他公司，该合同由公司副总经理邓某某主导签订。另查，合同履行期间，部分硬件厂商的虚假点击行为曾被公司技术部门监测到，为此，技术部门曾报请公司要求营销部门与硬件厂家进行核实,但邓某某都以这是业内普遍现象、不能影响合作大局为由拒绝。邓某某与咨询公司之间疑似存在利益输送。

法务部向公司汇报案件后,公司决定暂停副总经理邓某某的职务,并将案件转交公司审计监察部负责办理。当天上午,审计人员着手对邓某某经手业务开展全面审计,监察人员也对邓某某同步进行了访谈。其间,公司明确要求,在审计结果出来之前,邓某某须留在公司办公室内,并禁止与外界联系。同时,还强迫邓某某签署"自愿提供手机开机密码及微信信息的承诺函",供调查人员检查。

访谈中,邓某某承认,其与黄某私下达成协议,将与咨询公司签订的合同单价抬高,按比例从中抽成,而放纵硬件厂商虚假点击也是为了提高自身收益。

经监察人员反复劝说,两日后,邓某某主动前往公安机关投案自首,以求从轻处罚。

(二)律师点评

企业开展反舞弊调查,应建立一套完备的制度和体系,打通从受理举报到落地查处等各个环节,使舞弊处置规范化、体系化。明确反舞弊案件的主管部门、处置原则、工作流程和应对预案,通过细化制度规范查处行为,通过完备体系理顺内部关系,打造一个处置高效、应对得当的企业反舞弊体系。

1. 反舞弊调查的底线

在我国法律环境下,除司法机关、监察机关被赋予侦查权以外,其他组织、机构或个人都没有法律意义上的侦查权。企业反舞弊调查与司法机关、监察机关的侦查区别之处在于不能对人身和财产采取任何强制措施,且调查行为只能限于法律和行政法规规定的范围之内。

从上述案例看,尽管公司达到了查处舞弊的最终目的,但公司在调查手段上显然有"逾矩"之嫌。

（1）存在非法拘禁的法律风险。

依据法律规定，公民的人身自由受到法律保护。非经法定程序，包括司法机关在内的任何组织、机构和个人均无权限制他人人身自由。案例中，公司要求邓某某在审计结果出来之前留在办公室，且禁止其与外界联系。尽管我们尚不清楚邓某某被限制人身自由的强度及持续时间，但该行为显然超越了法律规定，存在被认定为非法拘禁的法律风险。

（2）存在非法获取公民信息、侵犯个人隐私的法律风险。

实践中，有些做法较为激进的公司，在查处员工舞弊过程中，在调查手段上打"擦边球"。例如，上述案例中，先强迫员工签署"同意函"，再让员工"自愿"上交自己的手机、微信等个人信息，而有些公司则以让员工自己操作的方式向公司展示手机内存储的信息等。在司法实践中，有的司法机关会认定该等行为存在非法获取公民信息和侵犯个人隐私的问题。[①]

此外，实践中，还有些公司要求员工将用于工作的个人电脑上交公司检查，甚至有些公司自创所谓的"保证金"，要求被调查员工必须缴纳，待调查结束后，再视情况或过错程度予以退还等。这些做法没有法律依据，且也都存在被认定为非法侵犯公民个人财产的法律风险。

笔者认为，以上这些调查方法的合法性值得商榷，如操作不当，该等行为本身会给企业带来法律风险，且证据的合法性和有效性也将大打折扣。因此，反舞弊调查只能在现行法律框架下展开，必须做到"循规不逾矩"。

2. 反舞弊调查的策略

（1）严控知密范围。

如上述案例，公司接到举报后，在未判别风险来源，未排除公司内部人员是否涉案的情形下，第一时间召开高层会议通报案件情况的做法，可能稍显急躁。事后看来，分管营销工作的公司副总经理邓某某已经涉案，尽管我们无法确定服务器故障、数据灭失是否与邓某某相关，但从专业角度看，该

[①] 参见孔某某与某系统科技苏州有限公司生命权健康权身体权纠纷案，江苏省苏州市中级人民法院（2014）苏中民终字第02259号民事判决书。

方式风险极大。

根据我们的经验,反舞弊调查初期应当秘密进行,由法务、监察、合规等部门人员组成专门小组,案件信息知情范围应仅限于负责人员、调查人员及协助人员等,不宜被无关人员知悉,避免打草惊蛇。如确有必要,至少也需等待初查结果,在明确涉案范围和涉案人员后,有限度地进行信息通报,防止案件还未查实,相关涉案人员已经建立攻守同盟,相互包庇、串供、毁灭伪造证据,甚至辞职,致使调查陷入僵局,无谓增大案件调查难度,甚至导致调查人员无功而返。

(2)先外围后中心。

如上述案例显示,或许是服务器数据的灭失使公司意识到问题的严重性,在后期调查中,公司外围审计、内部监察"齐上手",动作迅速,不拖泥带水,一气呵成,显示出公司反舞弊的决心,成效显著。

但是,在类似案件查处中,为减小对关键人员突破的阻力,通常需要遵守先外围后中心的查处思路,由外而内,收集固定外围证据,伺机寻求突破。如通过数据推知舞弊厂家,追查合同锁定咨询公司,查找合同或交易的反常之处,了解咨询公司与公司是否存在某种联系(人员),通过审计、外围访谈等收集更多证据,时机成熟后,便可顺势突破。如此一来,循序渐进,也能最大限度地避免如案例中出现的可能被认定为"非法拘禁"的法律风险。

(3)关注证据收集的及时性和合法性。

证据是反舞弊调查中的关键。实践中,不少舞弊案件查处失败,究其原因,多是证据收集的及时性或合法性出现问题。

如案例中,证明存在虚假点击的重要证据是公司数据库中的相关电子数据。但调查人员在先期调查中未能在发现案件线索的同时对涉案电子证据进行固定,导致错失了固定原始电子证据的最佳时机。

此外,还有些案件的证据合法性存在问题。如上述案例中,调查人员强迫员工提供手机开机密码、微信等信息,侵害了员工合法权益,如员工就此提出控告,企业甚至可能因此而承担相应的法律责任。需要强调的是,应重点关注电子证据取证的合法性问题，建议参照《关于办理刑事案件收集提取和审查判断电子数据若干问题的规定》（法发〔2016〕22号）确定的规则，由专业人士进行。

3. 反舞弊调查的实用技巧

（1）证据收集的顺序。

反舞弊调查中，依据法律规定，调查人无法使用刑事侦查活动中的调查手段或措施。实践中，为实现案件的有效突破，调查人员可先从比较容易的证据入手，收集固定书证、物证、电子数据、视听资料、鉴定意见等证据，梳理案件发展脉络，查找关键点，再通过这些证据突破相关人员口供，最终形成完整的证据链。例如，本案中，可以通过对虚假点击的排查锁定硬件厂商，通过厂商锁定咨询公司，再通过咨询公司查找科技公司内部对接人员，进而找到可能的"内鬼"。

（2）访谈注意事项。

访谈是一个动态的过程，不确定性较强。建议调查人员事先做好充足准备。如制订访谈计划、拟订调查提纲、确定谈话顺序，可考虑从关联性较小的人开始，再到知情者、协助者、主要参与人等顺序；了解不同被调查人员的个体情况，如性格特点、受教育程度、工作履历、家庭情况、抗压能力，为顺利访谈铺平道路。实践中，调查人员最好能学习并掌握一定的讯问技巧，如通过信息不对称或制造"悬念"瓦解被调查人员的心理防线，获取有效的案件信息等。相反，如果经验不足，访谈手段运用不当，则会适得其反，甚至导致整个调查陷入僵局。因此，如有必要，可聘请专业律师协助开展访谈，以取得预期效果。

（3）分层处置、区别对待。

实践中，企业发生舞弊案件，参与员工往往不止一人。案件先期调查中，应注重对每名参与员工的甄别，区分主要责任人员和次要责任人员，对部分情节较轻、可以为我所用的员工，应给予悔过机会，如能积极检举揭发，主动提供舞弊线索证据，可考虑宽大处理。如尚未构成犯罪，尽量按照公司规章制度给予行政处理而非一律予以开除处分，以最大限度地分化瓦解舞弊群体，降低案件调查难度，大幅度提高调查成功率。对于负隅顽抗、性质恶劣，且已构成刑事犯罪的员工，可移送司法机关。

(4) 善于寻求司法机关帮助。

反舞弊调查属于企业"自力救济"，调查手段和方法都存在较大的局限性，对于部分涉及员工个人隐私的证据，如银行流水、通话记录、私人邮件等信息，往往无法独立完成收集工作。因此，在查清案件基本事实、初步收集证据的前提下，如案件本身存在构成刑事犯罪的可能性，则公司可考虑向公安机关报案，寻求公权力介入。通过公安机关的刑事侦查措施，确认员工是否存在相关舞弊等损害公司利益的犯罪行为。即便最终查实不构成犯罪，该等侦查行为也会对公司内部舞弊人员产生一定的心理震慑作用，为防范舞弊、打击舞弊起到很好的促进作用。

以上是企业开展内部反舞弊调查时的一些实操层面的建议。涉及具体案件调查时，企业应根据实际情况，随机应变、灵活处置，必要时，可考虑引入外部专业人士指导案件调查，以期取得良好的调查效果。

四、高管舞弊犯罪，企业如何挽回自己的损失

对于企业来说，高管舞弊犯罪往往会引发一系列的风险事件。例如，企业可能因涉嫌单位犯罪而被调查，可能因高管对外签订的合同而被起诉，可能声誉受损等。如何有效阻隔风险，挽回经济损失，是企业必须面对的问题。

（一）案情简介

2008年年底，某高速公路有限公司为建设某高速公路项目，希望从银行获得一笔贷款。根据银行的要求，获得这笔贷款必须有保证人提供担保。于是，某高速公路有限公司的承办人员甲联系到了省投资公司的高管乙，希望乙可以促成其所在的省投资公司为该笔贷款提供保证。

甲、乙商议通过伪造省投资公司担保文件的方法满足银行的要求。乙向

甲提供了省投资公司的公章印文等材料，甲联系伪造了省投资公司公章，并安排人员使用该伪造公章与银行签订了《保证协议》，最终某高速公路有限公司成功从银行获得贷款。后某高速公路有限公司未能向银行按期还款。

2017年8月，银行对某高速公路有限公司、省投资公司提起诉讼，要求某高速公路有限公司清偿贷款、省投资公司承担连带保证责任。省投资公司收到法院传票后，审阅了银行的起诉材料。对于其中的《保证协议》，省投资公司发现上面的公章印文与该公司的真实公章有差异，怀疑该公司的公章被伪造。

于是，省投资公司立刻部署开展内部调查。调查发现，公司内部专人负责的用章记录上没有在该《保证协议》上使用公章的登记。根据访谈了解到的信息，省投资公司怀疑高管乙收受了某高速公路有限公司有关人员的好处，内外勾结伪造了该公司的公章。根据这些情况，省投资公司讨论、评估了应诉策略，决定以高管乙涉嫌伪造印章罪向市公安机关报案，取得了公安机关的《受案回执》。

同时，省投资公司在民事案件中以《保证协议》上的公章系伪造、《保证协议》未成立为由进行了答辩，获得法院认可。最终，法院驳回了银行对省投资公司的全部诉讼请求。

（二）律师点评

1. 全面评估，统筹运用刑事、民事程序

高管在公司的日常业务开展过程中扮演十分重要的角色，但同时高管的舞弊行为也时有发生，会给公司带来重大风险。高管舞弊容易涉及的刑事罪名包括职务侵占类犯罪、挪用资金类犯罪、贿赂类犯罪，此外还有可能涉及伪造印章罪、骗取贷款罪，甚至合同诈骗罪等。

企业如果遇到高管涉嫌舞弊犯罪的情况，应当及时部署人员开展内部调查。通过内部调查识别案情疑点，以便在了解案情全貌的基础上统筹设计应对方案。企业如果因高管的舞弊行为而被起诉，根据案件情况合理启动刑事程序可以对民事程序形成一定的牵制。而且，公安侦查等刑事程序可以形成

和固定一些有力的证据。这些证据在民事案件中往往可以起到四两拨千斤的作用。

本案中，省投资公司在应诉之前，先开展了内部调查。通过内部调查掌握的信息，省投资公司发现案件可能与高管刑事犯罪有关，而该情况对于公司在民事案件中的责任承担有着直接的影响。基于该事实，省投资公司决定在民事答辩之前先向公安机关报案，启动刑事程序。

2. 企业在报案的时候要注意哪些问题

（1）突出重点，弹无虚发。

高管的舞弊犯罪往往精心设计，多种手段交织，事实盘根错节。企业在开展内部调查时应当尽量了解案件全貌。但是，企业在报案时切忌将了解到的全部事实全盘托出。想要成功报案，最重要的是向公安机关陈述存在犯罪事实，需要追究刑事责任。一味地讲大而全的故事反而有可能淡化公安机关对犯罪线索的识别。

企业在报案时，应当对事实全貌进行筛查。对于其中与刑事诉讼有关的部分，企业要着力深挖，根据违法行为可能涉及的罪名、犯罪构成要件，收集线索和固定证据材料。

本案中，《保证协议》上省投资公司的印章与其真实印章存在差异，且公司内部没有此次用章的记录。结合内部调查情况，省投资公司基本确认《保证协议》上的印章是伪造的，高管乙可能为此收受了贿赂。以上事实可能涉及伪造公司印章罪以及非国家工作人员受贿罪，省投资公司可以报案。

虽然省投资公司可以同时以涉嫌两个罪名为由报案。但是，伪造印章这一情节可以与民事案件更好地呼应，且犯罪线索和证据材料更容易收集。因此，省投资公司决定以该罪名为切入点，向公安机关报案。后续随着侦查的开展，公安机关可能也会发现职务犯罪等新的犯罪事实，并追加或变更相关罪名。

（2）选定合理的管辖地，掌握先机。

选择合适的公安机关管辖对于企业来说是非常重要的。一方面，如果选择报案的公安机关没有管辖权，则案件需要被移送管辖，整个刑事程序将因此而被拖延。另一方面，根据法律规定，在几个公安机关都有管辖权的情况下，案件一般由最初受理的公安机关管辖。因此，企业应抢占先机，及时向对自己最为有利的公安机关报案，使该公安机关取得对案件的管辖。

根据《公安机关办理刑事案件程序规定》的规定，刑事案件由犯罪地的公安机关管辖，犯罪地包括犯罪行为发生地和犯罪结果发生地。

本案中，省投资公司向公安机关提出：犯罪嫌疑人的伪造行为发生在何地无法判断，犯罪结果发生地（包括犯罪所得的实际取得地、藏匿地、转移地、使用地、销售地）均无法查明。唯一可以确定的是犯罪嫌疑人伪造了省投资公司的公章、省投资公司属于犯罪对象，因此省投资公司所在的市是犯罪结果发生地，该市公安机关有权管辖。该理由得到了该市公安机关认可。

（3）起草报案书，提交证据材料。

企业在报案时，可以围绕举报的事实起草报案书，对犯罪嫌疑人、涉嫌的罪名、时间的经过进行书面阐述，以便公安人员理解掌握和事后审查。按照报案书陈述的各项事实顺序，企业可以收集组织相关的证据材料，作为报案书的附件一并提交。根据《公安机关办理刑事案件程序规定》第169条，公安机关应当接受报案人提供的证据材料，制作接受证据材料清单并由报案人签名。

本案中，省投资公司起草了报案书，陈述了公章遭受伪造的经过和内部调查的情况，并向公安机关提供了《保证协议》、同时期公司真实印章样本等材料。公安机关受理了案件并接受了证据材料。

3. 企业在民事方面可以采取哪些措施挽回损失

（1）申请法院驳回当事人的起诉。

在刑民交叉案件中，民事案件的被告往往将申请人民法院驳回原告起诉作为第一道防线。最高人民法院《关于在审理经济纠纷案件中涉及经济犯罪嫌疑若干问题的规定》（以下简称《经济犯罪规定》）第11条规定，人民法院作为经济纠纷受理的案件，经审理认为不属经济纠纷案件而有经济犯罪嫌疑的，应当裁定驳回起诉，将有关材料移送公安机关或检察机关。

对于当事人的驳回起诉申请，法院将对犯罪嫌疑与民事案件是否属于同一法律事实进行审查认定。根据《经济犯罪规定》第 10 条的规定，如果案件中涉及犯罪的事实与案件不属于同一法律关系，法院应当将涉及犯罪的部分移送公安机关或检察机关，继续对不涉及犯罪的部分进行审理。①

实践中，法院在对民、刑事案件是否属于同一法律事实进行判断时，存在比较大的裁量空间。一般来说，只有在民事案件的原、被告与刑事案件的被害人、犯罪嫌疑人对应，且民、刑事程序的基础法律事实同一的情形下，法院才会驳回民事案件的起诉。②

本案中，省投资公司虽曾向法院提交《受案回执》，提出本案涉及经济犯罪，应当移送公安机关侦查处理，但最终未能获法院准许。

(2) 申请法院中止审理。

如果企业驳回起诉的申请未能获得法院的同意，其还可以申请法院中止民事案件的审理。根据《民事诉讼法》第 153 条第 1 款第 5 项的规定，如果民事案件必须以另一案的审理结果为依据，而另一案尚未审结，则民事诉讼应当中止。

如果法院同意中止审理案件，企业便可以争取到更多时间来收集证据材料，做应诉准备。而且，在案件中止审理期间，公安机关的侦查工作等刑事程序也可能取得突破性进展。届时企业还可以通过向法院申请调取证据等方式来获得对自己有利的证据。

同样地，法院在对民事案件是否必须以刑事案件的审理结果为依据进行判断时，也存在较大的裁量空间。一般来说，如果刑事案件的结果会影响民

---

① 参见中国银行股份有限公司广州天河支行、广东蓝粤能源发展有限公司合同纠纷案，最高人民法院 (2018) 最高法民再 202 号民事裁定书。
② 参见李某东、李某华、四川鑫顺达融资担保有限公司、四川中南明大置业投资集团有限公司、厦门明大置业投资集团有限公司、厦门水晶之约投资管理有限公司、厦门市今丰商贸有限公司、中国工商银行股份有限公司厦门前埔支行与黄某兴一般借款合同纠纷案，最高人民法院 (2014) 民申字第 441 号民事裁定书。

事案件中法律关系的认定，法院才会中止民事案件的审理。① 另外需要注意的是，目前很多地方的高级法院已经出台规定对刑民交叉案件中止审理的时间进行限制，如要求中止审理的时间不得超过刑事案件立案侦查之日起一年。②

本案中，伪造印章罪的刑事程序查明的结果，对于民事案件中认定担保关系是否成立、省投资公司对于公章被私刻是否有过错，以及省投资公司是否应当承担责任有直接影响。因此，本案具备中止审理的条件。但是，省投资公司在开庭审理之前及时取得了有力的证据。考虑到牵制民事程序的效果已经达到、刑事侦查具有不确定性且中止审理也会给原告留有更充分的应对时间，省投资公司便没有再向法院申请中止审理。

（3）提交刑事程序中形成的证据，或者申请法院向公安机关、检察机关调取证据。

在民事诉讼中，当事人可以申请人民法院调取证据。对于当事人及其诉讼代理人因客观原因不能自行收集的证据，或者人民法院认为审理案件需要的证据，人民法院应当调查收集。

在刑民交叉案件中，当事人在民事程序中申请法院驳回起诉、中止审理以及进行实体答辩时，可以提交其合法取得的刑事证据，或者申请人民法院向公安机关等调取证据。司法实践中有大量的民事案件将相关刑事案件的询问笔录、讯问笔录，以及鉴定意见、审计报告等作为证据使用。

需要注意的是，刑事案件中的鉴定往往是公安机关委托其设立的鉴定机构作出的，所形成的鉴定意见与《民事诉讼法》规定的鉴定意见也是有区别的。

根据《民事诉讼法》第79条第1款的规定，在民事诉讼中需要鉴定的，

---

① 参见赵某贵与曲阜市红海置地有限公司民间借贷纠纷案，最高人民法院（2016）最高法民申字793号民事裁定书。

② 参见《浙江省高级人民法院关于审理民间借贷纠纷案件若干问题的指导意见》（浙高法〔2009〕297号）第37条、《江西省高级人民法院关于审理金融债权纠纷案件的若干意见》（赣高法〔2015〕145号）第16条。

应当由当事人向法院提出鉴定申请。申请鉴定有严格的程序要求，如应当在举证期限内提出、应当预交鉴定费用和提供鉴定材料；如果是一方当事人自行委托的鉴定，另一方当事人可以反驳并申请重新鉴定。[1]

公安机关的鉴定既不是当事人申请法院组织的，也不是当事人自行委托作出的。对于这种未经当事人在民事案件中申请、在民事案件之外形成的鉴定意见，法院可能不作为鉴定意见来对待，[2] 相对方可能也无法按照《民事诉讼法》关于鉴定意见的规定来对该鉴定意见进行质证。[3] 而且，公安机关委托实施的鉴定，检材由公安机关从文件原件处调取，调取程序比较严格，相对方也很难从检材等方面提出怀疑。更为重要的是，对于这种公安机关依职权作出的鉴定意见，法院还有可能作为公文书证来认定，从而使该证据具有较一般书证更强的证明力。[4]

本案中，在案件审理阶段，省投资公司取得了市公安局作出的《鉴定意见通知书》和市公安局刑事科学技术研究所出具的《鉴定书》。根据《鉴定书》结论，《保证协议》上的公章与同时期的样本公章"不是同一枚印章盖印形成"。于是，省投资公司将《鉴定意见通知书》《鉴定书》作为证据向法院提交。法院认为，上述鉴定文件是"某市公安局在侦查过程中依职权制作的文书"并采信了鉴定文件的结论。

最终，法院认定《保证协议》上省投资公司的公章是伪造的，且银行未能举证证明省投资公司有其他应当承担责任的情形，判决驳回了银行要求省投资公司承担保证责任的诉讼请求。

综上，本案中省投资公司在高管涉嫌舞弊犯罪、企业很可能承担民事责

---

[1] 参见《最高人民法院关于民事诉讼证据的若干规定》第41条。
[2] 参见内蒙古昌宇石业有限公司与陈某浴合同纠纷申请再审案，最高人民法院（2014）民提字第178号民事判决书；白银有色金属公司破产清算组与张某安、坚某平等采矿权纠纷案，最高人民法院（2017）最高法民终80号民事判决书。
[3] 参见《最高人民法院关于民事诉讼证据的若干规定》第40条。
[4] 参见《人民法院统一证据规定（司法解释建议稿）》第95条；珠海格力电器股份有限公司、北京天下城商品交易市场有限公司产品生产者责任纠纷案，北京市高级人民法院（2016）京民终554号民事判决书。

任的情况下，全面梳理了案件事实，打出民刑交叉的组合拳，成功隔离了潜在的民事责任，取得了非常好的效果。企业在面对此类问题时，应当及时开展内部调查，充分了解案件情况，并收集固定证据材料。此外，企业应当重视民刑事程序的互相配合，刑民兼顾、以刑促民，有效挽回自身经济损失。

五、员工涉嫌职务犯罪时的劳动关系处理思路

一些企业遇到过这样的场景：员工在公司上班时，突然被公安机关带走；或者，员工突然"失联"，公司之后才得知，员工因涉嫌职务犯罪已被公安机关采取强制措施。

这种情况下，员工可能在一段时间内无法上班，不能提供正常劳动。此外，由于员工涉嫌职务犯罪，公司对其道德品质也产生了怀疑。那么，此时公司应如何处理与员工的劳动关系？可以因员工涉嫌职务犯罪而将其解雇吗？可以用其他理由如严重违纪等将其辞退吗？如果不能直接解除劳动合同，但员工又不来上班，这段时间公司还需要向员工支付工资并为其缴纳社会保险吗？

（一）案情简介[1]

黄某某于2006年与某银行广西分行签订了无固定期限的劳动合同，在银行下属的造价技术咨询中心从事造价技术咨询工作。2009年9月，黄某某在某市美化改造工程建设招标过程中，收受广西某交通工程有限公司送给的现金20,000元。2010年9月，黄某某因涉嫌串通投标罪被刑事拘留，同年10月被逮捕。

自2011年1月起，银行停发了黄某某的工资，并停缴了社会保险。此后，银行内部纪检监察部门对黄某某涉嫌串通投标罪的情况进行了调查，认为黄某某严重违反了银行内部关于禁止商业贿赂的规定，提出了"给予开除处分，并解除劳动合同"的处理意见。

---

[1] 参见附录15号案例。

2011年12月26日,经征询工会同意,银行以黄某某严重违反用人单位的规章制度为由,作出了《关于与黄某某解除劳动合同的通知》(以下简称《解除通知》)。

2014年12月,针对刑事案件,法院作出二审判决,以黄某某犯非国家工作人员受贿罪、串通投标罪,数罪并罚,决定执行有期徒刑5年6个月。

黄某某先后申请劳动仲裁、提起诉讼,要求银行撤销《解除通知》,支付其从2011年1月到2014年12月的工资,并赔偿该段期间未缴社会保险费给其造成的经济损失。该案经劳动仲裁和两级法院审理,2017年,广西南宁市中级人民法院作出了二审判决,驳回了黄某某的诉讼请求。

(二)律师点评

对于涉嫌职务犯罪的员工,企业如何处理劳动关系,需要根据刑事案件的进程分别讨论。

1. 从员工被限制人身自由到被追究刑事责任之前,企业应视具体情况审慎处理劳动关系

员工涉嫌犯罪,并不等于已被追究刑事责任。但是,在刑事案件的生效判决文书作出之前,员工可能因接受有权机关调查被限制人身自由,无法为企业提供劳动。这种情况下,如果员工不愿主动提出辞职,双方也无意协商解除劳动关系,企业该如何处理呢?

(1)如果员工的违法行为严重违反了用人单位规章制度,企业有权以其严重违纪为由解除劳动合同。

《劳动合同法》第39条第2项规定,如果劳动者"严重违反用人单位的规章制度",用人单位可以立即与其解除劳动合同,且无须支付任何经济补偿。

实践中,员工涉嫌违法的行为,往往也是违反用人单位规章制度的行为。例如,前述案例中,员工的行为既构成非国家工作人员受贿罪、串通投标罪,也严重违反了其所在单位的内部规章制度。再如,一些企业在规章制度中明确规定,严禁员工在工作场所打架斗殴、扰乱工作秩序,情节严重的,公司有权解除劳动合同。那么，如果某员工在工作场所将同事打伤，则其暴力行为既可能触犯了《治安管理处罚法》或《刑法》，也可能构成对用人单位规章制度的严重违反。

在上述情况下，由于员工的行为严重违反了用人单位的规章制度，企业可以视具体情况，依据《劳动合同法》第39条第2项规定，经法定程序，与其解除劳动合同。在前述案例中，银行也正是依据这一规定，在员工的刑事案件生效判决作出之前解除了与员工的劳动关系，并最终得到了法院的支持。实践中，在单位规章制度未作出明确规定的情况下，企业也可以考虑以员工严重违反劳动纪律为由，依据《劳动法》第3条第2款规定与其解除劳动合同。①

（2）如果员工的违法行为同时属于严重失职，营私舞弊，给用人单位造成重大损害的行为，企业有权依据《劳动合同法》第39条第3项规定解除劳动合同。

《劳动合同法》第39条第3项规定，如果劳动者"严重失职，营私舞弊，给用人单位造成重大损害的"，用人单位可以立即与其解除劳动合同，且无须支付任何经济补偿。

实践中，员工涉嫌违法的行为，不仅有可能违反用人单位的规章制度，还有可能构成严重失职，营私舞弊，给用人单位造成重大损害的行为。例如，员工利用职务便利，将企业财产非法占为己有，或挪用公款归个人使用。这些行为涉嫌《刑法》规定的"职务侵占罪"或"挪用公款罪"，也可能构成《劳动合同法》所规定的"营私舞弊，给用人单位造成重大损害"的行为。因此，在员工被生效判决定罪前，企业可以视行为的具体情节及证据情况，依据《劳动合同法》第39条第3项立即与员工解除劳动合同。

---

① 北京市高级人民法院、北京市劳动人事争议仲裁委员会《关于审理劳动争议案件法律适用问题的解答》第13条、《劳动法》第3条第2款中规定，劳动者应当遵守劳动纪律和职业道德。上述规定是对劳动者的基本要求，即便在规章制度未作出明确规定、劳动合同亦未明确约定的情况下，如劳动者存在严重违反劳动纪律或职业道德的行为，用人单位也可以依据《劳动法》第3条第2款的规定与劳动者解除劳动合同。

(3) 如果不具备解除条件，企业可以中止履行劳动合同。

在不能适用《劳动合同法》第 39 条的规定立即解除劳动合同时，企业也并非毫无对策。原劳动部于 1995 年发布的《关于贯彻执行〈中华人民共和国劳动法〉若干问题的意见》（劳部发〔1995〕309 号）第 28 条第 1 款规定："劳动者涉嫌违法犯罪被有关机关收容审查、拘留或逮捕的，用人单位在劳动者被限制人身自由期间，可与其暂时停止劳动合同的履行。"因此，员工因涉嫌违法行为被采取强制措施，无法正常履行劳动合同的，企业可以书面通知员工及其家属中止履行劳动合同。

《关于贯彻执行〈中华人民共和国劳动法〉若干问题的意见》同时规定，暂时停止履行劳动合同期间，用人单位不承担劳动合同规定的相应义务。那么，用人单位是否可以据此停发工资、奖金并停缴社保呢？员工的考勤又当如何处理？

第一，关于工资和社保。对此，各个地区的规定稍有不同。例如，江苏、山东等地的地方性法规明确规定，劳动者因涉嫌违法犯罪被限制人身自由的，劳动合同暂停履行，用人单位可以不支付劳动报酬并停止缴纳社会保险费。而上海、广东、吉林等地的地方性法规仅明确规定了，劳动者被依法限制人身自由使劳动合同中止履行的，用人单位可以不支付工资，但对于是否可以停止缴纳社会保险费并没有明确规定。在司法实践中，如同前述案例，用人单位在员工被限制人身自由期间停发工资、停缴社保的，裁判机构大多予以支持。所以，一般而言，在员工被限制人身自由的劳动合同中止期间，用人单位可以停止支付工资报酬，同时可以根据各地的规定和实践，向社会保险经办机构申请办理暂停缴纳社会保险手续。

第二，关于奖金。奖金属于工资的一部分。通常来讲，奖金是以员工向企业提供劳动为前提的。如果员工因自身原因无法正常向企业提供劳动，其自然无权获得劳动合同中止期间的奖金。司法实践中，有一些劳动者在恢复人身自由后，请求用人单位支付其被羁押期间的奖金。对于这些主张，法院通常会驳回。

第三，关于考勤。我国法律法规对于劳动者被羁押期间用人单位如何记录考勤的问题，并未作出具体规定。但在司法实践中，法院往往认为，劳动者因被羁押而无法出勤，并非出于其个人的意愿，用人单位不能将员工在羁押期间未来工作视为旷工。因此，若员工由于涉嫌违法犯罪被采取强制措施而无法正常出勤，企业可以在了解清楚实际情况后，暂停对员工的考勤记录。

总而言之，对于涉嫌职务犯罪被有关机关拘留或逮捕但尚未被追究刑事责任的员工，企业可以有两种处理思路：其一，如果员工的违法行为同时构成严重违纪行为，或构成严重失职、营私舞弊而给用人单位造成重大损失的行为，则企业可以根据具体情况及相关证据，依据《劳动合同法》第39条第2项或第3项规定与员工解除劳动合同。其二，如果难以根据《劳动合同法》第39条第2项、第3项立即解除劳动关系，在员工被限制人身自由期间，企业可以中止履行劳动合同，不发放工资、奖金、津贴，也可以根据各地的规定和实践，暂停缴纳社保，即不承担劳动合同规定的用人单位的义务，同时，劳动者也不用出勤，双方都只需静待最终"结果"。

2. 如果员工被依法追究刑事责任，企业可以与该员工解除劳动关系

根据《劳动法》第25条第4项和《劳动合同法》第39条第6项的规定，劳动者被依法追究刑事责任的，用人单位可以解除其劳动合同。企业要据此对员工的劳动关系作出处理，首先要准确理解"被依法追究刑事责任"的具体含义。

（1）"被依法追究刑事责任"的具体含义。

根据法律规定，"被依法追究刑事责任"是指被人民法院的生效判决认定追究刑事责任。具体责任包括以下两种情形：

第一，被人民法院判处刑罚。根据《刑法》规定，刑罚的种类分为主刑和附加刑。被人民法院判处刑罚的情形既包括主刑（管制、拘役、有期徒刑、无期徒刑、死刑），也包括附加刑（罚金、剥夺政治权利、没收财产、针对外国人的驱逐出境）。

第二，被人民法院依据《刑法》第37条免予刑事处罚。《刑法》第37

条规定：对于犯罪情节轻微不需要判处刑罚的，可以免予刑事处罚，但是可以根据案件的不同情况，予以训诫或者责令具结悔过、赔礼道歉、赔偿损失，或者由主管部门予以行政处罚或者行政处分。

需注意，免予刑事处罚不等同于不予追究刑事责任。免予刑事处罚是对犯罪人员作出有罪宣告，只是考虑到其犯罪情节轻微，免除其刑事处罚，但并不能免除其刑事责任。这也是追究其刑事责任的一种方式，与不追究刑事责任是有本质区别的。前者构成犯罪，只是犯罪情节轻微而不需要判处刑罚，而后者属于无罪或不追究刑事责任。

前文已经提到，员工被有权机关采取强制措施，限制了人身自由，并不等于"被依法追究刑事责任"。此外，员工被采取强制措施一段时间后由检察院作出不予起诉决定的，员工被一审法院判处刑罚后在法定上诉期间内提起上诉或抗诉的，以及员工因违法行为被行政拘留的，均不属于被依法追究刑事责任的情形。企业不能依据《劳动合同法》第39条第6项的规定与员工解除劳动合同。

总而言之，只有经过人民法院依法判决，才能确定员工是否被依法追究刑事责任，而从刑事拘留到刑事判决生效之前的各个阶段，员工仅仅是有犯罪的嫌疑，也有可能最终被认定为无罪。并且，我国的刑事审判是两审终审制。所以，如果二审程序启动，一审判决就不发生效力，要经过二审生效判决或裁定认定，才能确切知晓员工是否被追究刑事责任。

（2）员工被依法追究刑事责任后，企业解除劳动合同的注意事项。

首先，企业要在合理的期限内行使解除权。

一旦确定员工被依法追究刑事责任，企业就可以依据《劳动合同法》第39条第6项的规定与员工解除劳动合同。但需注意，用人单位与员工之间的劳动合同不是自动解除，而是需要企业在合理的期限内行使解除的权利，向员工送达书面的《解除劳动合同通知书》。实践中，一些企业由于缺乏经验，等到员工刑满释放要求回单位上班时，才以其被依法追究刑事责任为由，匆忙向其发出《解除劳动合同通知书》。在这种情况下，企业很可能被认定为行使解除权超过了合理期限,属于违法解除,有理反倒变成没理。

其次,企业要通过合法方式向员工送达《解除劳动合同通知书》。

《解除劳动合同通知书》并非作出就生效,企业还需要向员工送达解除通知。否则,企业的单方面解除决定无法生效。如果员工正在服刑,企业可以将《解除劳动合同通知书》送达员工服刑的地址;如果企业无法得知员工具体的服刑地点,可以将《解除劳动合同通知书》送达劳动合同约定的送达地址及员工身份证上的住所地,并尽量要求其成年家属签收;如果尝试上述方式后仍无法送达,企业可以在报刊上公告《解除劳动合同通知书》,以公告方式送达。

综上所述,员工被限制人身自由但尚未被生效判决确定为有罪的,企业可以视员工违法行为的具体情况,考虑以"严重违反规章制度"或"严重失职,营私舞弊,给用人单位造成重大损害"为由与其解除劳动合同。如不具备解除条件,企业有权中止履行劳动合同,即不予发放工资、奖金,并视当地规定和实践情况考虑停止缴纳社保。若员工已被生效判决判处刑罚或免予刑事处罚,企业可以以员工"被依法追究刑事责任"为由与其解除劳动合同,但要注意在合理期限内依法向员工送达《解除劳动合同通知书》。

附录　相关案例汇编

1. 黄某单位行贿案

[案号：北京市东城区人民法院刑事判决书
（2020）京0101刑初144号]

公诉机关北京市东城区人民检察院。

被告单位北京A科技有限公司，统一社会信用代码×××，住所地北京市，法定代表人王某。

被告人黄某，男，1979年××月××日出生，公民身份号码×××，汉族，大学文化，原北京××科技有限公司实际控制人；住北京市海淀区；因涉嫌犯行贿罪于2019年5月14日被羁押，同年5月15日被留置，因涉嫌犯单位行贿罪于同年11月15日被刑事拘留，同年11月29日被逮捕；经本院决定，于2020年9月13日被取保候审。

北京市东城区人民检察院以京东检二部刑诉〔2020〕3号起诉书指控被告单位北京A科技有限公司、被告人黄某犯单位行贿罪向本院提起公诉。本院依法组成合议庭，适用认罪认罚普通程序，公开开庭审理了本案。北京市东城区人民检察院指派检察员朱某、检察官助理贾某出庭支持公诉，被告单位北京A科技有限公司诉讼代表人徐某，被告人黄某及其辩护人程某、令某到庭参加诉讼。现已审理终结。

经公诉机关指控及本院审理查明：被告单位北京A科技有限公司于2013年

至 2019 年间，为承揽某项目，由公司实际控制人被告人黄某向中共农信银资金清算中心第一届委员会委员、中共农信银资金清算中心有限责任公司委员会党委委员、农信银资金清算中心有限责任公司副总裁刘某 1 进行请托，以免除债务的形式，给予刘某 1 钱款人民币 180 万元，给予刘某 1 股权及分红款共计人民币 519,479.46 元，以报销个人票据的形式，给予刘某 1 钱款人民币 55,594.1 元，共计人民币 2,375,073.56 元。被告人黄某于 2019 年 5 月 14 日被北京市东城区监察委员会工作人员带走调查。

公诉机关认为被告单位北京 A 科技有限公司为谋取不正当利益，向国家工作人员行贿，情节严重，应以单位行贿罪追究刑事责任，被告人黄某作为单位直接负责的主管人员，亦应当以单位行贿罪依法追究其刑事责任；被告人到案后能如实供述，被告单位及被告人具有认罪认罚的量刑情节，建议以单位行贿罪判处被告单位北京 A 科技有限公司罚金人民币六十万元，判处被告人黄某有期徒刑一年四个月，并处罚金人民币十万元。

被告单位北京 A 科技有限公司诉讼代表人徐某、被告人黄某对指控事实、罪名及量刑建议没有异议且签字具结，在开庭审理过程中亦无异议。另有公诉机关当庭出示的到案经过、工作说明；关于农信银公司相关问题的说明、农信银公司的情况说明、刘某 1 任职证明、干部任免审批表、董事会会议议程、决议、总裁办公会纪要、刘某 1 任职分管情况表、领导班子成员分工情况说明、领导班子成员分管工作调整情况一览表、关于经营班子成员分工的通知、关于调整内设职能部门的通知、关于刘某 1 党组织关系的证明等涉及受贿人主体身份的材料；房屋出租协议、授权书、结算票据、银行账户开户信息、业务凭单、账户交易明细及传票复印件、房屋买卖合同、收据、缴税证明等涉案房屋买卖相关材料；涉案虚假借条；购买不良资产协议、新股募集的相关文件、认缴股份相关凭证、股金分红查询情况、银行账户交易明细、股金说明、股金过户情况说明、暂时不能过户的说明等涉案股权及分红相关材料；记账凭单、银行存款日记账、费用报销单、发票、银行付款回单、银行传票、账户交易明细、发票底联等涉及报销票据的材料；证人刘某 1、韩某、张某 1、张某 2、王某 1、王某 2、朱某、王某 3、雷某、王某 4、梁某、刘某2、张某3、贾某、刘某3、冯某、仇某、房某等的证言；公司的营业执照复印件、工商档案、名称变更通知；被告人黄某的供述及身份材料等证据证实，足以认定。

被告人黄某的辩护人关于量刑方面的意见为，黄某到案后能如实供述，自愿认罪认罚，系初犯，无前科劣迹，建议法庭从轻处罚。

本院认为，被告单位北京A科技有限公司为谋取不正当利益，向国家工作人员行贿，情节严重，其行为已构成单位行贿罪；被告人黄某作为单位直接负责的主管人员，亦构成单位行贿罪，依法应予刑罚处罚。北京市东城区人民检察院指控事实清楚，证据确实、充分，指控罪名成立。鉴于被告人能如实供述，被告单位及被告人自愿认罪认罚，均可依法予以从轻处罚。公诉机关的量刑建议适当，本院予以采纳。辩护人的合理辩护意见，本院亦予以采纳。综上，依照《中华人民共和国刑法》第三百九十三条，第三十条，第三十一条，第五十二条，第五十三条，第六十七条第三款，第六十四条之规定，

判决如下：

一、被告单位北京A科技有限公司犯单位行贿罪，判处罚金人民币六十万元（罚金于本判决生效后10日内缴纳）。

二、被告人黄某犯单位行贿罪，判处有期徒刑一年四个月，并处罚金人民币十万元（刑期已执行完毕。罚金于本判决生效后10日内缴纳）。

三、未随案移送的扣押物品，由扣押机关依法处理。

2. 沈某某犯非国家工作人员受贿案

[案号：四川省攀枝花市西区人民法院刑事判决书
（2015）攀西刑初字第44号]

公诉机关攀枝花市西区人民检察院。

被告人沈某某，男，1971年××月××日出生，汉族，大学本科，住四

川省某市。因涉嫌犯受贿罪，于 2014 年 5 月 22 日被取保候审。辩护人张某某，四川道合律师事务所律师。

攀枝花市西区人民检察院以攀西检公诉刑诉（2015）21 号起诉书指控被告人沈某某犯受贿罪，2015 年 1 月 30 日向本院提起公诉。本院依法组成合议庭，于 2015 年 3 月 12 日公开开庭审理了本案。攀枝花市西区人民检察院指派检察员谢某出庭支持公诉，被告人沈某某及其辩护人张某某到庭参加诉讼，本案现已审理终结。

攀枝花市西区人民检察院指控：某（集团）公司系国有企业，某医院系该公司的下设二级单位。被告人沈某某于 2008 年 4 月至 2013 年 12 月担任该医院骨二科主任，全面负责骨二科的各项工作。在此期间，沈某某利用职务上的便利，分三次非法收受供货商彭某某所送现金共计 140,000 元。

公诉机关针对指控的罪名和犯罪事实发表如下公诉意见：在案证据能够证实，被告人沈某某虽未向医院推荐或建议使用骨科耗材供货商彭某某所代理公司的产品，但其作为骨科主任，在植入性材料申请表上签字是其作为科室主任履行的行政管理职责，而不是医生的具体诊疗行为；其签字是完成骨科耗材采购过程的一个重要环节，也是对国有资产进行管理的职务行为，属于"从事公务"，故被告人沈某某的行为构成受贿罪，受贿金额为 140,000 元，应被判处十年以上有期徒刑，可以并处没收财产的刑罚；被告人沈某某在纪委调查期间即交代其收受他人钱财的事实，系自首，可对其从轻或减轻处罚；案发后，被告人沈某某退清全部所获赃款，且当庭自愿认罪，可酌情从轻处罚。综上，建议法庭对被告人沈某某减轻处罚，在有期徒刑七年左右判处刑罚，并处没收财产。

被告人沈某某针对公诉机关的指控辩解称：自己对公诉机关指控的犯罪事实无异议，但公诉机关指控其犯受贿罪存有异议，认为自己没有利用其担任医院骨二科主任的职务便利为骨科耗材供应商谋取利益。

被告人沈某某的辩护人针对公诉机关指控的犯罪事实无异议，同时发表如下辩护意见：被告人沈某某具有国有医院国家工作人员和医疗机构中医务人员的双重身份，但沈某某客观方面没有利用其担任骨科主任的职务便利收受贿赂，其行为不构成受贿罪。理由如下：沈某某没有药品、医疗器械、医用卫生材料等医药产品的采购权，同时沈某某作为骨科主任也未向该医院推荐或者建议采购骨科耗材供应商的医疗产品，故沈某某未利用从事公务活动的职务便利收受贿赂。

该医院实行医用植入性耗材"零库存"，临床医生在对患者实施手术前，通知耗材供货方提供不同规格、型号的耗材跟台手术，术中根据具体情况提供适合患者的植入性耗材。手术后，由管床医生补填植入性耗材申请表交器械科。沈某某在该申请表上的签字是在具体的诊疗活动中作为具有较高技术职称副主任医师，核实主管医生的骨科耗材治疗处方行为是否合理，存在向患者建议或推荐使用在医院中标并签有订货合同的供应商的骨科耗材。故沈某某的行为属于从事医务工作的医疗行为，其主体身份应为医疗机构中的医务人员身份，其收受骨科耗材供应商的贿赂行为，构成非国家工作人员受贿罪。

被告人沈某某具有自首情节，可依法对其减轻处罚；案发后被告人沈某某积极退赃，系初犯，可酌情从轻处罚；被告人沈某某在该医院工作表现良好，业绩突出，其所在单位也请求对其从轻处罚。综上，请求法庭对被告人沈某某减轻处罚，并适用缓刑。

经审理查明：

（一）被告人沈某某的主体身份

某（集团）公司系国有企业，某医院系该集团公司的下设二级单位。2008年4月15日，经该医院院党政联席会研究同意，院长决定聘沈某某同志任骨二科主任；2009年4月22日，经该医院院党政联席会研究同意，院长决定聘沈某某同志任院长助理兼骨二病房主任。2013年12月5日，经该（集团）公司党委会议研究同意，总经理决定聘沈某某同志任该医院副院长，试用期一年，从2013年12月5日起计算。沈某某系该医院副主任医师。

骨科主任职责是在分管院长领导下，负责本科室的医疗等工作。科室主任对本科室的诊断和治疗负总责。

（二）关于该医院骨科耗材采购操作流程

彭某某所代理的四川某医疗器械有限公司等医药公司自2005年就与该医院建立了购销关系，一直作为供货商与该医院签订了骨科材料订货合同。2011年6月以后，医院确定的骨科耗材供应商仅有彭某某所代理的公司。

由于植入性耗材的特殊性，该医院实行医用植入性耗材零库存，临床医生在对患者实施手术前，通知耗材供货方携带不同规格、型号的耗材跟台手术，术中根据具体情况提供适合患者的植入性耗材。手术后，由管床医生补填植入性耗材申请表交器械科。医院的目的是减少流动资金投入，避免因患者使用型号、规格的不可预知性造成库存浪费。

沈某某在担任骨二科主任期间，没有向医院推荐或者建议采购彭某某所代理公司的医药产品的行为。

（三）沈某某收受贿赂的事实

沈某某在担任该医院骨二科主任期间，非法收受骨科耗材供货商彭某某所送现金共计140,000元，为彭某某谋取利益。具体如下：

1. 2011年元旦前的一天，该医院骨科耗材供货商彭某某到该医院沈某某办公室，二人在聊天过程中，彭某某将一个黑色的塑料袋放在了沈某某的办公桌上，彭某某对沈某某说了一些感谢的话就离开了。彭某某离开后，沈某某打开塑料袋发现里面装有40,000元现金。

2. 2012年6、7月的一天，彭某某来到沈某某办公室，二人聊天过程中，彭某某将一个黑色塑料袋放在了沈某某的办公桌上，彭某某对沈某某说了一些感谢的话就离开了。彭某某离开后，沈某某打开塑料袋发现里面装有50,000元现金。

3. 2013年11月的一天，彭某某来到沈某某办公室，彭某某得知沈某某将要担任该医院业务副院长，当即对沈某某表示祝贺。后二人在聊天过程中，彭某某将一个黑色塑料袋放在了沈某某的办公桌上，并对沈某某在其工作上的支持表示感谢。彭某某离开后，沈某某打开塑料袋发现里面装有50,000元现金。

（四）沈某某的到案经过及退赃情况

某（集团）有限责任公司纪律检查委员会（以下简称某纪委）于2014年5月16日通知沈某某接受调查。在调查期间，沈某某如实交代了自己在担任骨科主任期间，收受与该医院有业务往来的有关医药器材商所送财物的事实。2014年5月21日，该纪委将沈某某涉嫌受贿的犯罪线索移送至攀枝花市西区人民检察院。沈某某于2014年5月21日来到攀枝花市西区人民检察院接受调查，并如实供述了在担任该医院骨二科主任期间收受骨科耗材供应商彭某某所送140,000元的事实。

案发后，沈某某将所获赃款已全部退清。

上述事实，有下列证据予以证实：

（一）公诉机关出示并经法庭质证的证据材料

案件移送函、立案决定书，证实：2014年5月21日，某纪委将沈某某涉嫌受贿的犯罪线索移送至攀枝花市西区人民检察院。2014年5月21日，攀枝花市西区人民检察院对被告人沈某某涉嫌受贿一案立案侦查。

情况说明（该纪委，2014年10月14日出具），证实：纪委在调查该医院相关人员违纪问题过程中，于2014年5月16日通知沈某某接受调查。在调查期间，沈某某如实交代了自己在担任骨科主任期间收受与该医院有业务往来的有关医药器材商所送财物的事实。

到案情况说明（攀枝花市西区人民检察院反贪污贿赂局，2014年10月20日出具），证实：被告人沈某某受贿案系某纪委移交，沈某某于2014年5月21日来到攀枝花市西区人民检察院接受调查，到案后其如实供述了在担任该医院骨二科主任期间收受骨科耗材供应商彭某某所送140,000元并为其牟利的事实。

西区人大常委会办公室文件，证实：西区人大常委会办公室关于许可对区十届人大代表沈某某采取强制措施的批复。

取保候审决定书、取保候审执行通知书，证实：2014年5月22日，被告人沈某某被攀枝花市西区人民检察院取保候审。

人口信息表，证实：被告人沈某某的基本身份信息。

扣押决定书、扣押文件清单、随案移送物品清单，证实：案发后，被告人沈某某已将赃款 140,000 元全部退清，现涉案赃款已移送至我院。

企业法人营业执照、企业国有资产产权登记证，证实：某（集团）公司系有限责任公司，该（集团）公司依法占有、使用国有资本伍拾伍万肆仟捌佰伍拾千元。

证明，证实：某（集团）公司为国有企业，该医院系该（集团）公司二级单位。

医疗机构执业许可证，证实：该医院的所有制形式为综合医院，医疗机构类别为综合医院。该医院作为医疗机构经核准登记，准予执业。有效期限自 2006 年 3 月 1 日至 2020 年 2 月 29 日。

干部基本情况登记表、该医院文件［××医（2008）13 号、××医（2009）13 号、××医（2010）8 号、××医（2011）27 号、××医（2012）4 号、××医（2013）11 号］，证实：2008 年 4 月 15 日，经该医院院党政联席会研究同意，院长决定聘沈某某同志任骨二科主任；2009 年 4 月 22 日，经该医院院党政联席会研究同意，院长决定聘沈某某同志任院长助理兼骨二病房主任。

该（集团）公司文件［××组干字〔2013〕37 号］，证实：2013 年 12 月 5 日，该（集团）公司党委会议研究同意，总经理决定聘沈某某同志任总医院副院长，试用期一年，从 2013 年 12 月 5 日起计算。

骨科主任职责，证实：作为该医院骨科主任，其职责包括在分管院长领导下，负责本科的医疗、教学、科研、预防及行政管理工作……督促本科人员，认真执行各项规章制度和技术操作常规，严防并及时处理差错事故……参加门诊、会诊、出诊，决定科内病员的转科转院和组织临床病例讨论。

植入性、高值耗材采购流程，证实：在植入性、高值耗材采购过程中，由使用科室主管医生填写使用申请表，由科主任和患者（或家属）签字确认后交器械科。器械科对申请表进行确认，对常规使用的植入材料，由器械科在签订合同或协议的供应商中进行采购。对紧急使用或必须在手术现场选择规格、型号的植入材料，可由供应商直接提供使用，但在手术后必须及时补填申请表。

卫生材料订货合同，证实：2008年1月4日至2013年9月20日，该医院先后与彭某某代理的四川某医疗器械有限公司、成都某医疗器械有限公司、成都某商贸有限公司签订骨科耗材的订货合同。

植入性材料申请表，证实：对植入性材料的使用，因必须在手术现场选择规格、型号的植入材料，先由供应商直接提供使用，手术后，其主管医生对其在手术过程中使用的植入性材料补填申请表。该申请表上有患者（或家属）及申请医生签名确认，沈某某在申请表上"科主任"一栏签名确认。

证人彭某某的证言，证实：彭某某于1997年7月至1999年12月任江苏常州某器械厂驻成都业务员；2000年2月至2004年12月任成都另一医疗器械公司业务员；2005年1月至今任四川某医疗器械有限公司经理；2005年8月至2010年12月任成都某医疗器械有限公司法人代表；2011年1月至今任成都某医疗器械有限公司销售经理；2013年7月至今任成都某商贸有限公司销售经理。

四川某医疗器械有限公司、成都某医疗器械有限公司、成都某商贸有限公司这三家公司的主要经营范围基本相同，包括植入材料和人工器官、医用高频仪器设备、矫形外科（骨科）手术器械、医用电子仪器设备等。四川某公司从2005年7月至2013年年底在该医院有业务；成都某公司从2010年7月至2011年年底在该医院有业务；成都另一公司从2013年11月至今在该医院有业务。在与该医院的业务往来过程中，彭某某认识了骨科医生沈某某。2008年4月开始，沈某某担任该医院骨二科主任，因其代理的公司主要是做骨科耗材的，所以在业务往来中彭某某与沈某某逐渐熟悉。

2011年1月的一天，彭某某来到沈某某的办公室，以过年的名义送给沈某某40,000元现金。

2012年6月的一天，彭某某来到沈某某办公室，以感谢沈某某对其的支持送给沈某某50,000元现金。

2013年年底的一天,临近元旦,彭某某来到沈某某的办公室,以恭贺沈某某担任医院副院长的名义,送给沈某某50,000元现金。

彭某某一共送给沈某某140,000元现金。彭某某给沈某某送钱主要是为了让沈某某所在的骨二科更多的使用其代理公司的骨科耗材,同时尽可能保证其代理公司在该医院的业务量。

被告人沈某某的供述、视听资料,证实:2008年4月至2013年12月,沈某某在该医院担任骨二科主任,2014年1月至今担任该医院副院长兼骨二科主任。

骨二科主任的工作职责包含对骨二科业务方面的领导,具体包括骨科耗材的使用,对医生进行排班,同时负责完成该医院下达的各项任务指标。在诊治骨科疾病的过程中,骨科耗材采购流程是首先由总医院同意的骨科代理商在器械科备案,如果在手术过程中需要哪些骨科耗材,则由医生根据病人的实际情况通知相应的骨科耗材供应商提供所需要的骨科耗材的型号与数量,医院在手术前并不采购、储备相应的骨科耗材。手术后,由骨二科主管医生填报器械申请单,再由骨二科将该器械申请单交给器械科。作为骨二科主任,其在骨科耗材采购过程中要根据病人的相关病情选择使用相应的骨科耗材。

沈某某在担任该医院骨二科主任期间,非法收受了与该医院有业务往来的供货商彭某某所送的现金。

彭某某的公司一直在做骨科耗材。2011年元旦前后的一天,彭某某来到沈某某的办公室,以过年的名义送给沈某某40,000元现金。

2012年6、7月的一天,彭某某来到沈某某的办公室,以感谢对其工作上支持的名义送给沈某某50,000元现金。

2013年11月的一天,彭某某来到沈某某的办公室,以恭贺沈某某当该医院副院长的名义送给沈某某50,000元现金。

彭某某一共送给沈某某140,000元现金。他送钱主要基于两个目的,一是希望骨二科更多的使用他所代理公司的骨科耗材;二是为了和沈某某维持一个良好的关系。沈某某作为该医院骨二科主任，在骨科耗材的使用上，基本会选择彭某某所代理公司的产品。

沈某某收受的140,000元现金，一部分用于家庭日常开销，一部分被其所挥霍。

(二) 辩护人当庭举证，并经法庭质证的证据材料

该医院骨科主任职责、分管院长工作职责，证实：被告人沈某某作为该医院骨二科主任没有医疗产品的采购权，这与该医院分院院长的工作职责有所区别，作为分院院长具有医疗产品的采购权或建议推荐权。

情况说明（该医院2015年3月6日出具），植入性、高值耗材采购流程，证实：四川某医疗器械有限公司自2005年就成为该医院的供货商，与该医院建立了购销关系，并作为主要供货商一直供货至今。沈某某自2008年4月至2013年11月任骨二科主任期间，未向医院推荐或建议使用这些公司的产品。

根据该医院植入性、高值耗材的管理规定，由骨二科在接受病人后，根据病情并征得患者或家属同意，由医生通知供货商（与医院已经签订购销合同）送货，由主刀医生根据手术中具体情况现场决定使用耗材的规格、型号，手术后由管床医生填写申请表交器械科，未使用的耗材退回供货公司。沈某某在骨科耗材使用中是按照医院的规定执行的。

沈某某的表现材料（该医院2015年2月5日出具），证实：被告人沈某某工作表现良好，业绩突出，其所在单位该医院请求对其从轻处罚。

情况说明、说明，证实：四川某医疗器械有限公司、成都某医疗器械有限公司、成都某商贸有限公司的经营负责人均为彭某某。成都某科技有限公司在该医院的业务因该医院回款周期长、回款难，于2011年6月停止向该医院供货。

关于被告人沈某某的辩解及其辩护人发表的被告人沈某某的行为构成非国家工作人员受贿罪的辩护意见，经查，1. 该医院实行医用植入性耗材零库存，骨二科在具体手术诊疗过程中，可通知医院确定的供应商直接提供相应耗材跟台手术。骨科主任在没有参与产品价格确定、合同签订等采购环节的

情况下，不宜将在医院确定的供应商中选择使用医疗耗材认定为采购权。2. 被告人沈某某作为副主任医师，基于具有较高级别的技术职称，和对全科医疗效果负责的职责，并根据临床需要使用耗材品种，不属于行政管理的职权范围。3. 根据庭审查明的事实，沈某某是在骨二科对病患诊疗过程中，在耗材使用环节，按照手术中耗材使用量收取供应商彭某某财物，该行为与处方权紧密相连。综上所述，被告人沈某某的辩解及其辩护人的辩护意见成立，本院予以采纳。

  本院认为，被告人沈某某身为医疗机构中的医务人员，利用医生处方权的职务便利，非法收受医药产品销售方财物，为医药产品销售方谋取利益，其行为构成非国家工作人员受贿罪。控方指控被告人沈某某犯受贿罪的定性不当，予以纠正。被告人沈某某犯罪金额为140,000元，属于刑法第一百六十三条规定的"数额巨大"，应被判处五年以上有期徒刑，可以并处没收财产的刑罚。被告人沈某某接通知后主动到办案机关，尚未被办案机关宣布采取调查措施或者强制措施时，便如实交代自己的犯罪事实的，系自首，可依法对其减轻处罚。案发后，沈某某已退清全部所获赃款，认罪悔罪明显，可酌情对其从轻处罚。根据被告人沈某某的犯罪情节、悔罪表现及宣告缓刑对所居住的社区无重大不良影响，可依法对其宣告缓刑。本案经本院审判委员会讨论决定，依照《中华人民共和国刑法》第一百六十三条第一款、第二款，第六十七条第一款，第七十二条第一款、第三款，第七十三条第二款、第三款，第六十四条，第六十一条之规定，判决如下：

  一、被告人沈某某犯非国家工作人员受贿罪，判处有期徒刑三年，缓刑三年，并处没收财产70,000元（已缴清）；

  （缓刑考验期限，从判决确定之日起计算。）

  二、随案移送赃款140,000元予以没收，上缴国库。

  如不服本判决，可在接到判决书的第二日起十日内，通过本院或者直接向四川省攀枝花市中级人民法院提出上诉。书面上诉的，应当提交上诉状正本一份，副本一份。

3. 厉某、薛某受贿案

[案号：浙江省温州市瓯海区人民法院刑事判决书
（2014）温瓯刑初字第 223 号、
浙江省温州市瓯海区人民法院刑事判决书
（2014）温瓯刑初字第 225 号、
浙江省温州市中级人民法院刑事裁定书
（2014）浙温刑终字第 886 号]

（2014）温瓯刑初字第 223 号

公诉机关浙江省温州市瓯海区人民检察院。

被告人厉某。因本案于 2013 年××月××日被抓获，次日被刑事拘留，同月 17 日被逮捕。现羁押于温州市瓯海区看守所。辩护人苏某某、王某某。

温州市瓯海区人民检察院以温瓯检刑诉（2014）139 号起诉书指控被告人厉某犯受贿罪，于 2014 年 1 月 29 日向本院提起公诉。本院依法组成合议庭，公开开庭审理了本案。温州市瓯海区人民检察院指派代理检察员金某某出庭支持公诉，被告人厉某及其辩护人苏某某到庭参加诉讼。本案于 2014 年 4 月 21 日报经浙江省温州市中级人民法院批准延长审理期限 3 个月。现已审理终结。

经审理查明：

1. 2010 年 2 月至 2013 年 5 月，被告人厉某在温州市急救中心担任急救车随车医生期间，伙同搭班驾驶员利用执行院前急救的职务便利，将急救病人送往温州市康宁医院、温州市中西医结合医院等医院救治。上述医院为表示感谢并希望被告人厉某及搭班驾驶员多送急救病人到院救治，以增加业务量，遂按照相应标准支付好处费共计人民币 61,000 余元，被告人厉某分得 30,500 余元。

2. 2013年2月至4月，被告人厉某在温州市急救中心调度科担任调度员期间，利用接听"120"急救电话和调度急救车的工作便利，将获取的急救信息违规提供给非法从事医疗急救车营运的郑某乙（已另案起诉），让其承接急救业务并从中谋取利益。其间，为感谢被告人厉某的关照，郑某乙陆续以回扣的形式支付其人民币8200元，被告人厉某均予以收受。

3. 2013年5月至6月，被告人厉某被调离调度员岗位后，伙同温州市急救中心调度科的工作人员林某甲、叶某、周某乙继续将急救信息违规提供给郑某乙，让其承接急救业务并从中谋取利益。其间，为感谢被告人厉某等人的关照，郑某乙陆续以回扣的形式支付其人民币7800元，被告人厉某等人均予以收受。现该部分赃款已暂扣存于温州市瓯海区人民检察院。

2013年12月13日，被告人厉某已退出全部赃款（暂扣存于温州市瓯海区人民检察院）。案发后，被告人厉某在羁押期间检举揭发刘某某盗窃犯罪行为，经公安机关查证属实。

上述事实，被告人厉某在开庭审理过程中亦无异议，且有事业单位法人证书，事业单位人员信息采集表及工作证明，事业单位工作人员工资变动审核表，急救中心服务范围及医务科工作职责、急救医师职责、调度员职责、驾驶员职责等材料，证人陈某甲、黄某、张某甲、金某、郑某甲、胡某、张某乙、周某甲、池某、饶某、谢某、管某甲、张某丙、丁某、叶某、周某乙、林某甲、郑某乙、李某、陈某乙、孙某、傅某、张某丁、王某甲、王某乙、童某甲、蔡某甲、童某乙、沙某、潘某、王某丙、管某乙、徐某甲、王某丁、蔡某乙、张某戊、刘某、谭某、陈某丙、徐某乙、林某乙、许某、林某丙、汤某、张某己、夏某、薛某的证言，笔记本，银行账户明细，扣押财物清单及（暂扣）款票据，领款凭证，登记簿，急诊入院评估表及急救中心院前急救病历，院前急救病历，住院病历，接诊凭证及门诊清单，归案经过说明，立功认定意见书及相关材料，被告人厉某的身份证明材料等证据证实，足以认定。

关于本案第一节的受贿数额，经查认为，该节中相关医院的贿赂款明确送给多人，且按照被告人实际所得数额处罚更能实现罪刑相适应，故依法可按照被告人厉某实际所得数额30,500元予以认定，辩护人就此提出的相应意见予以采纳。

本院认为，被告人厉某身为国家工作人员，利用职务上的便利，单独或结伙非法收受他人财物，为他人谋取利益，其行为已构成受贿罪。公诉机关指控的罪名成立。对辩护人提出本案第一节应定性为非国家工作人员受贿罪的辩护意见，经查认为，被告人厉某案发期间系事业单位温州市急救中心所聘任的人员，其与搭班驾驶员代表急救中心共同履行院前急救任务，并负责将病人送往相关医院救治，该行为属于履行急救中心管理公共事务的职责，故被告人厉某在该节中应视为国家工作人员，其利用职务上的便利非法收受他人财物并为他人谋取利益的行为，应认定为受贿罪，辩护人的相应意见与事实及法律规定不符，不予采纳。对于辩护人提出被告人厉某在本案第三节中起次要、辅助作用的辩护意见，经查认为，被告人厉某在该节事实中，积极牵线搭桥，且与林某甲、叶某、周某乙均等分赃，其作用不宜认定为次要、辅助，故辩护人的该项辩护意见不予采纳。鉴于被告人厉某归案后能如实供述自己的罪行，又有立功表现，且已主动退出全部赃款，结合具体案情，予以从轻处罚。辩护人提出与此相同的辩护意见予以采纳，但提出对被告人厉某适用缓刑的辩护意见不予采纳。依照《中华人民共和国刑法》第三百八十五条、第三百八十六条、第三百八十三条、第二十五条第一款、第六十七条第三款、第六十八条、第六十四条之规定，判决如下：

一、被告人厉某犯受贿罪，判处有期徒刑一年六个月。

（刑期从判决执行之日起计算。判决执行以前先行羁押的，羁押一日折抵刑期一日，即自2013年9月2日起至2015年3月1日止。）

二、已退出的赃款46,500元（扣押于检察机关）予以没收，并上缴国库。

如不服本判决，可在接到判决书的第二日起十日内，通过本院或直接向浙江省温州市中级人民法院提出上诉。书面上诉的，应当提交上诉状正本一份，副本二份。

(2014) 温瓯刑初字第 225 号

公诉机关浙江省温州市瓯海区人民检察院。

被告人薛某。因本案于 2013 年××月××日被抓获，次日被刑事拘留，同月 25 日被逮捕。现羁押于温州市瓯海区看守所。辩护人夏某某。

温州市瓯海区人民检察院以温瓯检刑诉（2014）144 号起诉书指控被告人薛某犯受贿罪，于 2014 年 2 月 8 日向本院提起公诉。本院依法组成合议庭，公开开庭审理了本案。温州市瓯海区人民检察院指派代理检察员金某某出庭支持公诉，被告人薛某及辩护人夏某某到庭参加诉讼。本案于 2014 年 4 月 24 日报经浙江省温州市中级人民法院批准延长审理期限三个月。现已审理终结。

温州市瓯海区人民检察院指控，2008 年 7 月至 2013 年 6 月，被告人薛某在温州市急救中心担任急救车驾驶员期间，伙同搭班随车医务人员厉某（已另案起诉）等人共同利用执行院前急救的职务便利，将急救病人送往本市相关医院救治。相关医院为感谢并希望被告人薛某及搭班随车医务人员多送急救病人到院救治，以增加业务量，遂按照相应标准支付好处费共计人民币 55,000 余元，被告人薛某及搭班随车医务人员予以收受并平分。指控认为，被告人薛某的行为已构成受贿罪，应依照《中华人民共和国刑法》第三百八十五条第一款、第三百八十六条、第三百八十三条第一款第（二）项之规定予以惩处。公诉机关提供的证据有证人陈某、厉某、林某等证言，温州市急救中心院前急救病历，急诊入院评估表，领款凭证及明细单，事业单位人员信息采集表及工资变动审核表，事业单位法人证书，单位工作证明，归案经过，身份证明材料，被告人的供述与辩解等。另外，公诉机关当庭撤回对被告人薛某如实供述的认定。

被告人薛某在法庭上提出相关医院支付好处费时已经确定收受对象的相应份额，其与其他人员均是各自领取自己的份额。被告人薛某的辩护人在法庭上提出如下辩护意见：被告人薛某系温州市急救中心的工勤人员，负责驾驶急救车，在日常院前急救工作中主要是服从随车医务人员的指挥，协助配合医务人员向各相关医院送治急救病患，其所从事的工作在性质上系劳务而非公务，不属于行政职权的范畴，故本案应定性为非国家工作人员受贿罪。同时急救车驾驶员和随车医务人员相互之间搭班是单位调度科随机安排的，向哪家医疗机构送诊是随车医务人员的职权，驾驶员对此不具有职权，且其与随车医务人员不存在谋取好处费的意思联络。相关医疗机构支付好处费时对行贿的对象亦是明确的，相关人员均是各自领取自己的份额，故本案不存在共同犯罪，应以被告人薛某个人实际收取的好处费认定为犯罪数额。另外，本案中收取好处费的情形属于业界的潜规则，与典型的利用公权力谋私有一定的区别，被告人薛某在"潜规则"下经不起诱惑和考验才涉嫌本案，与单位主管人员思想麻痹及放任失管亦有关联，其自身的主观恶性较小，个人累计收取的好处费金额较少，且其作为退伍军人，之前一直工作表现突出，无违法犯罪情形，综上，建议法庭对其从轻处罚。辩护人当庭出具了温州市急救中心的情况说明，医院的情况说明，薛某的表现证明及荣誉等材料。

经审理查明，2008年7月至2013年6月，被告人薛某在温州市急救中心担任急救车驾驶员期间，伙同搭班随车医务人员厉某、林某、傅某（已另案处理）等人共同利用执行院前急救的职务便利，将急救病人送往本市相关医院救治。相关医院为感谢并希望被告人薛某及搭班随车医务人员多送急救病人到院救治，以增加业务量，遂按照相应标准支付好处费共计55,000余元，被告人薛某从中分得27,500元。本案审理期间，被告人薛某的家属代为退出款项27,500元。

证明上述事实的证据如下：

1. 证人陈某的证言，证实其系本市某医院院长，院内负责日常管理的执行院长李某与其商议为增加医疗业务量，决定向温州市急救中心工作人员支付好处费，具体事宜由李某负责实施等事实。

2. 证人李某的证言，证实2010年左右，为增加医疗业务量，其征得医院董事长陈某同意后，向温州市急救中心工作人员支付好处费，具体事宜由孙某经办，经其审批支付的好处费共计30余万元等事实。

3. 证人孙某的证言，证实其所在医院为感谢并希望温州市急救中心工作人员多送急救病患到院救治，增加医疗业务量，遂区分每例送诊病患病情轻重和治疗方式等情况分别支付700元、300元、200元不等的好处费，其负责好处费的统计和支付工作。2009年至2013年，其经手支付给薛某与其搭档医生的好处费共计3万余元，绝大部分好处费是薛某本人或搭档医生领取的，少部分是其他同事代领的，事后均未退还等事实。

4. 证人管某、王某的证言，共同证实二人分别系本市某医院的正副院长；2009年开始，为增加医疗业务量，医院领导层经商议后决定向温州市急救中心工作人员支付好处费，具体事宜由急诊室的护士长（童某）经办，好处费一年支付三次，以会诊费的名义审核支付并由温州市急救中心工作人员领取等事实。

5. 证人王某乙、徐某的证言，共同证实二人分别担任某医院财务科正副科长；2009年开始，温州市急救中心工作人员每送一名急救病患到院救治，医院便向他们支付好处费100元。医院急诊科的护士长（童某、沙某、潘某等）负责统计和上报好处费，财务科负责监督审核，好处费每隔三四个月支付一次，由温州市急救中心工作人员领取等事实。

6. 证人童某、沙某、潘某的证言，共同证实三人于2009年至2013年先后担任某医院急诊室正副护士长；其所在医院为感谢并希望温州市急救中心工作人员多送急救病患到院救治，增加医疗业务量，遂以每例病患100元的标准向送诊的急救医生和驾驶员支付好处费，急诊室负责好处费的统计和上报工作且均已汇总成簿，温州市急救中心工作人员每隔三四个月根据通知派员集中领取好处费并复印送诊人员登记簿等事实。

7. 证人童某乙、蔡某、张某、王某丙的证言，共同证实其四人系本市某医院脑外科医务人员；2010年开始，为提高科室医疗业务量，科室内部会议研究决定以每例病患100元的标准向送诊的温州市急救中心工作人员支付好处费，张某和王某丙先后负责好处费的统计和上报，科室主任童某乙负责审核,蔡某从科室资金中列支好处费。经统计,其科室向薛某及其搭档医生支付好处费共计700元等事实。

8. 证人傅某、王某丁的证言,共同证实其二人系本市某医院骨科医务人员;2008年开始,为提高科室医疗业务量,科室内部会议研究决定向温州市急救中心工作人员支付好处费,具体区分每例送诊病患病情轻重和治疗方式等情况分别支付500元、200元不等的好处费,具体事宜由王某经办,好处费每月支付一次。经统计,其科室向薛某及其搭档医生支付好处费共计6000元等事实。

9. 证人厉某、施某、林某、高某、戈某、金某、金某乙、金某丙、林某乙、缪某、潘某、汤某、夏某、许某、杨某、易某、郑某、金某丁等证言,共同证实上述人员均系温州市急救中心随车医务人员;温州市急救中心根据警情派员出车执行急救任务,每车配备随车医务人员和驾驶员各一名,负责将急救病患送往相关医院救治。工作期间,本市部分医院为感谢并希望他们多送急救病患到院救治,增加医疗业务量,各自依据相应标准向他们及搭班驾驶员支付好处费,每车的好处费由他们本人及搭班驾驶员各半领取。他们曾分别与薛某搭班出车,收受的好处费均各半领取。另外,相关医院向他们支付好处费的做法是业界存在多年的潜规则,好处费分配方式亦是单位内部多年的惯例等事实。

10. 证人薛某、林某丙、张某乙的证言,共同证实三人均系温州市急救中心驾驶员;急救车驾驶员主要职责为服从调度和指挥,陪同和协助随车医务人员将急救病患送往医院救治。工作期间,本市部分医院为感谢并希望他们多送急救病患到院救治,增加医疗业务量,各自依据相应标准向他们及搭班医务人员支付好处费,每车的好处费由他们本人及搭班医务人员各半领取,该种分配方式系单位内部多年的惯例等事实。

11. 证人陈某、徐某的证言,共同证实二人分别系温州市急救中心主任、医务科长;温州市急救中心担负本市院前急救的任务,每辆急救车配备医务人员和驾驶员各一名,依据就近、专科专送、病人家属意愿三原则执行送诊任务。工作期间，单位的医务人员和驾驶员收取相关医院好处费的现象一直存在，单位领导层对此没有重视治理等事实。

12. 医院的领款凭证、送诊接诊登记簿、接诊凭证、急诊入院评估表、急救病患的病历资料及温州市急救中心院前急救病历等，共同证实2008年以来，温州市急救中心工作人员将急诊病患送到本市部分医院救治的情况，被告人薛某及搭班医务人员的送诊情况及共同收受好处费55,000元等情况。

13. 事业单位工作人员工资变动审核表、事业单位人员信息采集表、单位出具的工作证明等；共同证实被告人薛某系温州市急救中心事业编制的工勤人员及相关工作履历情况。

14. 事业单位法人证书、院前急救服务范围，共同证实温州市急救中心系财政全额拨款的国有事业单位，负有为病患提供急救医疗服务的职责等情况。

15. 温州市急救中心出具的相关说明，证实温州市急救中心医务科和车辆管理科等两个内部科室的职责范围，急救医生具有随车出诊送诊的职责，驾驶员具有协助急救医生完成急救任务的职责等情况。

16. 退赔款收据，证实被告人薛某家属退出的违法所得27,500元暂扣于本院账户等情况。

17. 归案经过，证实被告人薛某于2013年10月10日被抓获等情况。

18. 驾驶证复印件，证实被告人薛某具有驾驶资格及相关身份情况。

19. 被告人薛某在公安侦查阶段的供述，证实其对自己执行急救任务时与搭班医务人员收受相关医院好处费的事实供认不讳。

上述各项证据均经庭审质证，来源合法，内容客观真实，与本案有关联性，证据间能相互印证，确凿充分。

关于本案是否属于共同犯罪的问题，经查认为，被告人薛某在本案中与搭班随车医务人员在执行院前急救任务期间，利用向相关医院送诊的职权，明知本市部分医院为提高业务量而支付好处费，仍向上述医院送诊急救病患并收取相应的好处费，其与相关搭班医务人员相互之间具有收受好处费的意思联络，且医院根据每例送诊的病患及治疗情况确定相应标准向其与随车医务人员共同支付好处费，应认定其与搭班医务人员构成共同犯罪。辩护人关于本案不构成共同犯罪的辩护意见与本案事实及法律规定不符，不予采纳。

关于本案的受贿数额的问题，经查认为，本案中大部分医院在统计和支付好处费时均是制作明细单，温州市急救中心工作人员或直接到医院领取本人及搭班人员的份额，或事后依据医院制作的清单各自领取本人的好处费份额，可以认定相关医院的贿赂款系明确送给多人，同时考虑到随车医务人员和驾驶员系相互配合，各自执行职务，难以区分主从，且按照被告人实际所得数额处罚更能实现罪刑相适应，故本案受贿数额按照被告人实际所得数额27,500元予以认定，辩护人就此提出的相应意见予以采纳。

本院认为，被告人薛某身为国家工作人员，利用职务上的便利，非法收受多个单位财物，并为之谋取利益，其行为已构成受贿罪。公诉机关指控的罪名成立。对于辩护人就本案定性提出被告人薛某的身份不符合受贿罪犯罪主体特征的辩护意见，经查认为，温州市急救中心系财政全额拨款的事业单位，担负政府性的院前急救任务，被告人薛某系急救中心事业编制工作人员，其驾驶急救车与搭班随车医务人员代表急救中心共同执行院前急救任务，其所从事的驾驶工作是与急救这一公共事务相联系的，其属于国有事业单位中从事公务的人员，故被告人薛某应视为国家工作人员，上述辩护意见与事实及法律规定不符，不予采纳。关于对被告人薛某是否认定具有坦白情节的问题，经查认为，虽然被告人薛某在庭上对好处费的分配方式提出辩解，但考虑到无论是相关医院事先已明确收受对象的好处费份额还是温州市急救中心工作人员事后依照惯例对每车的好处费予以均分，均不影响每车的好处费是共同送给送诊的医生和驾驶员的，相关好处费均由送诊的医生和驾驶员各半领取这一事实的认定，结合其对收受好处费这一基本事实供认不讳，应认定其具有坦白情节。鉴于被告人薛某在归案后能如实供述自己的罪行，并结合本案起因、退赃表现、认罪态度等情节，予以从轻处罚并可适用缓刑。辩护人提出与此相同的辩护意见予以采纳。依照《中华人民共和国刑法》第三百八十五条第一款、第三百八十六条、第三百八十三条第一款第（三）项、第二十五条第一款、第六十七条第三款、第七十二条第一款、第六十四条之规定，判决如下：

一、被告人薛某犯受贿罪，判处有期徒刑二年，缓刑三年（缓刑考验期限从判决确定之日起计算）。

二、已退出的违法所得 27,500 元予以没收，上缴国库。

如不服本判决，可在接到判决书的第二日起十日内，通过本院或直接向浙江省温州市中级人民法院提出上诉。书面上诉的，应当提交上诉状正本一份，副本二份。

（2014）浙温刑终字第 886 号

原公诉机关浙江省温州市瓯海区人民检察院。

上诉人（原审被告人）厉某。因本案于 2013 年 9 月 2 日被抓获，次日被刑事拘留，同月 17 日被逮捕。现羁押于温州市瓯海区看守所。

浙江省温州市瓯海区人民法院审理瓯海区人民检察院指控原审被告人厉某犯受贿罪一案，于 2014 年 7 月 11 日作出（2014）温瓯刑初字第 223 号刑事判决。原审被告人厉某不服，提出上诉。本院依法组成合议庭，经过阅卷，讯问被告人，认为事实清楚，决定不开庭审理。现已审理终结。

原判认定：

2010 年 2 月至 2013 年 5 月，被告人厉某在温州市急救中心担任急救车随车医生期间，伙同搭班驾驶员利用执行院前急救的职务便利，将急救病人送往温州市康宁医院、温州市中西医结合医院等医院救治。上述医院为表示感谢并希望被告人厉某及搭班驾驶员多送急救病人到院救治，以增加业务量，遂按照相应标准支付好处费共计人民币 61,000 余元，被告人厉某分得 30,500 余元。

2013 年 2 月至 4 月，被告人厉某在温州市急救中心调度科担任调度员期间，利用接听"120"急救电话和调度急救车的工作便利，将获取的急救信息违规提供给非法从事医疗急救车营运的郑某乙（已判），让其承接急救业务并从中谋取利益。其间，为感谢被告人厉某的关照，郑某乙陆续以回扣的形式支付其人民币8200元，被告人厉某均予以收受。

2013年5月至6月，被告人厉某被调离调度员岗位后，伙同温州市急救中心调度科的工作人员林某甲、叶某、周某乙继续将急救信息违规提供给郑某乙，让其承接急救业务并从中谋取利益。其间，为感谢被告人厉某等人的关照，郑某乙陆续以回扣的形式支付其人民币7800元，被告人厉某等人均予以收受。

2013年12月13日，被告人厉某已退出全部赃款。案发后，被告人厉某在羁押期间检举揭发刘某某盗窃犯罪行为，经公安机关查证属实。

认定以上事实的证据有：事业单位法人证书，事业单位人员信息采集表及工作证明，事业单位工作人员工资变动审核表，急救中心服务范围及医务科工作职责、急救医师职责、调度员职责、驾驶员职责等材料，证人陈某甲、黄某、张某甲、金某、郑某甲、胡某、张某乙、周某甲、池某、饶某、谢某、管某甲、张某丙、丁某、叶某、周某乙、林某甲、郑某乙、李某、陈某乙、孙某、傅某、张某丁、王某甲、王某乙、童某甲、蔡某甲、童某乙、沙某、潘某、王某丙、管某乙、徐某甲、王某丁、蔡某乙、张某戊、刘某、谭某、陈某丙、徐某乙、林某乙、许某、林某丙、汤某、张某己、夏某、薛某的证言，笔记本，银行账户明细，扣押财物清单及（暂扣）款票据，领款凭证，登记簿，急诊入院评估表及急救中心院前急救病历，院前急救病历，住院病历，接诊凭证及门诊清单，归案经过说明，立功认定意见书及相关材料，被告人厉某的身份证明材料等。

原审法院以受贿罪判处被告人厉某有期徒刑一年六个月，已退出的赃款46,500元予以没收，并上缴国库。

原审被告人厉某上诉称，其并非从事公务的人员，原判认定其犯受贿罪不当，应认定为非国家工作人员受贿罪，在本案第三节共同犯罪中起次要、辅助作用，应认定为从犯，原判量刑畸重，要求改判并适用缓刑。

经二审审理查明的事实和证据与原审判决所认定的一致，本院予以确认。

本院认为，上诉人厉某身为国家工作人员，利用职务上的便利，单独或结伙非法收受他人财物，为他人谋取利益，其行为已构成受贿罪。温州市急救中心是政府成立的负责院前急救的事业单位，厉某与搭班驾驶员代表急救中心共同履行院前急救任务，该行为属于履行急救中心管理公共事务的职责，系从事公务，根据《中华人民共和国刑法》第九十三条第二款的规定，应以国家工作人员论，故上诉人厉某关于本案应定性为非国家工作人员受贿罪的意见理由不足，不予采纳。关于上诉人厉某在本案第三节中的作用，经查认为，厉某在该节事实中积极从中牵线搭桥，且与林某甲、叶某、周某乙均等分赃，行为积极，作用较大，并非起次要、辅助作用，上诉人厉某关于本节应认定其为从犯的理由不足，亦不予采纳。原判鉴于厉某归案后能如实供述自己的罪行，又有立功表现，且已主动退出全部赃款，已对其从轻处罚。原判定罪准确，量刑适当，审判程序合法。厉某诉求改判并适用缓刑的理由不足，不予采纳。据此，依照《中华人民共和国刑事诉讼法》第二百二十五条第一款第（一）项和《中华人民共和国刑法》第三百八十五条、第三百八十六条、第三百八十三条、第二十五条第一款、第六十七条第三款、第六十八条、第六十四条之规定，裁定如下：

驳回上诉，维持原判。

本裁定为终审裁定。

4. 许某某受贿案

[案号：江苏省苏州市某区人民法院刑事判决书

（2007）刑初字第283号]

公诉机关：江苏省苏州市某区人民检察院，检察员：王某某。

被告人：许某某，男，1960年××月××日出生，汉族人，大学文化，原系苏州市某区房产管理局局长，曾任苏州市某地产开发有限公司法定代表人。因本案于 2008 年 3 月 24 日被刑事拘留，同年 4 月 7 日被逮捕。

辩护人：毛某某、曹某某，江苏苏州开明律师事务所律师。

苏州市相城区人民检察院指控称：

被告人许某某在担任苏州市某区房产管理局（以下简称房管局）局长兼任房管局下属苏州市某甲房地产开发有限公司（以下简称开发公司）法定代表人期间，利用职务之便，于 2002 年 11 月至 2008 年，收受张某某贿赂的东芝 TOSHIDA 牌 34AF9UC 型号彩电 1 台，价值人民币 8380 元；收受蒯某某贿赂的人民币 10,000 元及价值人民币 8900 元的 18K 金钻石项圈 1 条；收受邹某某贿赂的人民币 30,000 元；收受王某某贿赂的美元 2000 元；收受韩某某贿赂的人民币 21,000 元。

被告人许某某在担任房管局局长、开发公司法定代表人期间，利用职务之便，于 2004 年春、2006 年夏，收受阮某某贿赂的人民币 4000 元。

被告人许某某又于 2007 年 5 月，利用职务之便，以明显低于市场的价格向苏州某房地产开发有限公司（以下简称某房产公司）购买 A 小区商品房一套，后转手赚取差价，收受贿赂人民币 116,223 元。公诉机关认为，被告人许某某身为国家工作人员，利用职务之便，非法收受他人财物，为他人谋取利益，其行为构成受贿罪。被告人犯罪后自首，依法可减轻处罚。提请法院依法惩处。

被告人的答辩及其辩护人的辩护意见：

被告人许某某当庭供称在侦查阶段的供述属实。当庭辩称支付工程款签字仅是履行一下手续而已。

辩护人提出如下辩护意见：（1）指控被告人许某某以明显低于市场价格向某房产公司购买商品房构成受贿罪不成立。某房产公司在相城区开发商品房，要预售商品房须经房管局审批预售许可证是客观事实，但被告人许某某并未利用职务之便为开发商谋取利益，收受财物及低价购房时开发商也未有具体请托事项；购房价也是开发商为拉低整个楼盘的房价从而避免被行政处罚，经过事先集体商定的，针对批量商品房且不针对特定人的最低优惠价格，根据最高人民法院、最高人民检察院的司法解释，不属于受贿。（2）指控被告人收受蒯某某钱物构成受贿罪不成立。蒯某某系从张某某处分包工程，与开发公司无直接关系，与许某某的职务没有联系；蒯某某并不存在具体的请托事项，也无证据证明被告人许某某确知蒯某某在做拆迁小区工程。（3）指控收受王某某美元2000元构成受贿罪不成立。王某某是通过招投标取得绿化工程，许某某没有利用职务之便为王某某谋取利益，也没有为具体请托事项承诺为王某某谋取利益。（4）指控收受张某某彩电构成受贿罪不成立。张某某与许某某之间存在私交关系，张某某在许某某搬迁新居时送许某某彩电，其后许某某回赠书法作品及题写招牌证明双方间系礼尚往来。（5）被告人许某某具有自首情节，全额退赃，建议对被告人许某某减轻处罚并适用缓刑。

苏州市某区人民法院公开审理查明：被告人许某某在担任房产管理局局长兼下属房地产开发有限公司法定代表人期间，利用职务上的便利，分别收受阮某某等五人贿赂的钱物，合计价值人民币198,503元，美元2000元。其中，2007年5月，被告人许某某与销售方阮某某约定以3050元，总价人民币341,173元的价格向其公司购买A小区3幢601室商品房一套。2008年1月21日，被告人许某某将其转手。后经该区价格认证中心鉴定，该商品房于2007年5月的市场销售价为457,396元，获差价116,223元。

1. 上述事实有下列证据证明

主体及职务、职权方面的事实：

（1）2001年8月13日某区编委发文的某编委〔2001〕4号文件，证实同意设房管局，区直属事业单位。

（2）2001年8月23日某区政府发文的某政人〔2001〕4号任免通知，证实任命许某某为房管局副局长（主持工作）。

（3）2002年1月14日某区政府发文的某政人C200232号任免通知，证实任命许某某为房管局局长。

（4）事业单位法人证书，证实房管局于2002年4月23日登记设立。

(5) 工商登记，证明开发公司于 2001 年 7 月 10 日登记设立，证实法定代表人是许某某，经营范围：房地产开发、销售、租赁。

2. 犯罪事实部分

(1) 被告人许某某对受贿事实供认不讳，且与下述证人证言能够相互印证。

(2) 证人张某某证言，证实 B 分公司承接 C 小区 1—4 期及 D 小区的土建工程，其于 2002 年 11 月送至许某某家中一台东芝 34 英寸彩电。送钱物原因是表示谢意。书证相价纠鉴字 [2008] 06 号价格鉴证结论书，证实东芝牌彩电价值人民币 8380 元。

(3) 证人蒯某某证言，证实 2001～2003 年从 B 分公司承接 C 小区部分市政道路工程。2003 年春节至许某某家楼下，给许一纸质马甲袋，内有人民币 10,000 元及 1 条女式黄金项圈。书证某价纠鉴字 [2008] 10 号价格鉴证结论书，证实 18K 金钻石项圈价值人民币 8900 元。

(4) 证人邹某某证言，证实其通过房管局承接了某区 Y 小区、C 小区的二笔型材供应业务。2003 年 7～8 月，以赞助许某某女儿读书的名义在许家中送人民币 3 万元。

(5) 证人王某某证言，证实其为 D 小区绿化工程找到许某某，许当时就关照副局长沈某某，最后成功中标。为感谢许帮忙，从 2004 年至 2007 年，每年春节均以拜年的名义送 500 美元，共计 2000 美元。

(6) 证人韩某某的证言，证实为了感谢许某某，于 2004 年至 2008 年的每年春节，共送给许某某 21,000 元。

3. 以交易形式收受贿赂的犯罪事实

(1) 被告人许某某对受贿事实供认不讳，且能与证人证言相互印证。

(2) 证人阮某某证言，证实阮某某系某房产公司总经理，于 2005 年开发了 A 小区楼盘。该楼盘的销售，若是关系户，看关系的深浅，最多便宜 200 元/平方米，由公司高层批单子到销售公司。2007 年春节后，销售情况良好，可能超过均价，为避免被物价局罚款，准备在 3 号楼留 10 套房不对外公开以极低价格进行内部销售，销售价为 3050 元/平方米、3060 元/平方米，从而拉低均价。2007 年 3、4 月，许某某定下×幢×室，110 平方米，按 3050 元/平方米计，由其侄子签协议。

（3）证人陈某某证言，证实许某某让其出面定下 3 幢 601 室，后又让其将房卖掉，获利 26 万元。

（4）证人伏某某证言，证实他从陈某某处购得×幢×室，付差价 26 万元。

（5）书证 A 小区认购协议书、商品房买卖合同、记账凭证，证实某房产公司与陈某某于 2007 年 5 月 8 日签认购协议，5 月 17 日签订买卖合同，标的是×幢×室，房屋单价 3050 元/平方米，预付 50,000 元，余款 291,173 元约定于 2008 年 1 月 31 日付清；书证商品房买卖合同注销申请表，证实 2008 年 1 月 21 日陈某某申请注销合同；书证存款凭条及收条，证实许某某通过交易获利 26 万元；书证商品房买卖合同（和伏某某），证实某房产公司与伏某某就×幢×室签订的买卖合同，签约时间 2008 年 1 月 21 日，其他条件与陈某某合约相同。

（6）书证物价局核定的商品房直接成本明细及某价〔2006〕51 号文件，证实经物价局核定的 2、3、4 号楼直接成本均价为 3388.8 元/平方米，经核准的销售基准价是 4126 元/平方米，可上浮 5%，下浮不限。

（7）书证某价纠鉴字〔2008〕07 号价格鉴定结论书，证实按政府指导价测算，A 小区×幢×室于 2007 年 5 月的市场价格为 4573.96 元/平方米。

（8）书证苏州市商品房预售申请表，证实某房产公司于 2005 年至 2007 年 4 月因开发 A 小区楼盘申请商品房预售许可证，审批单位系相城区房管局。

苏州市相城区人民法院根据上述事实和证据认为：被告人许某某身为国家工作人员，利用职务上的便利，非法收受他人财物，为他人谋取利益，构成受贿罪。行贿人阮某某系开发商，在被告人职权范围内从事商品房开发业务，被告人作为房管局局长，具有审批商品房预售许可证等权力。阮某某与被告人许某某在业务上存在行政管理的关系，其以低于市场价格卖给被告人许某某商品房，是希望其在审批预售许可证上给予照顾，符合权钱交易的本质特征。对辩护人提出向被告人出售的价格是开发商集体决定，而且是批量低价，并不针对特定人的，属于"两高"司法解释中的"最低优惠价格"的意见，本院认为，尽管开发商以低价（合同价）销售的目的是要拉低整个楼盘的销售价格，以避免因房价过高而被行政处罚，但低价确定以后以低价销售的对象却是特定的关系人。而且从开发商最终的操作上看，真正按定下来的低价销售的对象也并不多，其中两个与阮某某业务上存在管理与被管理的关系，一个是阮某某的舅舅，除此而外的其他人均根据关系远近在合同价外另外加收了数额不等的房款。被告人具有自首情节，且全额退赃，主动缴纳财产刑的执行保证金，有认罪悔改表现，因此，对其减轻处罚。

苏州市某区人民法院依照《中华人民共和国刑法》第三百八十五条第一款，第三百八十六条，第三百八十三条第一款（一）项、第二款，第六十七条第一款、第六十四条之规定，判决如下：

被告人许某某犯受贿罪，判处有期徒刑六年，并处没收财产人民币 20 万元；受贿所得予以没收，上缴国库。

5. 肖某某受贿案

[案号：湖北省公安县人民法院刑事判决书（2016）鄂 1022 刑初 70 号、湖北省荆州市中级人民法院刑事裁定书（2016）鄂 10 刑终 192 号]

（2016）鄂 1022 刑初 70 号

公诉机关：公安县人民检察院。

被告人：肖某某，男，1972 年××月××日出生于湖北省公安县，汉族，大学本科，原系公安县某土管所原所长，住公安县。因涉嫌犯受贿罪，于 2015 年 3 月 18 日被公安县公安局刑事拘留，同年 3 月 31 日经公安县人民检察院决定取保候审。

辩护人：王某，湖北荆辉律师事务所律师。

公安县人民检察院于 2016 年 4 月 7 日以公检公诉刑诉（2016）60 号起诉书指控被告人肖某某犯受贿罪向本院提起公诉。本院依法组成合议庭，于 2016 年 4 月 28 日公开开庭进行了审理，公安县人民检察院指派检察员李某某出庭支持公诉，被告人肖某某及其辩护人王某到庭参加诉讼。因该案案情复杂重大，经荆州市中级人民法院批准延长审理期限三个月。现已审理终结。

公安县人民检察院指控：2007 年至 2015 年，被告人肖某某利用担任公安县某国土资源所所长的职务之便，为他人谋取利益，分二次非法收受他人财物 17 万元。具体事实分述如下：

1. 2011 年 9 月，位于某国土资源所辖区的 A 小区违规进行扩建，某国土资源所的工作人员发现后进入查处程序，A 小区老板袁某为了减轻处罚，于当年国庆节期间的一天，在被告人肖某某租住在公安县县政府大院宿舍内送给被告人肖某某现金 1 万元，要求被告人肖某某对其不予查处，被告人肖某某收钱后要求其所的工作人员对 A 小区违规扩建行为不再查处。

2. 2011 年 3、4 月，伍某甲、伍某乙、伍某丙三姐妹委托杨某在斗湖堤城区附近购买三套房子，杨某相中位于某国土资源所辖区的 B 小区三套房子后，请自己的朋友、时任某国土资源所所长的被告人肖某某出面，要 B 小区开发商桑某在房价上优惠。肖某某同意后给桑某打电话，要求每套房子优惠 10 万元共计 30 万元，否则就要别人在土地招拍挂时举牌和办理房产证时为难，桑某和被告人肖某某经过讨价还价，最终决定三套房子按照市价优惠 26 万元。2013 年三套房子交付后，桑某认为被告人肖某某在其开发中没有帮太大的忙，打电话给被告人肖某某要求三套房子补交房款 15 万元，否则就不办理房产证，并且在纪委举报被告人，被告人肖某某要伍氏三姐妹补交了 10 万元。

针对上述指控，公诉机关提交了证人袁某、张某甲、张某乙、桑某、杨某、伍某甲、伍某乙、伍某丙等人的证言；房产评估意见书；被告人肖某某的供述与辩解以及讯问视频等证据。认为被告人肖某某利用职务之便,非法收受他人财物,数额巨大,为他人谋取利益,其行为触犯了《中华人民共和国刑法》第三百八十五条,犯罪事实清楚,证据确实、充分,应当以受贿罪追究其刑事责任。根据《中华人民共和国刑事诉讼法》第一百七十二条的规定,提起公诉,请依法判处。

被告人肖某某辩称:就起诉书指控的第二起案件,认为只是为朋友打招呼,只存在违纪,不存在违法,这当中我没有收受任何贿赂。其辩护人辩称:一、被告人肖某某受杨某之托找桑某为伍氏三姐妹购房,既没有收取桑某的财物,也没有收取杨某等人的财物,其行为依法不构成受贿罪。本案中,参与买房的人员包括杨某、伍某甲、伍某乙、伍某丙、高某某、胡某某等人,他们均与肖某某不是近亲属、情妇情夫以及其他共同利益关系,不是肖某某的特定关系人;公诉机关指控认为桑某给了她们16万元优惠,但公诉机关没有提供桑某开发的B小区房屋同期销售价格方面的证据,先期优惠的26万元在后补交了10万元后确定的16万元幅度,完全是桑某的一种说法,B小区位于公安县城城郊,伍氏三姐妹在2011年3月找桑某买房时,该房是违章开发项目,俗称"小产权房",公诉机关没有提供确实充分的证据证明涉案的三套房屋实际销售价格明显低于市场价格16万元,公诉机关指控肖某某受贿16万元无事实及法律依据。二、被告人肖某某收受袁某贿赂金额为1万元,达不到刑法规定的受贿数额较大标准,依法不构成受贿罪。三、被告人肖某某主动投案,如实供述违法事实,积极退赃,有悔罪表现,情节轻微,可以不以犯罪论处。综上,辩护人认为被告人肖某某依法不构成受贿罪,请求法院依法宣告其无罪。

经审理查明:2011年9月,位于公安县某国土资源所辖区的A小区违规进行扩建,某国土资源所的工作人员发现后进入查处程序,A小区老板袁某于当年国庆节期间,找到时任某国土资源所所长的被告人肖某某租住在公安县县政府大院宿舍内送给被告人肖某某现金1万元,要求被告人肖某某对其不予查处,被告人肖某某随后要求其所的工作人员对A小区违规扩建行为不再查处。

2011年3、4月,伍某甲、伍某乙、伍某丙三姐妹委托杨某在公安县斗湖堤城区附近购买三套房子,杨某相中位于某国土资源所辖区的斗瓦路B小区三套房子后,请自己的朋友、时任某国土资源所所长的被告人肖某某出面,要某小区开发商桑某在房价上优惠。肖打电话给桑某,要求桑某给予优惠,然后杨某找到桑某,最终伍某甲以13.6万元购得B小区3栋2单元602室(129.46平方米)、伍某乙、伍某丙各以10万元购得1栋2单元602室、702室(102.39平方米)。

桑某于2010年上半年,在公安县某镇斗瓦路原瓦池供销社开发建设B小区,该宗土地取得未进行招拍挂,属违规开发。国土资源管理局和建设局进行了处罚,按照评估价格足额收取土地出让金后,以协议出让的方式供地办证,于2012年年底办理土地使用权和房屋产权总证。桑某便找到被告人肖某某所在的国土资源所要求办理分户证,肖某某要求按规定每户收取200元办证费用。桑某认为,被告人肖某某在其开发中没有帮太大的忙,办证时还要每户收取办证费,后打电话给被告人肖某某要求三套房子补交房款15万元,否则就不办理房产证并且在纪委举报被告人,被告人肖某某要伍氏三姐妹补交了10万元。2013年三套房子交付。

上述事实有公诉机关提交,已经庭审举证、质证的下列证据予以证实:

一、证人证言

1. 桑某证实:2011年3月左右,肖某某的朋友买三套房子要求少30万元,我没有同意,他威胁我在办证的过程中带几个人随便举牌子就让我多出几十万元,于是我答应他三套房子少26万元。2011年他朋友的姐姐要装修房子因为少交购房款,我不同意,肖某某就给我打了十几个电话,我没有接。过后我们在一起时我告诉他少的26万元必须补交。2012年5、6月时,他的朋友又要装修,我没有同意,肖某某打电话后我们在某餐厅吃饭时我告诉他房款不交,装修不能搞。2013年我去办土地使用证时,工作人员张某某告诉我二十几天就可以办好,过十几天后我去找她时她告诉我要找肖某某,我要他打电话给肖某某并且直接把电话拿过来对他说符合政策你就办，不符合就讲清楚，否则我就去投诉。有一次他看见证里面没有他朋友的资料就要我把他三个朋友的证办了就给我办其他的证，我没有办法，只好把他三个朋友的证一起办了。我坚持把房款交后给他们房产证，肖某某说给我补10万元，并且办证的2万多元不要我交，然后再不找他们要钱，我只好同意，他找我索要了139,700元。

2. 马某证实：杨某买的三套房子少收了26万元，伍某甲在桑某调查期间说要补10万元，我没有收。

3. 杨某证实：2011年4月，我找朋友肖某某想在B小区买三套房子，肖某某要我们去找开发商商量，后来双方商量后给我们三家优惠了26万元，后来肖某某告诉我说开发商要补钱，否则就去告他，于是我们三家又补了10万元。

4. 伍某证实：我的两个姐姐和一个妹妹在宝带花园买了三套房子，是杨某找肖某某买的。

5. 袁某证实：2011年国庆节期间，我为了感谢肖某某在我扩建过程中没有因为违建查处我，我在他县政府租住的房子里面送了他1万元。

6. 张某乙证实：2011年，我和张某丙在查处袁某经营的A小区违建过程中，肖某某说袁某是他小学同学要我们不要查处，于是我们就没有管了。

7. 张某甲证实：同上，可以相互印证。

二、书证

1. 中共公安县国土资源局委员会于2007年3月24日下达的公土资委（2007）4号文件关于罗某某等同志职务任免的通知，肖某某任某国土资源所所长，免去其乙国土资源所长职务及肖某某的户籍信息证明。

2. 桑某与伍某甲、胡某某、高某某签订的房屋买卖协议及公安县房屋所有权登记手续、权属证明和完税凭证。

3. 伍某甲出具的房款材料证明，2013年11月至12月我交10万元给马某，其余的33.6万元是我交给马某的。

4. 高某某出具的证明：2011 年 3 月我交了 10 万元由伍某甲交马某，后来我又交了 3.3 万元。

5. 胡某某出具的证明：2011 年 3 月我交了 10 万元由伍某甲交马某，后来我又交了 3.3 万元。

6. 房地产估价报告：2012 年 1 月伍某甲名下的房子估价为 251,929 元；高某某名下的房子估价为 199,251 元；胡某某名下的房子估价为 194,746 元。

7. 公安县人民检察院暂扣款物凭证：收到肖某某退赃款 1 万元整。

8. 公安县人民检察院反贪污贿赂局关于发案经过及肖某某主动投案，积极配合调查、退赃的说明。

三、被告人肖某某的供述与辩解

1. 3 月 19 日供述：2010 年，B 小区的开发商桑某在违法建设的过程中被我所发现后，我要求他按照正常的程序走使之合法化，并且给他出主意要他把西南方向的以前供销社私人的两户房子收购后一起上报，桑某非常感谢，要我自己来开发这两户修建一个单元，我拒绝了，然后他要我出 20 万元一起和他开发，我说没有钱也拒绝了。然后桑某说要我出 20 万元等他开发好后给我两套房子我也拒绝了，我说没有钱，他说等房子开发后给我一套房子，我说我有房子，也拒绝了他。于是他经常说要给我房子、钱，我都拒绝了，最后我烦不过就对他讲到时候我亲戚、朋友来买房子你给他们优惠点就可以了。

2011 年 4 月，我朋友杨某找到我说要在 B 小区给他和两个姨妹子买三套房子并且接我吃饭，吃饭后我因为酒喝得比较多，给桑某打电话要他按照成本价卖给他们，桑某同意并且要我把他的电话告诉杨某等人，要求他们直接找他。不久桑某打电话给我说优惠了 26 万元，并且问我是否满意，我告诉他满意。第二天杨某等人将房款交了以后打电话告诉我优惠了 26 万元，晚上还接我吃饭，给我拿了两条和天下的烟，说给他帮了这么大的忙表示感谢，我推辞不了就接受了。

2013 年桑某到我所办理分户土地所有权证，按照常规是按照每个证是 200 元，他有 103 个证，应该交 20,600 元，桑某不想交，我没有同意。过两天后桑某打电话要和我见面，下班后我开车到B小区的操场上，桑某在我车内说给我朋友少了这么多钱，现在还要交办证费，在开发过程中也没有给他帮什么忙，交办证费可以，我朋友买的三套房子补交15万元，否则去纪委告我，我给他说我找杨某等人给他退10万元算了，桑某同意。我将桑某要退10万元的事情告诉了杨某等人，第二天杨某等人将10万元给了桑某。

2.8月19日供述：2011年国庆节期间，A小区的老板袁某通过关系找到我在我县政府租住的地方送了我1万元，感谢我要工作人员对他违建没有查处。

针对控辩双方争议的焦点及控辩理由，综合全案的证据材料，本院作如下评判：

一、起诉书指控关于肖某某的朋友在B小区购买房屋时，要桑某在房价上优惠，要求每套房子优惠10万元共计30万元，否则就要别人在土地招拍挂时举牌和办理房产证时为难，即桑某证言的真实性问题。

桑某所开发建设的B小区土地取得未经土地招拍挂，属于违规建设。在伍某甲等人找其购房时该开发项目已初见雏形，实际对该宗土地的违法建设处理已无法实现土地招拍挂。事后"按照评估价格足额收取土地出让金后，以协议出让的方式供地办证"，不存在土地招拍挂时举牌和办理房产证时为难的事实。就这一事实，只有桑某的陈述，没有其他证据予以印证，系孤证，不能足以认定。

二、关于被告人肖某某在其朋友购房的过程中是否存在受贿或索贿的事实，是否为桑某谋取了不正当利益的问题。

被告人肖某某在归案后供述，在查处桑某违规开发过程中曾多次拒贿，公诉机关未查证核实。桑某在办理分户证的过程中因肖某某要求收取办证费用而引发纠纷，后打电话给被告人肖某某要求三套房子补交房款15万元，否则就不办理房产证并且在纪委举报被告人，实际后来也补交了10万元。从另一个侧面可以证明被告人肖某某没有为桑某谋取不正当利益。事后，被告人肖某某也没有收受请托人财物。

三、公诉机关以 2012 年 1 月估价时点的估价意见与实际购买价之间的差额作为其受贿金额是否客观的问题。

该房地产估价报告以 2012 年 1 月估价时点的估价与实际购买价之间的差额 16 万元和桑某陈述的优惠价不谋而合。该房地产估价报告未考虑三套房屋成交时开发商尚未取得建设许可和商品房预售许可，实际当时属"小产权房"。该估价报告以取得建设许可和商品房预售许可的《房地产估价规范》进行估价，缺乏真实性、科学性、可行性。公诉机关以此估价报告与实际购买款之间的差额作为指控被告人的受贿金额缺乏证据予以支撑。

四、伍某甲等人是否是被告人肖某某的特定关系人的问题。

杨某、伍某甲、伍某乙、伍某丙、高某某、胡某某等人与肖某某不是近亲属、情妇情夫以及其他共同利益关系，属于一般性的朋友，依照《最高人民法院、最高人民检察院关于办理受贿刑事案件适用法律若干问题的意见》规定，不属于肖某某的特定关系人。

综上所述，本院认为：受贿犯罪是以行为人利用职务上的便利，索取他人财物，或者非法收受他人财物，为他人谋取利益的行为，其犯罪特征为权钱交易，该案被告人没有收受请托人的财物，请托人也并非特定关系人，公诉机关将房地产估价意见与实际购买价之间的差额作为其受贿金额，事实不清，证据不足，关联性存疑；被告人肖某某对受贿袁某贿赂 1 万元供认不讳，但受贿金额尚未达到刑事立案起点，且被告人肖某某主动投案，退清赃款，不应以犯罪论处，公诉机关指控犯受贿罪的罪名不成立，其辩护人的辩护意见本院予以采纳。依照《中华人民共和国刑事诉讼法》第一百九十五条第（三）项之规定，判决如下：

被告人肖某某无罪。

如不服本判决，可在接到判决书的第二日起十日内，通过本院或者直接向湖北省荆州市中级人民法院提出上诉。书面上诉的，应当提交上诉状正本一份，副本二份。

（2016）鄂 10 刑终 192 号

抗诉机关公安县人民检察院。

原审被告人肖某某，男，1972年××月××日出生于湖北省公安县，汉族，大学本科，原系公安县某土管所所长，住公安县。因涉嫌犯受贿罪，于2015年3月18日被公安县公安局刑事拘留，同年3月31日经公安县人民检察院决定取保候审。

辩护人王某，湖北荆辉律师事务所律师。

原审被告人肖某某犯受贿罪一案，公安县人民法院于2016年9月8日作出（2016）鄂1022刑初70号刑事判决：被告人肖某某无罪。宣判后，原公诉机关公安县人民检察院不服，提出抗诉。本院受理后，依法组成合议庭，于2017年2月25日公开开庭审理了本案。荆州市人民检察院指派检察员郑某出庭履行职务，原审被告人肖某某及其辩护人王某等到庭参加诉讼。本案经合议庭评议，审判委员会讨论决定，现已审理终结。

一审认定：2011年9月，位于公安县某国土资源所辖区的A小区违规进行扩建，某国土资源所的工作人员发现后进入查处程序，A小区老板袁某，于当年国庆节期间，找到时任某国土资源所所长的被告人肖某某租住在公安县县政府大院宿舍内送给被告人肖某某现金1万元，要求被告人肖某某对其不予查处，被告人肖某某随后要求其所的工作人员对A小区违规扩建行为不再查处。

2011年3、4月，伍某甲、伍某乙、伍某丙三姐妹委托杨某在公安县斗湖堤城区附近购买三套房子，杨某相中位于某国土资源所辖区的斗瓦路B小区三套房子后，请自己的朋友、时任某国土资源所所长的被告人肖某某出面，要B小区开发商桑某在房价上优惠。肖打电话给桑某，要求桑某给予优惠，然后杨某找到桑某，最终伍某甲以13.6万元购得某小区3栋2单元602室（129.46平方米）、伍某乙、伍某丙各以10万元购得1栋2单元602室、702室（102.39平方米）。

桑某于2010年上半年，在公安县某镇斗瓦路原瓦池供销社开发建设B小区，该宗土地取得未进行招拍挂，属违规开发。国土资源管理局和建设局进行了处罚，按照评估价格足额收取土地出让金后，以协议出让的方式供地办证，于 2012 年年底办理土地使用权和房屋产权总证。桑某便找到被告人肖某某所在的国土资源所要求办理分户证，肖某某要求按规定每户收取 200 元办证费用。桑某认为被告人肖某某在其开发中没有帮太大的忙，办证时还要每户收取办证费，后打电话给被告人肖某某要求三套房子补交房款 15 万元，否则就不办房产证并且在纪委举报被告人，被告人肖某某要伍氏三姐妹补交了 10 万元。2013 年三套房子交付。

上述事实有公诉机关提交、已经一审庭审举证、质证的下列证据予以证实：

一、证人证言

1. 桑某证实：2011 年 3 月左右，肖某某的朋友买三套房子要求少 30 万元，我没有同意，他威胁我在办证的过程中带几个人随便举牌子就让我多出几十万元，于是我答应他三套房子少 26 万元。2011 年他朋友的姐姐要装修房子因为少交购房款，我不同意，肖某某就给我打了十几个电话，我没有接。过后我们在一起时我告诉他少的 26 万元必须补交。2012 年 5、6 月时，他的朋友又要装修，我没有同意，肖某某打电话后我们在某餐厅吃饭时我告诉他房款不交，装修不能搞。2013 年我去办土地使用证时，工作人员张某甲告诉我二十几天就可以办好，过十几天后我去找她时她告诉我要找肖某某，我要他打电话给肖并且直接把电话拿过来对他说符合政策你就办，不符合就讲清楚，否则我就去投诉。有一次他看见证里面没有他朋友的资料就要我把他三个朋友的证办了就给我办其他的证，我没有办法，只好把他三个朋友的证一起办了。我坚持把房款交后给他们房产证，肖某某说给我补 10 万元，并且办的 2 万多元不要我交，然后再不找他们要钱，我只好同意，他找我索要了 139,700 元。

2. 马某证实：杨某买的三套房子少收了 26 万元，伍某甲在桑某调查期间说要补 10 万元，我没有收。

3. 杨某证实：2011 年 4 月，我找朋友肖某某想在 B 小区买三套房子，肖某某要我们去找开发商商量,后来双方商量后给我们三家优惠了26万元,后来肖某某告诉我说开发商要补钱,否则就去告他,于是我们三家又补了10万元。

4. 伍某丙证实:我的两个姐姐和一个妹妹在B小区买了三套房子,是杨某找肖某某买的。

5. 袁某,证实:2011年国庆节期间,我为了感谢肖某某在我扩建过程中没有因为违建查处我,我在他县政府租住的房子里面送了他1万元。

6. 张某乙证实:2011年,我和张某丙在查处袁某经营的A小区违建过程中,肖某某说袁某是他小学同学要我们不要查处,于是我们就没有管了。

7. 张某丙证实:同上,可以相互印证。

二、书证

1. 中共公安县国土资源局委员会于2007年3月24日下达的公土资委〔2007〕4号文件关于罗某某等同志职务任免的通知,肖某某任某国土资源所所长,免去其乙国土资源所长职务及肖某某的户籍信息证明。

2. 桑某与伍某甲、胡某、高某签订的房屋买卖协议及公安县房屋所有权登记手续、权属证明和完税凭证。

3. 伍某甲出具的房款材料证明,2013年11月至12月我交10万元给马某,其余的33.6万元是我交给马某的。

4. 高某出具的证明:2011年3月我交了10万元由伍某甲交马某,后来我又交了3.3万元。

5. 胡某出具的证明:2011年3月我交了10万元由伍某甲交马某,后来我又交了3.3万元。

6. 房地产估价报告:2012年1月伍某甲名下的房子估价为251,929元;高某名下的房子估价为199,251元;胡某名下的房子估价为194,746元。

7. 公安县人民检察院暂扣款物凭证:收到肖某某退赃款1万元整。

8. 公安县人民检察院反贪污贿赂局关于发案经过及肖某某主动投案,积极配合调查、退赃的说明。

三、被告人肖某某的供述与辩解

1. 3月19日供述：2010年，B小区的开发商桑某在违法建设的过程中被我所发现后，我要求他按照正常的程序走使之合法化，并且给他出主意要他把西南方向的以前供销社私人的两户房子收购后一起上报，桑某非常感谢，要我自己来开发这两户修建一个单元，我拒绝了，然后他要我出20万元一起和他开发，我说没有钱也拒绝了。然后桑某说要我出20万元等他开发好后给我两套房子我也拒绝了，我说没有钱，他说等房子开发后给我一套房子，我说我有房子，也拒绝了他。于是他经常说要给我房子、钱，我都拒绝了，最后我烦不过就对他讲到时候我亲戚、朋友来买房子你给他们优惠点就可以了。

2011年4月，我朋友杨某找到我说要在B小区给他和两个姨妹子买三套房子并且接我吃饭，吃饭后我因为酒喝得比较多，给桑某打电话要他按照成本价卖给他们，桑某同意并且要我把他的电话告诉杨某等人，要求他们直接找他。不久桑某打电话给我说优惠了26万元钱，并且问我是否满意，我告诉他满意。第二天杨某等人将房款交了以后打电话告诉我优惠了26万元，晚上还接我吃饭，给我拿了两条和天下的烟，说给他帮了这么大的忙表示感谢，我推辞不了就接受了。

2013年桑某到我所办理分户土地所有权证，按照常规是按照每个证是200元，他有103个证，应该交20,600元，桑某不想交，我没有同意。过两天后桑某打电话要和我见面，下班后我开车到B小区的操场上，桑某在我车内说给我朋友少了这么多钱，现在还要交办证费，在开发过程中也没有给他帮什么忙，交办证费可以，我朋友买的三套房子补交15万元，否则去纪委告我，我给他说我找杨某等人给他退10万元算了，桑某同意。我将桑某要退10万元的事情告诉了杨某等人，第二天杨某等人将10万元钱给了桑某。

2. 8月19日供述：2011年国庆节期间，A小区的老板袁某通过关系找到我在我县政府租住的地方送了我1万元，感谢我要工作人员对他违建没有查处。

一审认为：受贿犯罪是以行为人利用职务上的便利，索取他人财物，或者非法收受他人财物，为他人谋取利益的行为，其犯罪特征为权钱交易，该案被告人没有收受请托人的财物，请托人也并非特定关系人，公诉机关将房地产估价意见与实际购买价之间的差额作为其受贿金额，事实不清，证据不足，关联性存疑；被告人肖某某对受贿袁某贿赂1万元供认不讳，但受贿金额尚未达到刑事立案起点，且被告人肖某某主动投案，退清赃款，不应以犯罪论处，公诉机关指控犯受贿罪的罪名不成立，其辩护人的辩护意见本院予以采纳。依照《中华人民共和国刑事诉讼法》第一百九十五条第（三）项之规定，判决：被告人肖某某无罪。

抗诉机关公安县人民检察院抗诉理由：一、被告人肖某某收受了行贿人桑某的16万元贿赂，一审判决认为"被告人没有收受请托人的财物"系认定事实错误。被告人肖某某利用职务便利，为桑某谋取利益，以明显低于市场价16万元的价格向桑某购买房屋，应认定为受贿。一审法院认为"房地产估价报告以2012年1月估价时点的估价与实际购买之间的差额16万元和桑某陈述的优惠价不谋而合"，认定"公诉机关将房地产估价意见与实际购买价之间的差额作为其受贿金额，事实不清，证据不足，关联性存疑"属于事实和证据认定错误。二、被告人肖某某指定行贿人将财物送给特定关系人以外的第三人符合《全国法院审理经济犯罪案件工作座谈会纪要》中"国家工作人员利用职务上的便利为他人谋取利益，并指定他人将财物送给其他人，构成犯罪的应当以受贿罪定罪处罚"的规定，故肖某某受贿罪成立。

二审查明的事实与一审认定的事实和证据一致，本院予以确认。

本院认为，二审争议焦点有二：一、购房人与被告人肖某某是什么关系？是不是特定关系人？二、购房价格是不是明显低于市场价？

关于第一个焦点问题，本院认为：根据已经查明的事实，购房人伍氏三姐妹伍某甲、伍某乙、伍某丙是被告人肖某某的朋友杨某的朋友，与肖某某不是近亲属、情妇情夫关系以及其他共同利益关系，不属于《最高人民法院、最高人民检察院关于办理受贿刑事案件适用法律若干问题的意见》第十一条规定的特定关系人的范围，不是肖某某的特定关系人。

关于第二个焦点问题，本院认为，伍某甲、伍某乙、伍某丙所购房屋价款没有明显低于市场价，理由如下：有证据证明伍氏三姐妹购房当时的市场价为1000元/平方米左右。二审期间，被告人肖某某的辩护人向本院书面申请调取段某受贿案卷宗关于B小区其他部分购房人关某、吴某、杜某等7人房屋买卖合同、房屋所有权证、税收通用完税证等证据，用以证明B小区2011年前后的房屋均价为1000元/平方米。本院调取上述证据并经庭审质证。本院认为，上述证据是段某案退侦后公诉机关补充提供的证据，具有客观性、合法性、关联性，本院予以采信，并据此认定当时的市场价为1000元/平方米左右。伍氏三姐妹购买的三套房屋总面积334.24平方米，总价336,000元，单价为1005元/平方米。与市场价相当，不存在明显低于市场价购买的情况。一审法院认为，公诉机关所提交的公安县某房地产估价有限公司的《房地产估价报告》，未考虑三套房屋当时成交时属"小产权房"的实际情况，以取得建设许可和商品房预售许可的《房地产估价规范》进行估价，缺乏真实性、科学性、可行性，而不予采信，不存在证据采信不当的问题。

本院认为，受贿罪是国家工作人员利用职务上的便利，索取、变相索取他人财物，或者非法收受他人财物，为他人谋取利益的行为。本案原审被告人肖某某不是实际购房人，实际购房人与肖某某不是特定关系人，房屋交易价格也不存在明显低于市场价的情形，不存在以交易形式变相收受贿赂的情形。肖某某犯受贿罪缺乏事实依据和法律依据，检察机关的抗诉理由不能成立，本院不予采纳。综上，一审认定事实清楚，证据采信适当，程序合法，判决结果正确，依法应予维持。依照《中华人民共和国刑事诉讼法》第二百二十五条第一款第（一）项之规定，裁定如下：

驳回抗诉，维持原判。

本裁定为终审裁定。

6. 关于昆明某集团有限公司凯里分公司行政处罚公告

[案号：凯市监处字〔2016〕71号]

当事人：昆明某集团有限公司凯里分公司，统一社会信用代码：9152260169271××××；类型：有限责任公司分公司（自然人投资或控股）；营业场所：贵州省黔东南苗族侗族自治州凯里市韶山南路×号×楼；负责人：李某；成立日期：2009年8月20日；营业期限：2009年8月20日至长期；经营范围：图书、报纸、期刊、电子出版物、音像制品销售等。

2016年6月22日，凯里市市场监督管理局收到凯里市监察局文件（凯监案移〔2016〕4号）案件线索移送函。移送函内容是凯里市监察局在调查凯里市一职校相关问题违纪案件中，发现昆明某集团有限公司凯里分公司涉嫌商业贿赂，根据《中华人民共和国行政监察法》第二十二条的规定，将昆明某集团有限公司凯里分公司涉嫌商业贿赂案件线索移送本局调查处理。本局在进行案件核查后报经市局领导同意于2016年6月23日立案。

经查明：当事人昆明某集团有限公司凯里分公司在贵州省黔东南苗族侗族自治州凯里市韶山南路×号×楼从事图书、报纸、期刊、电子出版物、音像制品销售经营业务，2015年7月6日当事人昆明某集团有限公司凯里分公司与凯里市某中等职业学校书面签订秋季《教材采购、供应合同》，合同约定由当事人向凯里市某中等职业学校提供2015年秋季教材，在合同履行过程中，当事人昆明某集团有限公司凯里分公司为了达到长期销售图书教材目的，得到凯里市某中等职业学校交易机会和优势，违背公平、公正和诚实信用市场竞争原则，暗中与凯里市某中等职业学校口头协议：2015年度销售秋季教材按照书本原价83%折扣销售开具增值税发票入账。完成2015秋季教材购销以及付款后，教材按照书本原价83%折扣调到78%，折扣的差额部分以"校本印刷费用"名义在账外给付给予凯里市某中等职业学校，不入凯里市某中等职业学校账号。截至2015年12月21日当事人与凯里市某中等职业学校完成2015秋季购销合同，实际销售金额按照书本原价83%折扣销售，销售教材金额1,072,633.85元，并开具增值税发票入账，2016年3月2日当事人昆明某集团有限公司凯里分公司按照与凯里市某中等职业学校双方口头协议，秋季教材按照书本原价83%折扣调到78%折扣的金额为1,008,017.32元，折扣差额64,616.5元，昆明某集团有限公司凯里分公司根据凯里市某中等职业学校提供的姓名和账号，以支付"校本教材印刷费"名义，通过昆明某集团有限公司凯里分公司经理包某某从凯里农业银行用农行卡（卡号：622848119864730××××）在ATM上转账60,000元到凯里市某某印刷厂李某某卡上，作为凯里市某中等职业学校支付凯里市某某印刷厂打印教材印刷费用，折扣余额4614.5元待定作为当事人要开发票报账的税金。案发后，昆明某集团有限公司凯里分公司暗中账外支付给凯里市某中等职业学校"校本教材印刷费"64,616.5元被凯里市监察局作为违纪款追缴。

另查明：根据昆明某集团有限公司向本局提供"集团公司明细账"证据，昆明某集团有限公司凯里分公司2015年度给凯里市某中等职业学校签订的秋季教材，由昆明某集团有限公司提供，发货金额为995,595.71元，销售金额为1,072,633.85元，进销差价77,038.14元，昆明某集团有限公司凯里分公司为销售其公司的图书教材，以"校本教材印刷费"名义，采用账外暗中收受的形式给予凯里市某中等职业学校回扣，其行为属于《关于禁止商业贿赂行为的暂行规定》第五条禁止性规定，昆明某集团有限公司凯里分公司通过商业贿赂形式给付凯里市某中等职业学校回扣，其目的是销售其公司经营的图书教材，昆明某集团有限公司凯里分公司2015年度销售凯里市某中等职业学校秋季教材的进销差价77,038.14元作为其通过商业贿赂手段所取得的利润，根据《工商行政管理机关行政处罚案件违法所得认定办法》第二条规定，当事人所获取的利润77,038.14元属于商业贿赂的违法所得，应当依法追缴。

上述事实，有下列证据佐证：

证据一：《营业执照》（统一社会信用代码：91522601692713×××）复印件1份，证明当事人主体资格合法有效的经营者身份的事实。

证据二：《事业单位法人证书》（统一社会信用代码：12522601430050×××）复印件1份，证明凯里市某中等职业学校主体资格合法有效的事实。

证据三：当事人与凯里市某中等职业学校秋季学期教材采购、供应合同复印件1份，证明当事人与凯里市某中等职业学校双方秋季学期有供销教材业务经营活动契约的事实。

证据四：集团公司发货明细1份，证明当事人销售给凯里市某中等职业学校的教材进销差价是77,038.14元。

证据五：凯里市某中等职业学校与当事人销售发票单1份12页，证明当事人与凯里市某中等职业学校完成销售教材的事实。

证据六：中国农业银行银行卡交易明细清单1份，证明当事人书城经理包某某的农行卡转账60,000元作为印刷教材费用给凯里市某中等职业学校指定的李某某银行卡上，也证明当事人履行口头协议将折扣款按凯里市某中等职业学校要求作为教材印刷费用的事实。

证据七：当事人书城经理包某某给当事人资金申请1份，申请书内容是凯里市某中等职业学校秋季教材款已回款，申请支付与学校协议的教材印刷费用，经公司财务中心核实批准按与凯里市某中等职业学校协议支付。证明当事人按照协议与凯里市某中等职业学校支付操作过程情况的事实。

证据八：费用报销清单一份，证明当事人批准将支付凯里市某中等职业学校教材印刷费用60,000元入公司二类账。

证据九：《授权委托书》1份，证明当事人授权的内容及法律责任。

证据十：《居民身份证》复印件1份，证明委托代理人包某某身份。

证据十一：昆明某集团有限公司调令1份，证明包某某是当事人书城经理。

证据十二：《询问（调查）笔录》1份，证明当事人为了达到长期与凯里市某中等职业学校供书业务的目的，经凯里市某中等职业学校要求和双方口头协议，销售教材按照书本原价83%折扣，在完成2015年秋季教材购销合同后，当事人从教材折扣款中拿6万元钱用于支付凯里市某中等职业学校的教材印刷费用，在2015年秋季双方购销教材经营活动中，当事人按照78%～100%的折扣销售教材给凯里市某中等职业学校。在2016年1月7日，凯里市某中等职业学校教务处杨某某老师电话联系当事人书城经理包某某将2015年秋季购书时的协议支付学校的校本印刷费用陆万元整（60,000.00元），包某某向当事人资金申请并经当事人批准后，包某某于2016年3月2日，根据杨某远提供的名字和账号，由公司财务室人员杨某娟将这笔款在凯里农业银行用包某某的农行卡（卡号：622848119864730××××）在ATM上转账60,000元给李某某。截至2016年6月29日，该笔转账款只在二类账上做账，未入公司财务账。证明了当事人与凯里市某职业学校2015年秋季教材销售过程存在商业贿赂违法行为的事实。

证据十三：凯里市某中等职业学校提供的《证明》一份，证明了2015年凯里市某中等职业学校与当事人签订购书合同及购书业务是由杨某某老师代表学校全权处理和2015年秋季教材的折扣差额款60,000元是用于支付学校的校本教材印刷费，并于2016年3月2日从当事人书城经理包某某的农行卡上将此款直接转账到李某某农行卡上的事实。

证据十四：杨某某《居民身份证》复印件1份，证明凯里市某中等职业学校教师杨某某的身份的事实。

证据十五：李某某《居民身份证》复印件1份，证明李某某的身份的事实。

证据十六：李某某《询问（调查）笔录》1份，证明李某某农行卡上收到当事人书城经理包某某的银行卡转账6万元钱和该笔转账款是当事人替凯里市某中等职业学校支付给凯里市某彩印厂校本印刷费用的事实。

证据十七：凯里市某彩印厂《个体工商户营业执照》复印件1份，证明凯里市某彩印厂主体合法的事实。

证据十八：凯里市某彩印厂的《证明》1份，证明李某某是凯里市某彩印厂出资人之一，并在凯里市某彩印厂上班，负责凯里市某彩印厂与凯里市一职校的业务的事实。

证据十九：2014年11月27日的《黔东南日报》1份，日报内有当事人向榕江县某中学捐赠书籍、文具、书包等物品的内容和图片，证明了当事人热心社会公益事业的事实。

证据二十：昆明某集团有限公司凯里分公司会议纪要1份和遵纪守法、诚信经营责任书两份，证明当事人能认识错误并积极学习法律法规，主动改正和预防违法行为的事实。

以上证据分别由当事人签字（或盖章）认可，并由本局查证属实。

2016年10月25日，本局向当事人送达凯市监听告字〔2016〕71号《凯里市市场监督管理局行政处罚听证告知书》，告知当事人本局对其拟作出行政处罚的事实、理由和依据及处罚内容，并告知当事人享有听证的权利，当事人在法定期限内未向本局提出听证，本局视为当事人放弃上述权利。

本局认为：当事人昆明某集团有限公司凯里分公司在与凯里市某中等职业学校签订《教材采购、供应合同》过程中，为了销售其经营的图书教材，获取优于其他经营者的竞争地位，以"校本教材印刷费"名义，采用账外暗中收受的形式给予凯里市某中等职业学校回扣64,616.5元，其回扣形式属于国家工商总局《关于禁止商业贿赂行为的暂行规定》第5条第2款规定"本规定所称回扣，是指经营者销售商品时在帐外暗中以现金、实物或者其他方式退给对方单位或者个人的一定比例的商品价款"的情形，当事人采用商业贿赂手段销售其商品的行为，违反了《中华人民共和国反不正当竞争法》第8条"经营者不得采用财物或者其他手段进行贿赂以销售或者购买商品。在账外暗中给予对方单位或者个人回扣的，以行贿论处；对方单位或者个人在账外暗中收受回扣的，以受贿论处"的规定，构成商业贿赂的行贿行为。

本局认为：昆明某集团有限公司凯里分公司作为从事商业活动的经营主体，在市场交易中，应当遵循自愿、平等、公平、诚实信用的原则，遵守公认的商业道德，而本案的当事人在市场经济活动中违背了市场公平竞争原则，在主观上为其销售经营的图书教材，争取交易机会，在客观方面以"校本教材印刷费"名义，采用账外暗中的形式给予凯里市某中等职业学校贿赂款项，其行为侵犯了正常市场经济交易秩序和其他经营者的合法权利。已构成商业贿赂的行贿行为，应当依法追究其行政责任，以维护公平竞争的市场秩序。本案的受贿方凯里市某中等职业学校账外暗中以"校本教材印刷费"名义收受昆明某集团有限公司凯里分公司贿赂款 60,000 万多元，违反了国家的法律法规和学校的财经纪律，已经受到纪检监察部门的处理。本局对当事人以"校本教材印刷费"名义代替凯里市某中等职业学校支付凯里市某彩印厂打印学校教材的欠款事实，因凯里市某中等职业学校和凯里市某彩印厂未向本局提供相关证据佐证欠款事实，且凯里市某中等职业学校打印相关教材费用，有相应的学校的专项资金拨付，无须账外资金支付，其实质是假借"校本教材印刷费"名义收受当事人通过商业贿赂给予的财物。在本局调查期间，鉴于当事人认识态度好，案发后能积极配合调查，并提供相关凭证资料和积极主动学习法律法规并消除违法后果，之前又能热心社会公益事业，捐赠书籍给贫困地区学校。根据处罚与教育相结合的原则，本局决定对当事人从轻行政处罚。

根据《关于禁止商业贿赂行为的暂行规定》第9条"经营者违反本规定以行贿手段销售或者购买商品的，由工商行政管理机关依照《中华人民共和国反不正当竞争法》第二十二条的规定，根据情节处以一万元以上二十万元以下的罚款，有违法所得的，应当予以没收；构成犯罪的，移交司法机关依法追究刑事责任"和《中华人民共和国反不正当竞争法》第22条"经营者采用财物或者其他手段进行贿赂以销售或者购买商品，构成犯罪的，依法追究刑事责任；不构成犯罪的，监督检查部门可以根据情节处以一万元以上二十万元以下的罚款，有违法所得的，予以没收"的规定，本局决定责令当事人改正违法行为，并处罚如下：

一、罚款人民币壹万叁仟元整（13,000.00元）；

二、没收违法所得人民币柒万柒仟零叁拾捌元壹角肆分（77,038.14元）。

两项共计人民币玖万零叁拾捌元壹角肆分（90,038.14元）上缴国库。

上述罚款，当事人应当自收到本处罚决定书之日十五日内到建行凯里北京路支行缴纳罚款，当事人逾期不履行行政处罚决定的，本局将依照《中华人民共和国行政处罚法》第五十一条：当事人逾期不履行行政处罚决定的，作出行政处罚决定的行政机关可以采取下列措施：（一）到期不缴纳罚款的，每日按罚款数额的百分之三加处罚款；（二）根据法律规定，将查封、扣押的财物拍卖或者将冻结的存款划拨抵缴罚款；（三）申请人民法院强制执行。

如不服本处罚决定，可在接到本处罚决定书之日起六十日内向黔东南州人民政府行政复议办公室或凯里市人民政府申请复议，也可在六个月内向凯里市人民法院提起诉讼。当事人对行政处罚决定不服申请行政复议或者提起行政诉讼，行政处罚不停止执行。

7. 济南某新科技有限公司商业贿赂案

（案号：济历城市监检处字〔2017〕19号）

当事人：济南某新科技有限公司。

统一社会信用代码：91370112792612×××。

类型：有限责任公司（自然人投资或控股）。

住所：山东省济南市历城区二环东路×号金桥国际×号楼。

法定代表人：李某。

注册资本：壹佰伍拾万元整。

成立日期：2006年10月11日。

营业期限：2006年10月11日至×××年××月××日。

经营范围：生物技术研发、咨询；Ⅱ、Ⅲ类医疗器械的批发、零售；医疗设备的租赁（不含融资性租赁）、维修及技术服务；制冷设备、实验室设备、玻璃制品、塑料制品、电子产品、办公用品、五金交电的批发、零售以及其他按法律、法规、国务院决定等规定未禁止和不需经营许可的项目（依法须经批准的项目，经相关部门批准后方可开展经营活动）。

2017年11月30日，我局接济南市章丘区市场监督管理局案件移送函（济章市监案移字〔2017〕17004号）称当事人涉嫌存在商业贿赂行为，其行为涉嫌违反了《中华人民共和国反不正当竞争法》的有关规定，执法人员在报请局长批准后于当日立案，进一步调查处理。

经查实，当事人为了获得交易机会，于2013年9月与章丘市某医院签订了《LJ—2000型大便常规分析仪合作协议书》，向该医院免费提供价值八万元的LJ—2000型大便常规分析仪一套。双方签订的协议中明确约定，当事人向章丘市某医院免费提供该设备后，该医院须从当事人处购买其提供的设备所用的试剂及耗材，不得从第三方或其他公司购买，排挤了其他竞争对手。双方合作期限为3年，现合作期满，根据协议约定，该设备所有权已归章丘市某医院。该设备自2013年9月投入使用后，当事人先后6次向章丘市某医院销售该设备所用试剂及耗材，销售金额39,000元，购进金额18,000元，缴纳税款3447.96元，违法所得17,552.04元。2015年4月后当事人未再向章丘市某医院销售该设备所用试剂及耗材。

证明以上事实主要证据如下：

证据一：当事人的营业执照复印件、医疗器械经营企业许可证复印件和第二类医疗器械经营备案凭证复印件各1份，证明了当事人的主体资格和经营许可情况；

证据二：当事人法定代表人李某的身份证复印件1份，证明了当事人法定代表人身份情况；

证据三：当事人的授权委托书1份和受托人王某某的身份证复印件1份，证明了受托人王某某的身份和被授权情况；

证据四：对当事人的现场检查笔录1份，证明了执法人员对当事人住所现场检查的情况；

证据五：对当事人法定代表人李某的询问笔录1份，证明了当事人向章丘市某医院行使商业贿赂的详细情况；

证据六：当事人提供的与章丘市某医院签订的《LJ—2000型大便常规分析仪合作协议书》复印件1份，证明了当事人与章丘市某医院合作的具体内容；

证据七：当事人提供的与济南某公司签订的《销售合同》和购买LJ—2000型大便常规分析仪的发票复印件各1份，证明了当事人向章丘市某医院提供的LJ—2000型大便常规分析仪的购进情况和进货价格；

证据八：当事人提供的章丘市某医院耗材使用明细1份，证明了当事人向章丘市某医院销售LJ—2000型大便常规分析仪相关试剂及耗材的销售情况；

证据九：当事人提供的向章丘市某医院开具的部分送货单复印件1份，证明了当事人向章丘市某医院销售的LJ—2000型大便常规分析仪相关试剂及耗材的销售价格；

证据十：当事人提供的部分进货记账凭证和进货发票复印件各1份，证明了当事人LJ—2000型大便常规分析仪相关试剂及耗材的进货账目情况；

证据十一：当事人提供的部分销售记账凭证和销售发票复印件各1份，证明了当事人LJ—2000型大便常规分析仪相关试剂及耗材的销售账目情况；

证据十二：当事人提供的部分缴税记账凭证和扣税业务回执复印件各1份，证明了当事人销售LJ—2000型大便常规分析仪相关试剂及耗材的缴税情况；

证据十三：当事人提供的销售给章丘市某医院的LJ—2000型大便常规分析仪相关试剂及耗材的利润明细1份，证明了当事人销售LJ—2000型大便常规分析仪相关试剂及耗材所获利润情况；

证据十四：执法人员提取于济南市章丘区市场监督管理局的章丘市某医院商业贿赂案的相关证据材料复印件1份，证明了章丘市某医院收受商业贿赂以及购进当事人LJ—2000型大便常规分析仪相关试剂及耗材的时间、数量和金额的具体情况；

证据十五：济南市章丘区市场监督管理局案件移送函及相关证据材料1份，证明了案件来源情况；

证据十六：关于涉案证据的说明1份，证明了当事人已提交所有涉案证据。

以上证据均由相关责任人签名盖章认可。

根据已查明的事实，我局执法人员于2018年1月22日依法向当事人送达了《行政处罚听证告知书》（济历城市监检听告字〔2017〕19号），在法定限期内当事人未提出申辩、陈述要求，也未提出听证要求。

当事人上述行为，损害了其他经营者的利益，破坏了公平竞争的市场经营秩序。违反了修订前的1993年《中华人民共和国反不正当竞争法》第8条第1款"经营者不得采用财物或者其他手段进行贿赂以销售或者购买商品。在帐外暗中给予对方单位或者个人回扣的，以行贿论处；对方单位或者个人在帐外暗中收受回扣的，以受贿论处"和《关于禁止商业贿赂行为的暂行规定》第8条"经营者在商品交易中不得向对方单位或者其个人附赠现金或者物品。但按照商业惯例赠送小额广告礼品的除外。违反前款规定的，视为商业贿赂行为"的规定，构成行使商业贿赂的违法行为。

鉴于当事人贿赂金额为八万元，参照《山东省工商行政管理行政处罚裁量基准》第266条的规定，符合"较轻"处罚的情形。根据修订前的《中华人民共和国反不正当竞争法》第22条"经营者采用财物或者其他手段进行贿赂以销售或者购买商品，构成犯罪的，依法追究刑事责任；不构成犯罪的，监督检查部门可以根据情节处以一万元以上二十万元以下的罚款，有违法所得的，予以没收"和《关于禁止商业贿赂行为的暂行规定》第九条"经营者违反本规定以行贿手段销售或者购买商品的，由工商行政管理机关依照《反不正当竞争法》第22条的规定，根据情节处以一万元以上二十万元以下的罚款，有违法所得的，应当予以没收；构成犯罪的，移交司法机关依法追究刑事责任"的规定。经研究，决定处罚如下：

一、罚款20,000元，上缴国库；

二、没收违法所得 17,552.04 元，上缴国库。

当事人应在收到本处罚决定书之日起十五日内（末日为节假日顺延），到中国农业银行山东省分行、中国工商银行山东省分行、中国邮政储蓄银行山东省分行、中国建设银行山东省分行、齐鲁银行任一网点缴清上述款项。逾期不履行行政处罚决定的，我局将依法采取下列措施：

（一）到期不缴纳罚款的，每日按罚款数额的百分之三加处罚款；

（二）申请人民法院强制执行。

对本处罚决定如有不服，可自接到本处罚决定书之日起六十日内向济南市历城区人民政府申请复议，也可以在六个月内直接向济南市历城区人民法院提起行政诉讼。

根据《企业信息公示暂行条例》和国家工商行政管理总局《工商行政管理行政处罚信息公示暂行规定》的有关规定，本局将通过企业信用信息公示系统、门户网站、专门网站等公示行政处罚信息。

8. 上海某医疗器械有限公司商业贿赂案

（案号：沪工商青案处字〔2015〕第 290201310628 号）

当事人：上海某医疗器械有限公司。

注册号：31022900130××××

住所：青浦区白鹤镇大盈新桥路南侧×弄×号×室。

法定代表人：王某。

经营范围：销售医疗器械（涉及行政许可的，凭许可证经营）。

经查：当事人系经销医院骨科手术医用耗材经销商，医用耗材购入单位为北京某医疗器械有限公司、北京某生物技术有限公司，销售对象为苏州大学附属某医院、昆山市某医院等医院。

2011 年 10 月 11 日至 13 日苏州大学附属××医院在苏州体育馆举办骨科

业务运动医学关节外科培训班，参加人员主要为苏州大学附属某医院的骨科医生及苏州大学骨科系在校本科生及在校研究生，当事人作为苏州大学附属某医院骨科医用耗材经销商协办及参加此次培训班，主要工作是会务服务，2011年10月14日在苏州大学附属某医院骨科的安排下，当事人与此次培训会务工作人员方某（系苏州大学附属某医院骨科实习医生）到苏州体育馆进行会务结账，当事人以现金方式付款给苏州体育馆，苏州体育馆开具一张付款单位为苏州大学附属某医院的租场费6000元财务发票（发票号码为0824××××），事后当事人于2012年6月13日将此张发票在公司进行报销，财务凭证为2012年6月公司财务凭证第26号。

又查实：当事人于2011年12月至2013年6月向苏州大学附属某医院骨科销售骨科带线锚钉、同种异体骨等医用耗材业务计50笔，销售金额计432,837元（含税）。当事人为其支付的6000元培训班租场费，并没有具体指向双方之间的某笔业务，故无法计算违法所得。

上述事实，由以下证据证实：

证据一：当事人法定代表人王某询问笔录二次，证明当事人为了业务替苏州大学附属某医院骨科销售骨科支付会议租场费的事实及经过；

证据二：方某询问笔录一次，证明该科室主办了上述培训班以及当事人替该科室支付了租场费的事实；

证据三：当事人提供的从北京某医疗器械有限公司、北京某生物技术有限公司购入骨科带线锚钉、同种异体骨等医用耗材购货订单及售销单据，证明当事人向其二家公司购入骨科带线锚钉、同种异体骨等医用耗材的事实；

证据四：根据当事人提供的销售发票而制作的销售情况汇总表及发票复印件，证明当事人与苏州大学附属某医院骨科之间的经营情况；

证据五：当事人提供的相关营业执照、医疗器械经营企业许可证复印件，证明当事人的经营资格；

证据六：王某、方某身份证复印件，证明王某、方某的身份信息；

证据七：王某病历复印件，证明长期患病的事实。

我们认为，当事人为了销售其产品而替相关业务科室支付其培训会租场费的行为，违反了《中华人民共和国反不正当竞争法》第8条第1款、《关于禁止商业贿赂行为的暂行规定》第2条的规定，构成了采用财物或者其他手段进行贿赂以销售或者购买商品，在账外暗中给对方单位或者个人回扣的商业贿赂行为。

在调查中，当事人对其商业贿赂的违法行为均予以确认。根据上述查明的事实，本局于2015年1月27日向当事人送达了沪工商青案听告字〔2015〕第290201310628号《行政处罚听证告知书》，告知当事人拟作出行政处罚决定的事实、理由、依据、处罚内容以及当事人依法享有的陈述、申辩和要求举行听证的权利。当事人在法定期限内未提出陈述、申辩意见，未提出举行听证的要求。

当事人为了发展维持其业务而进行商业贿赂的行为，虽然未对社会造成严重后果，但在一定程度上扰乱了医疗器械行业的正常竞争秩序，考虑到当事人的法定代表人长期患病，本着合法性与合理性统一的原则，本局决定酌情对当事人从轻处罚。

根据《中华人民共和国反不正当竞争法》（1993）第二十二条、《关于禁止商业贿赂行为的暂行规定》第九条第一款之规定，本局决定责令当事人改正违法行为，并对其作如下行政处罚：

处罚款人民币伍万元整。

行政处罚的履行方式和期限：

携带《缴纳罚款、没收款通知书》，在通知书规定的期限内，将罚款交至本市工商银行或者建设银行的具体代收机构。其中，逾期缴纳罚款的，可以依据《中华人民共和国行政处罚法》第五十一条第（一）项的规定，每日按罚款数额的百分之三加处罚款。

当事人如不服本处罚决定，可在接到《处罚决定书》之日起六十日内，向上海市工商行政管理局申请行政复议，也可以在三个月内直接向人民法院起诉。

逾期不申请行政复议或者不向人民法院起诉又不履行行政处罚决定的，本机关可以依法强制执行或者申请人民法院强制执行。

根据《企业信息公示暂行条例》和国家工商行政管理总局《工商行政管理机关行政处罚信息公示暂行规定》的有关规定，本局将通过企业信用信息公示系统、门户网站、专业网站等公示行政处罚信息。

9. 任某某受贿案

［案号：上海市杨浦区人民法院刑事判决书（2012）杨刑初字第153号］

公诉机关上海市杨浦区人民检察院。

被告人任某某，因涉嫌受贿犯罪于2011年9月6日被上海市杨浦区人民检察院取保候审，2012年2月27日被本院取保候审。

上海市杨浦区人民检察院以沪杨检刑诉〔2012〕140号起诉书指控被告人任某某犯受贿罪，于2012年2月23日向本院提起公诉。本院依法组成合议庭，公开开庭审理了本案。上海市杨浦区人民检察院指派检察员颜某出庭支持公诉。被告人任某某到庭参加诉讼。现已审理终结。

公诉机关指控，1993年7月至案发，被告人任某某先后任某单位药房药师、主管药师。职责范围为从事进出货做账、领药、门诊收管处方、发药等工作。2009年3月至2011年4月，被告人任某某在该单位药房担任主管药师期间，利用负责收管门诊处方的职务便利，接受医药公司代表的请托，统计医药代表所负责销售的药品对应的每名医生所开处方中的用药量信息，并与医药代表约定，按提供一种药品的统计信息为一个单位，收取约定数额的贿赂，先后收受医药代表王某某、陈某、蔡某、胡某某等人给予的现金共计人民币47,700元。

公诉机关确认，被告人任某某身为国家工作人员，利用收管处方的职务便利，非法收受他人财物共计人民币47,700元，为他人谋取利益，其行为已构成受贿罪。被告人任某某具有自首情节，提请对其从轻处罚。

被告人任某某对起诉书指控的犯罪事实无异议，但辩解，其不是主管药师，其的职责是收处方、发药，处方是放在药房的纸箱中，没有上锁，也没有专人保管。

经审理查明，2009年3月至2011年4月，被告人任某某在任某单位药房药师期间，利用收方发药的职务便利，应医药公司业务员的要求，有偿提供经其汇总、整理的该中心部分药品医生处方用量，分别收取王某某人民币43,400元、陈某人民币2400元、蔡某人民币1300元、胡某某人民币600元。

2011年6月初，被告人任某某在参加单位召开的宣讲严禁为商业目的统方的会议后，于当月13日主动向所在单位投案，同年6月15日，被告人任某某向上海市杨浦区人民检察院工作人员如实供述了上述犯罪事实。案发后，被告人任某某退出全部赃款。

以上事实，有下列证据予以证实：

1. 该单位出具的"主体证明"及"补充说明"证实，被告人任某某具有药师技术职称，单位尚未聘任被告人任某某主管药师职称，工作职责为从事进出货做账、领药、门诊收管处方、发药；中共中央组织部《干部履历表》证实，被告人任某某自1993年7月开始在该单位任药师，2000年3月至案发担任该单位药师；该单位组织机构代码证、医疗机构执业许可证等证实被告人任某某任职单位的机构名称及性质等情况。

2. 证人某单位院长贡某某的证言证实，主管药师是中级技术职称，并不是管理职务，中心因编制问题，尚未聘任被告人任某某主管药师（中级）职称，被告人任某某仍是药师（初级）职称；医生开具的处方统一存放于药房的纸盒中，没有上锁，也没有安排专人保管，保管处方主要是基于药剂师的工作职责收方发药的行为派生的，药房的药剂师对于处方都有保管义务；月底盘点主要是盘点药品每月的入库和出库数量，是对药品总量盈亏的盘点，不涉及每位医生的处方用药信息，是药房六位药剂师同时在场共同完成，盘点结果要药剂师共同确认；单位有专门编制内信息员负责对医生的工作量包括业务总金额、看病人次、人均费用、药品所占业务总金额的比例等进行统计、汇总，监控医生超量或异常用药情况，并确保统计数据的真实性、安全性和保密性，被告人任某某不具有这些工作职责。

3. 证人某单位药房负责人陶某某的证言证实，被告人任某某在药房负责收处方、发药、领药，处方集中放在药房的纸箱中，没有专人保管。

4. 证人王某某的证言证实，其自2009年3月起至2011年4月，让被告人任某某统计18种药品每月每位医生的具体用量，以现金方式给付被告人任某某拉单费共计人民币43,400元。

5. 证人陈某的证言证实，其自2009年3月起至2011年2月，让被告人任某某统计1种药品每月每位医生的具体用量，以现金方式给付被告人任某某拉单费共计人民币2400元。

6. 证人蔡某的证言证实，其自2009年3月起至2011年4月，让被告人任某某统计1种药品每月每位医生的具体用量，以现金方式给付被告人任某某拉单费共计人民币1300元。

7. 证人胡某某的证言证实，其自2010年11月起至2011年4月，让被告人任某某统计1种药品每月每位医生的具体用量，以现金方式给付被告人任某某拉单费共计人民币700元。

8. 上海市杨浦区人民检察院反贪污贿赂局出具的"案发经过"证实，2011年6月13日，被告人任某某向所在单位投案，同年6月15日，被告人任某某向上海市杨浦区人民检察院工作人员如实供述了上述犯罪事实，该院于9月2日立案侦查；上海市杨浦区人民检察院《扣押物品、文件清单》证实被告人任某某于2011年10月26日退出人民币47,700元。

9. 被告人任某某的供述证实，2009年3月至2011年4月，其在任某单位药房药师期间，利用收方发药的职务便利，应医药公司业务员的要求，有偿提供经其汇总、整理的该中心部分药品医生处方用量，分别收取王某某人民币43,400元、陈某人民币2400元、蔡某人民币1300元、胡某某人民币

600 元。

上述证据均经庭审质证属实，足以确认。

本院认为，被告人任某某身为某单位药房药师，利用收方发药的职务便利，非法收受他人财物，为他人谋取利益，数额较大，其行为已构成非国家工作人员受贿罪，对被告人任某某依法应予惩处。

国家工作人员的本质特征是从事公务，认定国家工作人员也应以是否从事公务为依据。从事公务，是指代表国家机关、国有公司、企业事业单位、人民团体等履行组织、领导、监督、管理等职责。本案中，被告人任某某系本单位药师，从事的是不具备职权内容的技术服务工作，不具有公务性质，故被告人任某某不应以国家工作人员论。公诉机关指控的罪名有误，应予纠正。

被告人任某某系自首且自愿认罪，案发后退出全部赃款，依法可以从轻处罚。被告人任某某的犯罪事实、情节、对社会的危害程度及悔罪态度等具体情况均在量刑中综合考虑。为严肃国法，维护社会主义市场经济秩序，依照《中华人民共和国刑法》第一百六十三条第一款，第六十七条第一款，第七十二条第一款，第七十三条第二、三款，第六十四条之规定，判决如下：

一、被告人任某某犯非国家工作人员受贿罪，判处有期徒刑十个月，缓刑一年；

（缓刑考验期限，从判决确定之日起计算。）

任某某回到社区后，应当遵守法律、法规，服从监督管理，接受教育，完成公益劳动，做一名有益社会的公民。

二、扣押在案的违法所得人民币 47,700 元予以没收。

如不服本判决，可在接到判决书的第二日起十日内，通过本院或者直接向上海市第二中级人民法院提出上诉。书面上诉的，应当提交上诉状正本一份，副本二份。

10. 蔡某某、罗某某等非法获取计算机信息系统数据、非法控制计算机系统案

[案号：上海市黄浦区人民法院刑事判决书
（2017）沪0101刑初456号]

公诉机关上海市黄浦区人民检察院。

被告人蔡某某，男，1959年××月××日出生，汉族，户籍在本市黄浦区，住本市。辩护人钱某某，上海理帅律师事务所律师。被告人罗某某，男，1976年×月×日出生，汉族，住本市闵行区。辩护人倪某某、韩某某，上海市丁孙黄律师事务所律师。被告人肖某，男，1974年××月××日出生，汉族，户籍在江西省赣州市，暂住本市。辩护人丁某某，上海凯正律师事务所律师。

上海市黄浦区人民检察院以沪黄检诉刑诉〔2017〕427号起诉书指控被告人蔡某某、罗某某、肖某犯非法获取计算机信息系统数据罪，于2017年6月8日向本院提起公诉。本院依法组成合议庭，于2017年10月10日公开开庭审理了本案。上海市黄浦区人民检察院指派检察员袁某某出庭支持公诉，被告人蔡某某及其辩护人钱某某、被告人罗某某及其辩护人倪某某、被告人肖某及其辩护人丁某某到庭参加诉讼。现已审理终结。

上海市黄浦区人民检察院指控：2015年7、8月，被告人蔡某某与被告人罗某某商议，由罗某某编写程序非法下载妇产科医院的统方数据，蔡某某每月向罗某某支付报酬人民币1.2万元（以下币种均为人民币）。嗣后，被告人罗某某纠集被告人肖某，向其提供笔记本电脑、非法下载软件、妇产科医院计算机系统数据库的用户名和密码，被告人蔡某某于每月月底将肖某带进自己在医院的办公室，由肖某通过医院内部网线接入计算机信息系统，下载医院当月的医生处方等信息数据。罗某某将数据分析整理后存储于U盘交

给蔡某某。蔡某某将数据提供给医药代表获利。2016年1月至10月，罗某某从蔡某某处获取报酬12万元，分给肖某总计5.4万元。

经妇产科医院发现并报案，公安机关于2016年12月16日分别将被告人蔡某某、肖某抓获。同月26日被告人罗某某向所在单位上海某计算机信息系统有限公司坦白上述事实，后被传唤至公安机关。三名被告人均如实供述犯罪事实。

为证明上述指控，公诉人当庭宣读、出示了妇产科医院报案书、上海某计算机信息系统有限公司出具的情况说明及谈话记录；证人鲍某某、苏某、杨某、张某某、陈某某、项某某的证言；证物照片、监控录像、存储光盘、调取、扣押笔录及清单、银行交易明细表等书证；有关勘验检查工作的记录、清单、照片、视频；相关司法鉴定意见书；有关被告人身份信息、工作岗位与权限情况说明以及各被告人的供述等证据。公诉机关据此认为，被告人蔡某某、罗某某、肖某的行为已触犯《中华人民共和国刑法》第二百八十五条第二款，属情节特别严重，应当以非法获取计算机信息系统数据罪追究刑事责任。被告人肖某能如实供述自己的罪行，被告人罗某某系自首，均可以从轻处罚。提请本院依法审判。

被告人蔡某某对公诉机关指控的罪名和基本事实没有异议，但辩称其记不清具体的获利数额，同时对证人张某某的证言提出异议，称其不记得曾向张某某出售过统方数据。其辩护人提出，收集在案的证据不能证实被告人蔡某某出售统方数据的非法获利数额已经达到"情节特别严重"的标准，不应认定为犯罪情节特别严重。另提出，被告人蔡某某系初犯，到案后能坦白罪行，认罪态度较好，所在单位也对其行为表示谅解，故建议对被告人蔡某某予以从轻处罚并适用缓刑。被告人罗某某对公诉机关指控的事实及罪名均无异议。其辩护人提出，被告人罗某某的非法获利数额应当按照共同犯罪人蔡某某出售统方数据的获利数额来认定，而不应认定为蔡某某向罗某某支付的报酬数额。另提出，被告人罗某某在共同犯罪中作用较小，又系初犯，并且有自首情节，故建议对被告人罗某某予以减轻处罚并适用缓刑。被告人肖某对公诉机关指控的事实及罪名均无异议。其辩护人提出，被告人肖某犯罪的主观恶性较小，且系初犯，到案后能如实坦白罪行，主动退赔违法所得，建议对被告人肖某从轻处罚并适用缓刑。

经审理查明：被告人蔡某某在担任妇产科医院检验科主管技师期间，为图私利，明知自己无权进入本院计算机数据库获取医生用药量信息，仍与被告人罗某某商议，拟利用罗某某的技术便利，非法采集上述信息数据并进行统方，然后由蔡某某向医药销售人员出售牟利。2015年，二人约定由罗某某编写下载程序和进行统方，并介绍被告人肖某每月一次去蔡某某处下载数据，每月统方完成后由蔡某某向罗某某支付报酬1.2万元。嗣后，被告人罗某某编写了专门用于采集医院数据的应用程序，并将装有该程序的笔记本电脑，连同其通过职务获知的妇产科医院计算机系统数据库用户名和密码一并提供给被告人肖某。从2016年2月起至案发，被告人蔡某某每月一次将肖某带进妇产科医院检验科315办公室，利用内部网线将笔记本电脑接入医院计算机信息系统，采集当月的医生用药信息数据。尔后，肖某将采集到的数据交给罗某某进行统方，统方完成后则由罗某某将存有统方数据的U盘交给蔡某某，由蔡某某出售给医药销售人员。2016年1月至10月，罗某某从蔡某某处共获取报酬12万元，从中分给肖某5.4万元。

2016年12月16日，公安机关接到妇产科医院报案后，将被告人蔡某某、肖某抓获，二人均作了如实供述。同月26日，被告人罗某某向所在单位坦白了上述事实，被传唤至公安机关后亦作了如实供述。

上述事实，有以下证据证实：

1. 被告人蔡某某、罗某某、肖某的供述。三名被告人均对非法获取妇产科医院计算机信息系统数据的事实供认不讳，且能相互印证。

2. 医院检验科蔡某某办公室照片、监控录像及调取清单、存储光盘等证据，分别证实被告人蔡某某、肖某作案的时间、地点等事实。涉案电脑及U盘的照片，调取、扣押笔录、清单，证实被告人非法侵入医院计算机信息系统的时间、客户端等具体情况。上述情况与被告人供述相符。

3. 现场勘验检查工作记录、封存电子证据清单、勘验检查照片记录表、公安机关制作的罗某某到案后演示统方过程的视频,上海弘连网络科技有限公司计算机司法鉴定所出具的司法鉴定意见书,证实被告人非法侵入妇产科医院计算机信息系统的具体手段及其获取的用药信息数据情况等事实。

4. 证人杨某、张某某、陈某某的证言,相关银行交易明细表,分别证实被告人蔡某某非法出售药品统方信息获利的事实和被告人罗某某、肖某收支报酬的事实。

5. 复旦大学附属妇产科医院、上海某计算机信息系统有限公司出具的工作岗位与权限情况说明,分别证实被告人蔡某某、罗某某无权进入医院计算机数据库,但又具有相关便利条件的事实。

6. 复旦大学附属妇产科医院报案书,证人鲍某某、苏某的证言,公安机关出具的工作记录,上海某计算机信息系统有限公司出具的情况说明及谈话记录,分别证实妇产科医院发现数据被非法采集的经过和被告人到案经过。证人项某某的证言,证实查获犯罪工具的经过。

7. 公安机关常住人口基本信息,证实三名被告人的身份信息。

以上证据均经庭审质证属实,本院予以确认。

关于被告人蔡某某否认向张某某出售统方数据一节,经查,公诉机关在审查起诉阶段曾于2017年3月31日对蔡某某进行讯问,当问及"除了你说到的杨某、汪某等,你是否将医院药品统方信息出售给他人"时,蔡某某即主动交代说:"张某辉和她姐姐……她们每次要的药名比较少,联系的也比较少。"此后,公安机关根据蔡某某的供述找到张某辉的姐姐张某某查证时,张某某即承认向蔡某某购买过统方数据。被告人供述与证人证言能相互印证,应予认定。

关于辩护人提出的非法获利数额认定问题,本院查证情况如下:第一,被告人蔡某某到案后的多次供述中,均承认每月向医药销售人员出售统方数据20条左右,被告人罗某某的供述也能证明每月的统方数据约为20条。第二,根据被告人蔡某某供述,其向医药销售人员出售的统方数据价格为每条

600元，但这一供述无其他证据印证。第三，被告人蔡某某、罗某某均供述，蔡某某在实施犯罪行为之前已与罗某某商定，每月支付报酬1.2万元，此后也确实如期如数支付，总计为12万元。根据上述供述，固然能推测蔡某某的非法获利数额应不少于2.5万元，但此节仍缺乏有效的证据支持。第四，医药销售人员杨某、张某某的证言以及收集在案的其他证据，均不能有效证明被告人蔡某某的非法获利数额已达到2.5万元以上。综合上述情况，不能确认被告人蔡某某的非法获利数已达到"情节特别严重"的标准。至于被告人罗某某虽与蔡某某系共同犯罪，但这种共同犯罪并不是以分赃为利益关联，而是一方为另一方提供帮助并获取利益，这种利益与另一方是否销赃得利无涉。因此应当将被告人蔡某某支付给罗某某的12万元认定为罗某某的非法获利数额。

本院认为，被告人蔡某某、罗某某、肖某违反国家关于计算机信息和医药信息的管理规定，侵入医疗单位计算机信息系统，获取该系统内存储的数据并非法获利，其行为均已构成非法获取计算机系统信息数据罪，且系共同犯罪，其中被告人蔡某某情节严重，被告人罗某某、肖某情节特别严重，依法应予处罚。被告人蔡某某起意并主导了整个犯罪过程，在共同犯罪中地位、作用相对重要于其他被告人，理应体现于不同的处罚。鉴于其到案后尚能如实供认基本犯罪事实，有一定的悔罪态度，故可予以从轻处罚。辩护人的相关辩护意见可予采纳，但适用缓刑的意见不予采纳。被告人罗某某在共同犯罪中的作用和非法获利数额均大于被告人肖某，但鉴于其犯罪后能投案自首，且有一定的认罪悔罪表现，依法可予从轻处罚并给予缓刑考验。被告人肖某到案后能如实供述自己的罪行，且有一定的认罪悔罪表现，依法可予从轻处罚并给予缓刑考验。辩护人的相关辩护意见均可予以采纳。据此，依照《中华人民共和国刑法》第二百八十五条第二款、第二十五条第一款、第六十七条第一款、第三款、第七十二条第一款、第三款、第六十四条之规定，判决如下：

一、被告人蔡某某犯非法获取计算机信息系统数据罪，判处有期徒刑二年，并处罚金人民币一万元。

（刑期从判决执行之日起计算。判决执行以前先行羁押的，羁押一日折抵刑期一日，即自2016年12月16日起至2018年12月15日止。罚金自判决生效后第二日起十日内缴纳。）

二、被告人罗某某犯非法获取计算机信息系统数据罪，判处有期徒刑三年，缓刑三年，并处罚金人民币一万元。

（缓刑考验期限从判决确定之日起计算。罚金自判决生效后第二日起十日内缴纳。）

三、被告人肖某犯非法获取计算机信息系统数据罪，判处有期徒刑三年，缓刑三年，并处罚金人民币一万元。

（缓刑考验期限从判决确定之日起计算。罚金自判决生效后第二日起十日内缴纳。）

四、犯罪所得予以没收；犯罪工具红色联想V370笔记本电脑一台予以没收。

如不服本判决，可在接到判决书的第二日起十日内，通过本院或者直接向上海市第二中级人民法院提出上诉。书面上诉的，应当提交上诉状正本一份，副本三份。

11. 白城市某建筑工程有限责任公司、王某甲犯对有影响力的人行贿案

[案号：长春市宽城区人民法院刑事判决书（2017）吉0103刑初9号]

公诉机关长春市宽城区人民检察院。

被告单位白城市某建筑工程有限责任公司，单位地址：吉林省白城市海明西路×楼×号，法定代表人：王某甲。诉讼代表人：吴某某，大专文化，现住吉林省白城市。被告人王某甲。户籍所在地吉林省白城市，现住吉林省

白城市。因涉嫌对有影响力的人行贿，于 2016 年 4 月 27 日被取保候审。

长春市宽城区人民检察院以长宽检刑检刑诉（2016）743 号起诉书指控被告单位白城市某建筑工程有限责任公司、被告人王某甲犯对有影响力的人行贿罪，于 2017 年 1 月 5 日向本院提起公诉。本院受理后，依法组成合议庭，公开开庭审理了本案。长春市宽城区人民检察院指派检察员郜某某出庭支持公诉。被告单位白城市某建筑工程有限责任公司诉讼代表人吴某某、被告人王某甲到庭参加了诉讼，现已审理终结。

长春市宽城区人民检察院指控：2015 年 7 月，被告人王某甲为使自己作为法定代表人的白城市某建筑工程有限责任公司，承揽到某医院办公楼工程，在某医院实施办公楼工程招投标过程中，通过高某甲（另案处理）利用其妻子某医院院长韩某某的影响力，指使韩某某下属某医院办公室主任高某乙，违规操作，使白城市某建筑工程有限责任公司中标。中标后，被告人王某甲为感谢高某甲在招投标过程中的帮助，于 2015 年 9 月安排白城市某大酒店有限公司（王某甲自然人独资）的出纳员张某某以现金的形式给予高某甲好处费人民币 40 万元；又于 2015 年 11 月安排张某某以转账的形式给予被告人高某甲好处费人民币 50 万元。

被告人王某甲于 2016 年 3 月 25 日自首到案。被告人王某甲对有影响力的人行贿共计人民币 90 万元。

长春市宽城区人民检察院指控上述事实提供的证据有书证、证人证言、被告人的供述与辩解、视听资料等。

长春市宽城区人民检察院认为被告单位白城市某建筑工程有限责任公司为谋取不正当利益，向国家工作人员的近亲属行贿，其行为触犯了《中华人民共和国刑法》第三百九十条之一的规定，犯罪事实清楚，证据确实、充分，应当以对有影响力的人行贿罪追究其刑事责任；被告人王某甲身为被告单位法定代表人和直接负责的主管人员，其行为触犯了《中华人民共和国刑法》第三百九十条之一的规定，犯罪事实清楚，证据确实充分，应当以对有影响力的人行贿罪追究其刑事责任。被告人王某甲自动投案，如实供述自己的罪行，根据《中华人民共和国刑法》第六十七条之规定系自首，可以从轻或者减轻处罚。

被告单位白城市某建筑工程有限责任公司诉讼代表人吴某某对公诉机关指控的事实及罪名无异议。

被告人王某甲对公诉机关指控的事实及罪名无异议。

经审理查明：2015年7月，被告人王某甲为使白城市某建筑工程有限责任公司承揽到某医院办公楼工程，在某医院实施办公楼工程招投标过程中，通过高某甲（另案处理）利用其妻子韩某某（时任某医院院长）的影响力，指使韩某某下属高某乙（时任某医院办公室主任）违规操作，使得白城市某建筑工程有限责任公司中标。中标后，被告人王某甲为感谢高某甲在招投标过程中的帮助，于2015年9月安排白城市某大酒店有限公司（王某甲自然人独资）出纳员张某某以现金的形式给予高某甲好处费人民币40万元；又于2015年11月安排张某某以转账的形式给予被告人高某甲好处费人民币50万元。被告人王某甲对有影响力的人行贿共计人民币90万元。2016年3月25日长春市城郊地区人民检察院将王某甲传唤到检察机关，王某甲主动交代了检察机关尚未掌握的上述事实。

上述事实，有下列经庭审举证、质证的证据予以证实。

（一）书证

1. 破案经过证实：犯罪嫌疑人王某甲涉嫌行贿犯罪线索，由长春市人民检察院于2016年3月25日指定长春市城郊地区人民检察院管辖，同日，王某甲被检察人员传唤到检察机关，王某甲主动交代了检察机关尚未掌握的全部犯罪事实。

2. 公民户籍信息证明证实：被告人王某甲的自然情况，无前科劣迹。

3. 营业执照、安全生产许可证、企业信息证实：白城市某建筑工程有限责任公司基本情况，王某甲为该公司法定代表人。

4. 企业信息证实：白城市A建筑工程有限责任公司、白城市B建筑工程有限责任公司的基本情况。

5. 项目开标、评标、中标通知书及建设施工合同等证实：项目招投标具体情况。

6. 营业执照证实：白城市某大酒店有限公司的基本情况，被告人王某甲系该酒店法定代表人。

7. 某大酒店出具说明、账目及银行书证证实：高某甲于2015年9月8日从王某甲公司提走人民币40万元，并与当日存入自己的中国银行账户；于2015年11月4日从王某甲银行卡中将人民币50万元转入高某甲工商银行账户。

8. 招投标保证金相关账目证实：保证金往来的账目情况。

9. 韩某某相关任职文件证实：韩某某于2012年9月24日被中共白城市卫生局委员会任命为某医院院长；于2014年被白城市卫生计生委任命为某服务中心（市妇幼保健院、市妇婴医院）主任（院长）。

10. 高某乙相关任职文件证实：高某乙于2013年4月15日被任命为某医院办公室主任兼院办主任职务。

11. 会议纪要证实：某医院新院址项目由韩某某任基建办主任，高某乙任基建科科长。

12. 某服务中心出具证明证实：高某甲与韩某某系夫妻关系。

13. 白城市某建筑工程有限责任公司与高某甲之间经济往来账目、说明证实：高某甲在2011年至2016年与某公司之间共发生经济往来42笔，某公司账面欠高某甲人民币6420元，这6420元系高某甲从某公司划卡取现金的手续费，实际上某公司与高某甲之间的账目是平的，无债权债务关系。

14. 指定管辖的通知函证实：被告人王某甲涉嫌对有影响力的人行贿案件指定长春市宽城区人民检察院审查起诉，指定长春市宽城区人民法院管辖。

15. 白城市某建筑工程有限责任公司出具的说明、身份证复印件证实：白城市某建筑工程有限责任公司指派吴某某作为诉讼代表人参与诉讼。

（二）证人证言

1. 证人张某某证言证实：2015年9月8日我们公司董事长王某甲在酒店大厅叫我过去，当时高某甲也在，王某甲递给我一张白城农村商业银行卡，让我去银行从这张卡里取40万元给高某甲。我带着高某甲去我们某大酒店对面的白城农商行取40万元,当面交给了高某甲。2015年11月4日,我们董事长王某甲打电话把我叫到他的办公室,递给我一张银行卡,跟我说这张卡是高某甲的,往这张卡里转50万元。我就到我们某大酒店对面的白城农商银行从我们公司董事长王某甲名下的银行卡中往高某甲的卡上转了50万元人民币,这张银行卡中的钱款都是我们酒店的营业收入,这张卡平时放到我手中保管。第一笔40万元的钱因为不是直接转到高某甲的卡里,王某甲没有告诉我怎么下账,我也不知道怎么处理,等到以后董事长告诉我怎么处理后再做账务处理;第二笔50万元的钱是直接转账到高某甲的卡里,我就暂时把这笔钱挂到了公司的其他应收款科目上,等以后董事长交代如何做账务处理时再调整账目。

2. 证人陈某甲证言证实:我任白城市某建筑工程有限责任公司办公室主任,主要负责招投标和办理施工手续等工作。我们单位承揽的某医院的建设项目第二标段的招投标工作是我经手的。2015年6月的一天,王某甲跟我说今年某医院有个项目,让我找两个陪标公司。用他们的资质,由我们公司给这两家公司各做一份不如我们公司的标书,让这两家公司陪着我们公司一起投标,以确保我们公司能顺利中标。我找了白城A建筑工程有限责任公司和白城市B建筑工程有限责任公司。并且让单位技术员陈某乙做我们公司的被授权人代表,王某乙做A建筑工程有限责任公司的被授权人代表,范某某做B建筑工程有限责任公司的被授权人代表,实际他们两家公司没有出人也没有出钱。我们为三个投标公司交纳投标保证金。这个项目是我们老板王某甲找的,前期工作都是他运作的,从他让我找两家公司陪标的方式来围标,我就知道王某甲已经做好了招标公司和项目的甲方某医院的工作,我只要找两家陪标公司满足投标公司数的最低要求,这个工程我们公司肯定能中标。

3. 证人陈某乙证言证实:2015年7月初的一天,我们公司办公室主任陈某甲说有个项目开标,让我代表我们公司,当时还有我们公司的技术员王某乙和范某某。陈某甲分别安排王某乙代表白城市A建筑工程有限责任公司,安排范某某代表白城市 B 建筑工程有限责任公司，一起去参加开标。我只是受陈某甲安排代表我们公司去参加开标会，具体操作我都不清楚。陈某甲直接安排每个人分别担任某个公司的委托代理人，具体原因我不清楚，但他这么做肯定是为了我们公司能中标。

4. 证人王某乙证言证实：2015 年 7 月初的一天，我们办公室主任陈某甲告诉我，让我代表佳兴公司投标。陈某甲安排陈建代表我们白城市某建筑工程有限责任公司，安排范某某代表白城市 B 建筑工程有限责任公司。我只是受陈某甲安排参加开标会，开完会我就回到了工地工作，其他具体操作我不清楚，具体因为什么我也不知道，但是他这么做肯定为我们公司能够中标。

5. 证人范某某证言证实：2015 年 7 月初的一天，我们公司办公室主任陈某甲给我打电话，说明天有个项目开标，让我直接到公司集合。第二天陈某甲让我代表 B 建筑工程有限责任公司投标。当时陈某甲分别安排陈某乙代表我们公司，安排王某乙代表 A 建筑工程有限责任公司参加投标。我到开标现场代表 B 建筑工程有限责任公司在文件上签字。我只是受陈某甲安排参加开标会，开完会我就回到了工地工作，其他具体操作我不清楚，具体因为什么我也不知道，但是他这么做肯定为我们公司能够中标。

6. 证人王某丙证言证实：我是白城市 B 建筑工程有限责任公司法定代表人，2015 年 6 月的一天，白城市某建筑工程有限责任公司的陈某甲给我打电话说，他们公司要参与某医院项目的招投标，想借我们公司的资质陪标。我就同意了。2015 年 7 月 1 日，陈某甲拿着 503,000 元到我们公司交给我们公司出纳王某，让王某存到我们公司的对公账户，之后再把这笔钱转到吉林省某公司作为投标保证金。2015 年 7 月 10 日，某医院第二标段项目的招投标结束了，吉林省某公司把钱返还我们公司账户，我就让王某把钱退还了陈某甲。在整个招投标过程中，我们公司只是负责交了投标保证金，至于具体的标书制作以及公司的投标代理人都是由陈某甲负责的，我们公司人员没有参与。我们公司就是帮助某公司围标。

7. 证人李某某证言证实：我是白城市 A 建筑工程有限责任公司负责人。

2015年6月下旬的一天，陈某甲给我们打电话，说他所在的某公司要承揽某医院第二标段的工程，想借用我们公司的资质帮助某公司陪标，竞标过程中设计的标书制作、投标保证金、竞标公司被授权人代表都有陈某甲负责，我们公司没有派人参与此次竞标是为了某公司中标，让某公司能够承揽到某医院的工程。

8. 证人王某丁证言证实：2015年7月上旬，陈某甲说他们单位要用一张银行卡倒钱，需借用我的建行卡，我把我的建行卡、尤盾、身份证给了陈某甲。两三天后陈某甲把我的建行卡、尤盾、身份证还给我。倒钱就是他们单位因为业务往来把资金存在我的卡里取出来或者转出去，陈某甲没有告诉我他们公司倒钱的事情，他没有给我或者转给我50.2万元，借卡前后的余额是相同的。

9. 证人韩某某证言证实：我是某医院院长，2015年我们单位新建了综合楼工程，经过了招标，吉林省某公司做的招标代理，是我决定的。我把单位新建综合楼的工程交给我们单位的办公室主任高某乙，让高某乙负责与工程相关的一切事宜。我比较信任高某乙，我就按高某乙说的决定用吉林省某公司做我们单位的招标代理公司。大约是2015年7月初，经过吉林省某公司组织招标会，建筑施工标段某公司中标。高某乙没有向我汇报某公司是如何中标的。我认识某公司的老板王某甲，他是我丈夫高某甲的朋友，高某甲没有向我推荐或者和我说过哪家招标公司代理我们单位的招标业务。我不知道高某甲收受过吉林省某公司或者吉林省某公司的人给予的钱物，我也不知道收受王某甲、某公司的人给予的钱物。

10. 证人高某甲证言证实：2015年3月，我听说我爱人韩某某所在的某医院要新建综合楼，我觉得这个工程可以让王某甲的某建筑公司干，我就约王某甲一起吃饭，我把这件事情告诉王某甲，我说让他把这活包下来吧，我认识招标代理公司的人，具体的事情我帮他运作。王某甲说他再找两家陪标公司好他一起竞标，一定能中标。之后我就给妇幼保健院的办公室主任高某乙打电话，我对高某乙说，综合楼工程就用吉林省某公司作为招标代理公司，

· 255 ·

高某乙说可以。2015年4、5月，某医院确定用吉林省某公司作为招标代理公司。我就给吉林省某公司的老板薛某某打电话说，妇幼保健院的活我朋友王某甲的某建筑公司要干，你想办法照顾照顾。薛某某说可以。2015年6月初，薛某某和他们公司的金经理来找我，高某乙也来了，我对金经理和高某乙说，妇幼保健院的项目就让王某甲的公司中标。金经理和高某乙都说行。开标当天下午，我就听说某建筑公司中标了。2015年7月的一天，我和王某甲一起吃饭，聊天的过程中谈到某医院新建综合楼的工程的事，王某甲对我说：这个活要是没有你，我也干不上，这个活就定是咱俩一起干的，有利润大家都花点，我把纯利润的30%给你吧。我没吱声，笑笑就过去了。2015年9月初的一天上午，我中国银行的信用卡透支，马上到还款日期了。我找到王某甲，向他借点钱把信用卡还上。王某甲让他们公司的张会计到白城市某大酒店对面的白城农商银行提取了40万元现金给我，我就用这40万元把信用卡的透支的钱还上了。王某甲对我说这40万元不要了，就当我帮他承揽某医院工程的提成了。2015年11月，我在工行的信用卡马上就要到期还款了，我找到王某甲，让他整俩钱先帮我存上。我就把银行卡放在王某甲那了，到还款日那天，我手机就收到短信提醒了，王某甲把钱给我存上了。过了几天我碰到王某甲，就问他这钱什么时候还，王某甲就说不用了，就当给我的了。我心里明白，王某甲是为了感谢我帮他承揽某医院工程，才给我这50万元。我收受王某甲90万元钱的事，我妻子韩某某不知道。我爱人单位综合楼工程，我没有直接和我爱人韩某某说让王某甲公司中标，我是和韩某某单位办公室主任高某乙直接打的招呼。

11. 证人王某戊证言证实：高某甲在2016年3月与王某戊签订房产抵货款协议，但将交易日期提前至2015年12月30日。

12. 证人高某乙证言证实：2015年4、5月，我们单位的韩某某院长让我上网搜一下招标代理公司，确定一家作为我们单位综合楼工程的招标代理公司，其中包括吉林省某公司。还没确定之前，高某甲给我打电话，对我说吉林省某公司不错，我就向韩某某院长推荐了吉林省某公司，韩某某院长同意了。2015年6月初的一天，高某甲让我到他单位去，经介绍有一个是吉林省某公司的项目经理。高某甲对我和金经理说，某医院的工程要让王某甲的某公司中标。金经理点头同意了，我也同意了。2015年6月上旬，我们单位综合楼工程对外发布招标公告。高某甲把王某甲的公司准确明确告诉我了，还告诉我另外两家公司是陪标的。然后我指着桌子上的标书对兰某某说，这三家企业都是一起的，某公司不错，挺好的。兰某某没说什么，点头表示明白。我的意思就是让某公司中标，最终某公司承建了我们单位综合楼工程。我没有向韩某某汇报按照高某甲让我帮忙让王某甲的某公司中标。

13. 证人薛某某证言证实：2015年5月左右，高某甲给我打电话跟我说，他媳妇单位某医院有个新建医疗大楼的项目，把我们公司推荐给他们了。我就让兰某某负责某医院的项目招标工作。2015年6月前后，在确定了我公司是招标代理公司之后，高某甲给我打电话，说王某甲想干这个活，让我帮着操作好了，就是保证王某甲的公司中标。我让兰某某按照业主（某医院）的意见办，配合业主，王某甲的公司中标。王某甲的公司中标了，但是招标过程具体怎么操作的我不清楚。

14. 证人兰某某证言证实：2015年6月初的一天，薛总（薛某某）让我们项目部与某医院签署《建设工程招标代理合同》，并且叮嘱我们要按照某医院的意思选择中标单位。2015年7月1日白城妇幼保健院办公室主任高某乙跟我说投标三家企业都是一个老板，或者另外两家是某公司找来陪标的。我们招标行业有一个"潜规则"，如果我们招标公司和甲方有内定的中标企业，就将这个企业的标书放在最上面。我们就将某公司的标书摆到了最上面。评委评标后，某公司按照甲方意思顺利中标。

（三）被告人供述

被告人王某甲供述证实：2015年3、4月前后有一天，高某甲和我说他爱人韩某某的单位，某医院有个工程，问我愿不愿意干，我说愿意干。高某甲说要是愿意干，就帮我运作这事，把这个工程整下来。我让高某甲帮我运作招标公司，我找两家陪标的公司和我一起竞标，一定能中标。我就安排陈某甲联系两家陪标公司，白城市 A 建筑公司和白城市 B 建筑公司。这两家公司的标书都是我们做的，那两家公司没有派人参加竞标，都是我们某公司的职工作为他们的公司代表。这两个公司就是我借用一下资质陪标的，根本没派人参加招投标。最后我的白城市某建筑工程有限责任公司中标了。某医院的工程没有高某甲的帮助我是不可能中标的，我不知道高某甲具体怎么运作的，但是这项工程肯定是高某甲从中帮忙了。如果韩某某不是妇幼保健院的院长，高某甲不能对我竞标的事情产生影响，更不能帮我承揽到某医院第二标段的工程项目。2015 年 9 月，有一天高某甲找到我，说他透支的信用卡到还款期限了，让我把他信用卡透支的钱还上。当时我就想借这个机会把回扣给高某甲。我就安排某大酒店的出纳员张某某从我个人的银行卡里提取 40 万元现金交给高某甲。过几天我对高某甲说，拿 40 万元钱我不要了，高某甲说知道了。以前我和高某甲说过，他帮我承揽某医院工程，我给他纯利润的 30% 好处费，这次正好高某甲缺钱，让我替他还款，我就把这 40 万元当作高某甲的某医院的回扣。高某甲明白这 40 万元是我给他某医院工程的回扣，并且收下了这 40 万元的好处费。这 40 万元是好处费，不存在偿还的问题。2015 年 11 月的一天，高某甲找到我说，他工商银行的信用卡到还款日子了，让我帮着存上。高某甲就把他的工商银行信用卡给我了。我当时就同意帮他还款，就当给他回扣了。我把工商银行信用卡交给某大酒店的出纳员张某某，并让张某某去银行从我个人账户上转到高某甲的工商银行信用卡里 50 万元。过几天，我对高某甲说这 50 万元钱就给你了，高某甲也没说什么。我和高某甲都明白，我替他还信用卡这 50 万元不要了，其实就是为了感谢高某甲帮我承揽下某医院建设项目第二标段的工程，这 50 万元是我送给高某甲的好处费。

上述证据，被告单位白城市某建筑工程有限责任公司诉讼代表人吴某某及被告人王某甲均无异议，合议庭认为，以上证据互相关联，相互印证，证据客观真实，本庭予以确认，可作为本案的定案依据。

本院认为，被告单位白城市某建筑工程有限责任公司，违反国家法律规定，为谋取不正当利益，向国家工作人员的近亲属行贿，其行为构成对有影响力的人行贿罪；被告人王某甲身为该公司法定代表人及直接责任人，应对本单位行贿犯罪负刑事责任，其行为亦构成对有影响力的人行贿罪。鉴于被告单位白城市某建筑工程有限责任公司及被告人王某甲自愿认罪，被告人王某甲案发前主动交代犯罪事实，其行为属于自首。综上，考虑被告人王某甲有悔罪表现，判处缓刑对其所居住社区无重大不良影响，能够依法实行社区矫正，可以对其适用缓刑。依照《中华人民共和国刑法》第三百九十条之一【对有影响力的人行贿罪】、第三十条【单位犯罪】、第三十一条【单位犯罪的处罚原则】、第六十七条一款【自首】、第五十二条【罚金数额的裁量】、第五十三条【罚金的缴纳】、第七十二条【缓刑适用的条件】、第七十三条【缓刑考验期限】之规定，判决如下：

一、被告单位白城市某建筑工程有限责任公司犯对有影响力的人行贿罪，判处罚金人民币五十万元。

（罚金于判决生效后上缴国库。）

二、被告人王某甲犯对有影响力的人行贿罪，判处有期徒刑一年，缓刑一年，并处罚金人民币十万元。

（缓刑考验期限，从判决确定之日起计算。罚金于判决生效后上缴国库。）

如不服本判决，可在接到判决书的第二日起十日内，通过本院或直接向吉林省长春市中级人民法院提出上诉。书面上诉的，应当提交上诉状正本一份，副本二份。

12. 上海某汽车销售有限公司商业贿赂案

（案号：嘉市监案处字〔2017〕第 140201710231 号）

当事人：上海某汽车销售有限公司。

住所：嘉定区安亭镇墨玉南路×号×楼。

法定代表人：黄某某。

经查明，当事人成立于2003年12月，作为某汽车公司的授权经销商，主要从事某品牌汽车的销售和售后服务。

某汽车金融（中国）有限公司（以下简称某金融）成立于2005年6月，是某汽车公司旗下的金融公司，主要从事经销商购车贷款、个人汽车贷款等金融业务。

某装备集团财务有限责任公司成立于2005年10月，是某汽车公司的关联公司，主要从事金融业务。

自2004年起，当事人和某金融合作向购车客户提供个人汽车贷款业务，双方签订汽车贷款服务协议，根据协议约定，当事人主要向某金融提供必要的协助并处理必要的工作，包括但不仅限于，向客户初步介绍汽车贷款计划、协助客户向某金融提交贷款申请、协助客户签约、处理车辆抵押登记/注销抵押登记、向客户介绍可供选择的附加产品，以及协助进行回收及处置车辆等，上述服务均由当事人融资部门负责完成。

对当事人向某金融提供的服务，某金融将视所申请的贷款产品的具体情况向当事人支付服务报酬。

另查，自2015年9月起，某装备公司也与当事人合作向购车客户提供个人汽车贷款业务。

为提高自身贷款渗透率，争取更多贷款客户，自2015年11月至2017年2月（对应贷款合同期间自2015年10月至2016年12月），某金融在和当事人签订的汽车贷款服务协议之外，又以300元/单或400元/单不等的标准向当事人支付服务费，具体金额由某金融根据当事人推荐客户申请的贷款产品告知当事人开具服务费发票并向当事人支付费用。

在此期间，某金融并未中断向当事人支付汽车贷款服务协议约定的服务报酬，当事人也未向某金融提供协议约定之外的其他服务，对比某装备公司向购车客户提供的贷款产品，某金融的贷款产品并不具有优势，某金融向当事人支付的上述服务费其实质是假借服务费名义向当事人支付高额贿赂款，诱使当事人在汽车销售过程中大力推荐某金融的贷款产品,使某金融获得更多的交易机会,排挤其他同业经营者,不正当地获取竞争优势。

至案发,当事人共收取某金融支付的汽车贷款服务协议之外的服务费341,000元,扣除已缴纳的税费20,059.96元,违法所得为32,0940.04元。

以上事实有询问笔录、财务凭证及相关书证材料为证。

2017年8月18日,我局依法向当事人送达了嘉市监听告字〔2017〕第14020171×××号行政处罚听证告知书,当事人在法定期限内未向我局提出陈述、申辩意见,亦未要求举行听证,逾期视为放弃上述权利。

当事人在向购车客户推销汽车过程中,大力推荐某金融的贷款产品,收取高额贿赂款,不正当的为某金融获得了竞争优势,该行为违反了《中华人民共和国反不正当竞争法》(1993)第八条第一款"经营者不得采用财物或者其他手段进行贿赂以销售或者购买商品。在帐外暗中给予对方单位或者个人回扣的,以行贿论处;对方单位或者个人在帐外暗中收受回扣的,以受贿论处"和《关于禁止商业贿赂行为的暂行规定》第四条"任何单位或者个人在销售或者购买商品时不得收受或者索取贿赂"的规定,构成了收受商业贿赂的违法行为。依据《中华人民共和国反不正当竞争法》(1993)第22条"经营者采用财物或者其他手段进行贿赂以销售或者购买商品,构成犯罪的,依法追究刑事责任;不构成犯罪的,监督检查部门可以根据情节处以一万元以上二十万元以下的罚款,有违法所得的,予以没收"的规定,鉴于当事人公司在案发前不再收取某金融服务协议约定之外的服务费,主动消除违法行为危害后果,依据《中华人民共和国行政处罚法》第27条第1款第1项"当事人有下列情形之一的,应当依法从轻或者减轻行政处罚:(一)主动消除或者减轻违法行为危害后果的……"的规定,我局责令当事人停止违法行为,予以从轻处罚,作出如下行政处罚:一、没收违法所得人民币叁拾贰万零玖佰肆拾元零肆分;二、罚款人民币贰万元整。

罚没款合计人民币叁拾肆万零玖佰肆拾元零肆分。

现要求当事人:自收到本处罚决定书之日起十五日内,携带《非税收入一般缴款书》，将罚没款交至本市各银行的具体代收机构。

逾期不缴纳罚款的，依据《中华人民共和国行政处罚法》第 51 条第 1 项的规定，我局可每日按罚款数额的百分之三加处罚款。

如当事人不服本处罚决定，可在接到本决定书之日起六十日内，向嘉定区人民政府或者上海市工商行政管理局申请行政复议，也可以在六个月内依法向嘉定区人民法院提起诉讼。

逾期不申请行政复议也不向法院起诉，又不履行行政处罚决定的，我局可以依法申请人民法院强制执行。

根据《企业信息公示暂行条例》和国家工商行政管理总局《工商行政管理机关行政处罚信息公示暂行规定》的有关规定，我局将通过企业信用信息公示系统、门户网站、专业网站等公示行政处罚信息。

13. 某轮胎公司商业贿赂案

（案号：沪工商检处字〔2016〕第 320201510110 号行政处罚决定书）

当事人：某轮胎公司（中国）投资有限公司。

注册号：31000040040×××。

住所：上海市卢湾区淮海中路×号×室 A。

法定代表人：梶原某某。

注册资本：20,455.85 万美元。

经营范围：（略）

当事人商业贿赂一案业经本队立案调查终结，查明违法事实如下：

经查，2013 年 9 月至 2014 年 4 月，当事人在通过经销商向零售商销售某品牌乘用车轮胎过程中，以 A 销售奖励名义，向零售商给付财物，以促使零售商购买其 A 系列产品。

当事人设定零售商 2013 年 4 季度（10 月 1 日至 12 月 31 日）轮胎进货

数量，并以零售商在此期间内通过经销商购进其产品达到或超出上述进货目标110%为奖励条件，根据零售商所购产品中A系列轮胎的数量和规格，按照每条15元至20元不等的金额给予零售商奖励。

嗣后，当事人从北京京东世纪信息技术有限公司购进3,865,620.00元的等值京东商城电子购物卡用于给付上述奖励。

截至案发，当事人分别给予1275家零售商京东商城电子购物卡金额合计3,865,620.00元，对应销售A系列轮胎数量合计223,188条，销售金额合计90,648,669.59元（不含税），扣除成本、税费及相关费用合计75,534,422.40元，当事人获利金额合计15,114,247.19元。

另查，2013年7月至2014年4月，当事人为促进冬季胎销售提高市场份额，以"冬季胎旅游奖励"名义，向零售商给付财物。

当事人通过举办冬季胎现场订货会与零售商约定，零售商在2013年12月31日之前通过经销商购进其冬季胎产品，按照每500条给予一张价值5999.00元旅游卡的奖励。

嗣后，当事人从某企业管理咨询（上海）有限公司购进460张旅游卡用于给付上述奖励，购卡金额合计2,277,000.00元（含相关服务费用）。

截至案发，当事人分别给予154家零售商460张旅游卡，价值合计2,759,540.00元，对应销售冬季胎数量合计261,876条，销售金额合计149,401,867.76元（不含税），扣除成本、税费及相关费用合计147,121,088.46元，当事人获利金额合计2,280,779.30元。

当事人上述两项获利金额共计17,395,026.49元。

以上事实，有当事人委托代理人、相关工作人员、相关经销商及零售商的询问笔录，当事人提供的"ECOPIA销售奖励"与"冬季胎旅游奖励"活动相关决裁及附件、相关财务资料、经销合同等书证材料，经销商、零售商提供的相关合同、往来邮件等书证材料，北京京东世纪信息技术有限公司等单位出具的相关书证材料，上海公信会计师事务所有限公司出具的审计报告（公信业〔2016〕1572号）等证据证明。

本队认为，当事人以"销售奖励"等名义在正常商品交易之外给予零售商购物卡等财物的行为，从主观方面来说，是为了促进产品销售，提高某品牌乘用车轮胎的市场份额。

从客观方面来看，系通过给予额外利益影响下游零售市场经营者对交易对象及商品的选择，从而排挤了其他竞争对手获取交易的机会。

这种排挤不是通过产品质量的提高、配套服务的提升、更为合理的产品定价等正常的市场竞争手段实施的，而是在正常的商品货款之外给付财物收买对方单位，且金额较大，足以对正常的市场竞争秩序产生实质影响，损害其他没有额外利益输送经营主体的利益。

当事人该行为违反了《中华人民共和国反不正当竞争法》（1993）第八条第一款"经营者不得采用财物或者其他手段进行贿赂以销售或者购买商品。在帐外暗中给予对方单位或者个人回扣的，以行贿论处；对方单位或者个人在帐外暗中收受回扣的，以受贿论处"之规定，构成采用财物进行贿赂以销售商品的商业贿赂行为。

根据《中华人民共和国反不正当竞争法》（1993）第二十二条"经营者采用财物或者其他手段进行贿赂以销售或者购买商品，构成犯罪的，依法追究刑事责任；不构成犯罪的，监督检查部门可以根据情节处以一万元以上二十万元以下的罚款，有违法所得的，予以没收"的规定，责令当事人改正违法行为并决定处罚如下：

一、罚款人民币壹拾伍万元整；

二、没收违法所得人民币壹仟柒佰叁拾玖万伍仟零贰拾陆元肆角玖分。

行政处罚的履行方式和期限：当事人应于收到行政处罚决定书之日起十五日内，携带《缴纳罚款、没收款通知书》，将没收款和罚款交至本市工商银行或者建设银行的具体代收机构。

其中，逾期缴纳罚款的，本队可依据《中华人民共和国行政处罚法》第五十一条第（一）项的规定，每日按罚款数额的百分之三加处罚款。

当事人如不服本处罚决定，可在接到《处罚决定书》之日起六十日内，向上海市工商行政管理局申请行政复议,也可以在六个月内直接向人民法院起诉。

逾期不申请行政复议或者不向人民法院起诉又不履行行政处罚决定的,本队可以依法强制执行或者申请人民法院强制执行。

根据《企业信息公示暂行条例》和国家工商行政管理总局《工商行政管理机关行政处罚信息公示暂行规定》的有关规定,本队将通过企业信用信息公示系统、门户网站、专业网站等公示行政处罚信息。

14. 杨某、郑某出售、非法提供公民个人信息案

[案号:甘肃省兰州市城关区人民法院刑事判决书
(2016)甘 0102 刑初 605 号、
甘肃省兰州市中级人民法院刑事裁定书(2017)甘 01 刑终 89 号]

(2016)甘 0102 刑初 605 号

公诉机关兰州市城关区人民检察院。

被告人郑某。因本案于 2014 年 1 月 6 日被西安市公安局高新分局派出所抓获并羁押于西安市看守所,同年 1 月 9 日被刑事拘留,同年 1 月 17 日被逮捕,同年 4 月 17 日被兰州市城关区人民检察院取保候审。辩护人赵某某,系甘肃合睿律师事务所律师。被告人杨某。因本案于 2014 年 4 月 28 日被兰州市公安局取保候审。辩护人刘某某,系甘肃并欣律师事务所律师。被告人杨某甲。因本案于 2014 年 1 月 3 日被刑事拘留,同年 1 月 17 日被逮捕,同年 4 月 17 日被兰州市城关区人民检察院取保候审。辩护人梁某,系甘肃东方人律师事务所律师。被告人李某某。因本案于 2014 年 4 月 22 日被兰州市公安局取保候审。辩护人李某某,系甘肃金厦律师事务所律师。被告人杜某某。因本案于 2014 年 4 月 22 日被兰州市公安局取保候审。辩护人裴某某、王某某,系甘肃东方人律师事务所律师。被告人孙某。因本案于 2014 年 4 月

15日被刑事拘留，同年4月28日被兰州市公安局取保候审。被告人王某甲。因本案于2014年1月3日被刑事拘留，同年1月17日被逮捕，同年4月9日被兰州市城关区人民检察院取保候审。辩护人王某，系甘肃正鼎律师事务所律师。被告人丁某某。因本案于2014年4月15日被刑事拘留，同年4月28日被兰州市公安局决定取保候审。辩护人李甲、李乙，系甘肃勇盛律师事务所律师。被告人杨某甲。因本案于2014年4月16日被刑事拘留，同年4月28日被兰州市公安局取保候审。

兰州市城关区人民检察院以城检公诉刑诉（2014）1598号起诉书指控被告人郑某、杨某、杨某甲、李某某、杜某某、孙某犯非法获取公民个人信息罪；被告人王某甲、丁某某、杨某甲犯出售、非法提供公民个人信息罪，于2016年3月23日向本院提起公诉，本院依法组成合议庭，公开开庭审理了本案。兰州市城关区人民检察院检察员杨玉玲、被告人郑某、杨某、杨某甲、李某某、杜某某、孙某、王某甲、丁某某、杨某甲，辩护人赵某某、刘某某、梁某、李某某、裴某某、王某、李乙到庭参加诉讼，现已审理终结。

兰州市城关区人民检察院指控，2011年至2013年9月，被告人某（中国）有限公司西北区婴儿营养部市务经理郑某、某（中国）有限公司兰州分公司婴儿营养部甘肃区域经理杨某，为了抢占市场份额，推销某奶粉，授意该公司兰州分公司婴儿营养部员工被告人杨某甲、李某某、杜某某、孙某通过拉关系、支付好处费等手段，多次从B医院、A医院、C医院等多家医院医务人员手中非法获取公民个人信息。其中，被告人郑某自2012年2月开始，通过上述手段，非法获取公民个人信息40,507条。被告人杨某自2011年开始，通过上述手段，非法获取公民个人信息45,659条。被告人杨某甲通过上述手段，非法获取公民个人信息20,085条，被告人李某某通过上述手段，非法获取公民个人信息14,163条，被告人杜某某通过上述手段，非法获取公民个人信息10,448条，被告人孙某通过上述手段，非法获取公民个人信息963条。其间，被告人王某甲利用其担任B医院妇产科护师的便利，将其在工作中收集的公民个人信息2074条非法提供给被告人杨某甲、孙某，收取好处费15,450元。被告人丁某某利用其担任A医院妇产科护师的便利,将其在工作中收集的公民个人信息996条非法提供给被告人李某某,收取好处费4250元。被告人杨某甲利用其担任C医院妇产科护师的便利将其在工作中收集的公民个人信息724条非法提供给被告人杜某某,收取好处费6995元。

上述事实,公诉机关提供了相应的证据,认为被告人郑某、杨某、杨某甲、李某某、杜某某、孙某、王某甲、丁某某、杨某甲的行为触犯《中华人民共和国刑法》第二百五十三条之一第一款、第二款的规定,分别构成出售、非法提供公民个人信息罪、非法获取公民个人信息罪。请依法判处。

对此指控,被告人孙某无异议,其他被告人对公诉机关指控的罪名均无异议。但被告人郑某、杨某、杨某甲、李某某、杜某某辩称,为完成公司任务收集公民个人信息,起诉书指控非法获取公民个人信息的数量不准确。被告人王某甲辩称孕产妇自愿提供个人信息,起诉书指控其收取的好处费不准确。被告人丁某某辩称孕产妇自愿提供个人信息。被告人杨某甲辩称授课费、宣讲费为科室共享,病人自愿提供个人信息。

辩护人赵某某提出:1. 本案系单位犯罪,应追究某(中国)有限公司、公司主管人员、直接负责人员的刑事责任。2. 起诉书没有区分非法获取和合法获取公民个人信息的数量,孕妇班登记的信息,孕妇应知道信息去向,故该部分信息为合法获取。3. 被告人郑某属自首。

辩护人刘某某提出:1. 本案系单位犯罪。2. 起诉书指控的非法获取公民个人信息的数量统计不准确,包含新生儿父母自愿提供的信息。

辩护人梁某提出:1. 公民自愿提供的信息不应认定为非法获取。应从起诉书指控的犯罪数额中扣除。2. 本案属于单位犯罪。3. 被告人杨某甲属自首。

辩护人李某某提出:1. 被告人李某某取得公民个人信息不属于非法获取。2. 本案中被告人李某某的行为是否属于情节严重,无法认定。3. 公民的电话号码不属于非法获取公民个人信息罪的保护客体。4. 被告人的行为不具有社会危害性。

辩护人裴某某提出：1. 本案系单位犯罪。2. 被告人杜某某获取公民个人信息没有违背公民的意愿。3. 被告人杜某某系从犯，属自首，依法可从轻、减轻处罚。

辩护人王某提出被告人杨某甲、孙某在王某甲不在场的情况下拍照获取的信息，应从被告人王某甲的涉案数额中扣减。建议法庭对被告人王某甲免予刑事处罚。

辩护人李乙提出被告人丁某某的行为不构成犯罪。认为涉案孕产妇信息不是被告人丁某某在履行工作职责中获得。被告人丁某某收集孕妇信息的行为没有违反国家的禁止性法律规定，也没有违背孕妇的个人意愿，没有造成实际损害。

经审理查明，2011年至2013年9月，被告人郑某、杨某分别担任某（中国）有限公司西北区婴儿营养部市务经理、兰州分公司婴儿营养部甘肃区域经理期间，为了抢占市场份额，推销某奶粉，授意该公司兰州分公司婴儿营养部员工被告人杨某甲、李某某、杜某某、孙某通过拉关系、支付好处费等手段，多次从B医院、A医院、C医院等多家医院医务人员手中非法获取公民个人信息。其中，被告人郑某自2012年2月开始，通过上述手段，非法获取公民个人信息40,507条。被告人杨某自2011年开始，通过上述手段，非法获取公民个人信息45,659条。被告人杨某甲通过上述手段，非法获取公民个人信息20,085条，被告人李某某通过上述手段，非法获取公民个人信息141,63条，被告人杜某某通过上述手段，非法获取公民个人信息10,448条，被告人孙某通过上述手段，非法获取公民个人信息963条。其间，被告人王某甲利用其担任B医院妇产科护师的便利，将其在工作中收集的公民个人信息2074条非法提供给被告人杨某甲、孙某，收取好处费13,610元。被告人丁某某利用其担任A医院妇产科护师的便利，将其在工作中收集的公民个人信息996条非法提供给被告人李某某，收取好处费4250元。被告人杨某甲利用其担任C医院妇产科护师的便利将其在工作中收集的公民个人信息724条非法提供给被告人杜某某，收取好处费6995元。

2013年9月12日，被告人杨某经电话通知，主动至公安机关接受讯问。2014年1月3日被告人王某甲、杨某甲经电话通知，主动到公安机关接受讯问。2014年1月6日11时许，西安市公安局高新分局唐延路派出所将网上逃犯郑某抓获。2014年4月15日、16日，被告人丁某某、李某某、杜某某、孙某、杨某甲经电话通知，主动到公安机关接受讯问。

上述事实，有公诉机关提交并经法庭质证、认证的下列证据证实。

1. 孙某某的证言，证实在某公司兰州分公司任营养代表助理，杨某甲是直接领导。按杨某甲的要求，我定期给医务人员送去某奶粉的试用装，让他们免费发放，每发一盒，登记一个家长信息。

2. 刘某的证言，证实是某有限公司婴儿营养部西北区大区经理助理，郑某安排我统计西北五省营养代表的DR、EDR完成情况、收集各区负责人上报的付费明细，向付费明细中涉及的医务人员支付费用。西北区的任务指标由经理郑某分配给区域经理，再由区域经理分配给营养代表。每个营养代表任务完成情况和奖金直接挂钩。区域经理将需付费的医务人员付费明细发送给我，我上报给郑某，郑某同意后由我向每个医务人员支付费用。

3. 蒋某某的证言，证实自2011年中期，一直为某公司做整理收发甘肃、陕西、新疆等地名单工作。杜某某、李某某、杨某甲等将递交表（内容包括家长姓名、联系电话、宝宝出生年月等数据）发送给我，我收到后汇总整理发到指定的邮箱。

4. 高某某的证言，证实2010年年底在某有限公司兰州分公司打工，给杨某甲、李某某、杜某某、孙某等录入递交表，递交表的数据内容有姓名、电话。

5. 吕某某的证言，证实在D社区卫生服务中心儿保科任主任。2011年下半年，杨某甲将奶粉试用装留到我们科室，我们提供给孕产妇并让家长将信息登记在某公司提供的登记表上，杨某甲定期取走。杨某甲每月按收集的信息给我好处费，我每月给杨某甲提供100条左右的信息。

6. 李某某的证言，证实是A医院护士，2010年6月至2011年12月，帮杨某甲在市妇幼保健院产科发放奶粉，并登记产妇的姓名、电话。杨某甲按每盒奶粉8元给我核算劳务费。

7. 陶某某的证言，证实是E医院妇产科医生，2011年9月至2012年7月，帮杨某甲发放奶粉、登记产妇信息，收了提供信息的好处费。大部分家长不知道登记的信息提供给了某公司。

8. 豆某某的证言，证实在Y医院产科胎心监测室工作，2013年4月，某公司的业务员孙某某送来奶粉让免费给孕妇发放，并登记孕妇姓名和电话。我在工作中将来检查的孕产妇的信息登记在某公司给的登记表上，某公司按每条3元给劳务费。孙某某可能拍照、摘抄了我在简易登记本上登记的孕妇信息。

9. 张某的证言，证实杨某甲从我这要走三个同事的电话和姓名。

10. 王某乙的证言，证实杨某甲让帮忙提供产妇信息，就把身边亲戚朋友的名单提供给她。2011年起，某公司给提供名单的好处费。

11. 陈某某的证言，证实去医院做宣传，并给孕产妇赠送某奶粉试用装，在杨某甲给的某登记表上登记家长姓名、电话再交给杨某甲。杨某甲升职之后，孙某接替她的工作，就将名单给孙某。一共登记了5000条信息。

12. 顾某的证言，证实在F医院妇产科工作，2009年起李某某提供奶粉试用装让发放、登记信息，每个产妇信息给10元好处费。李某某还将分娩登记本上的信息拍照。

13. 王某的证言，证实是G医院妇产科护士，2011年起，李某某提供奶粉试用装，让登记家长信息，并给好处费。没有告知家长会将信息送给某公司。

14. 魏某的证言，证实在R医院产科工作，2011年年底，杜某某提供奶粉试用装，让帮忙提供病人信息。

15. 何某某的证言，证实在H医院妇产科工作，2011年8月，杜某某让发放某奶粉，给某公司提供孕产妇名单和联系电话，后某公司给了好处费。何某某辨认杜某某。

16. 胡某某的证言，证实在I医院上班，2009年年底杜某某提供奶粉试用装让分发、收集家长信息。杜某某拍照、抄写了接种登记本。

17. 雷某某的证言、辨认笔录，证实没有允许杜某某翻阅医用资料、病历。雷某某辨认杜某某。

18. 豆某某的证言，杜某某借用银行卡从我卡上走账。

19. 肖某的证言，证实是某公司兰州分公司的销售经理，某公司兰州分公司与兰州婴儿营养部没有直接隶属关系。

20. 金某某的证言，证实自2010年起担任S医院妇产科主任，杨某甲没有交过钱用于给全科医务人员发放奖金。

21. 王某丙的证言，证实2014年5月，医院任命接替杨某甲担任S医院妇产科护士长。曾有偿给产妇发过奶粉，费用交给杨某甲，没有登记过产妇信息，科里没发过福利。

22. 康某某的证言，证实在S医院任护士，护士长杨某甲让我给产妇卖过某奶粉，但我没有登记过产妇信息。

23. 贺某某的证言，证实是某公司兰州分公司的工作人员，公司有干货零售部、婴儿营养部、餐饮部三个部门，其中婴儿营养部由杨某负责，员工有杨某甲、杜某某、李某某、孙某等。

24. 张某的证言，证实某公司给Q保健站给过奶粉推广费。

25. 杨某乙的证言，证实2011年年初至2013年9月蒋某某将某公司收集的婴儿家长信息通过电子邮件发送给我，我将数据交给电访部打电话回访。

26. 李某的证言，证实2013年2月按郑某要求安排蒋某某配合工作。

27. 张某的证言、辨认笔录，证实是某旅行社有限责任公司负责人，2011年后下年至2012年年初我公司和某公司西安分公司合作，某公司员工通过电子邮件给我们提供一些人员名单、银行账号，让我们按照他们提供的钱数给名单上的人员打款。张某辨认了郑某。

某公司与某旅行社有限责任公司的合同，证实某公司西安分公司委托西安公司代理会议及相关宣传，某公司授权刘某为代表负责合同执行。郑某作为某公司西安分公司的法定代表人在合同上签字。

28. 搜查笔录、扣押清单，侦查人员在杨某甲办公场所（某某书城22××室）搜查、扣押贺某某、杨某的电脑（存有大量的公民个人信息），杨某使用银色笔记本电脑（存有给付医务人员费用的表格）、员工日常活动申请表及公民个人信息表格等18张。在某有限公司兰州分公司婴儿营养部临时办公地点搜查、扣押高某某办公电脑硬盘1块。在孙某某家搜查、扣押台式电脑硬盘1块、某登记表3张。在李某某家搜查、扣押电脑主机硬盘1块。在杨某甲家搜查、扣押电脑硬盘1块。在刘某办公场所搜查、扣押电脑硬盘，活动硬盘各1块。在蒋某某家中搜查、扣押电脑硬盘1块。从王某甲工作地点搜查、扣押《儿童出生花名册》1本。

29. 王某的证言，证实是中国医师协会会员部副主任，某公司赞助协会开展"中国儿科临床营养管理项目"（以下简称CPCN），此项目2012年4月立项，2013年起大量采集数据。入组患儿家长信息通过项目短信平台发送，签署知情同意书，项目组不允许项目助理直接接触婴儿家长以获取婴儿家长信息。

30. 李某某的证言，证实是某公司婴儿营养部大中华医务总监，负责中国儿科临床营养管理项目，某公司不收集任何公民的个人信息，也没有通过CPCN项目收集过公民个人信息，公司规定营养部员工不得直接与0至12个月的婴儿家长接触，推销奶粉。婴儿家长自愿加入CPCN项目，自己向项目短信平台发送个人信息的短信，个人信息由北京某公司管理。公司按照某公司的报价向CPCN项目组提供赞助，某公司按照指定标准向医生支付临床观察费。

31. 陈某某的证言，证实是某有限公司婴儿营养部全国事务经理。DR、EDR是营养专员通过专业推广，确认使用某奶粉的客户。我将当年的DR、EDR任务下发给各大区经理，各大区经理再将任务下发给每个区域经理，区域经理将任务分配给每个营养专员。每个营养专员去采集DR名单，采集来的名单会统一上报给营养咨询中心，营养咨询中心按照名单中的信息给消费者打电话回访。公司不要求如何采集，只是下达任务。公司提供奶粉试用装是用于临床验证和专业评估。兰州营养专员获取公民个人信息及获取方式，公司不知情。公司严禁通过医务人员获取个人信息，严禁给提供婴儿家长信息的医务人员、非医务人员支付报酬。

32. 庄某的证言，证实是北京某科技发展有限公司总经理，中国儿科临床营养管理项目（CPCN项目），某有限公司是支持方，我公司是执行方，中国医师协会是项目主办方。我们先通过项目助理邀请医师加入，医师签署《医师倡议书》，医师邀请其所管理的患儿家长入组该项目。患儿家长签署《家长知情同意书》并发送入组短信至短信平台，之后CPCN项目组电访中心会对入组的数据进行整理。公司根据已确认入组的情况向医师发放临床观察费。

33. 姜某某的证言，证实某医药信息咨询有限公司有一个营养咨询中心，某公司定期将婴儿家长的信息通过邮件发送给营养咨询中心的杨某某，杨某某收到信息后交给电访员回访，汇总电访结果发送给某公司。

34. 《母乳代用品销售管理办法》、卫生部办公厅关于医疗机构不得展示、推销和代售母乳代用产品的通知、《中华人民共和国母婴保健法》，上述规定禁止生产者、销售者向医疗卫生保健机构、孕妇、婴儿家庭赠送产品、样品；禁止医务人员通过医疗服务为生产、经营企业推销产品从中获利；禁止医务人员接受生产者、销售者为推销产品而给予的奶粉馈赠等。

35. 中国儿科临床营养管理项目（CPCN项目）介绍、中国医师协会中国儿科临床营养管理项目委托书、某医药信息咨询（北京）有限公司与某（中国）有限公司签订的服务合同、某公司提供的情况说明，证实某公司参与的中国儿科临床营养管理项目，要求加入该项目的医师签署相应的《医师倡议书》，并征得愿意加入该项目的家长同意，不允许私自收集公民个人信息。该项目的执行由某医药信息咨询（北京）有限公司和北京某科技发展有限公司负责。

36. 某公司指示（复印于某公司员工培训教材）、某（中国）有限公司情况说明，证实某公司不允许员工因推销0至12个月月龄健康婴儿使用的婴儿配方奶粉为目的，直接或间接地与孕妇、哺乳妈妈或公众接触。不允许员工未经正当程序并经公司批准而主动收集公民个人信息。

某公司情况说明，证实该公司DR的概念、目标任务、与DR相关的信息获取方式等情况。DR任务目标不是为了收集消费者个人信息，DR工作完成的实际效果由中国健康促进与教育协会承办的营养咨询中心（NCC）通过电访来了解和评估。为完成电访调研，需要用到消费者自愿提供的部分个人信息（如姓名和电话），某公司不允许为此向医务人员支付任何资金或者其他利益。某公司从不允许员工以非法方式收集消费者个人信息，并且从不为此向员工、医务人员提供资金。某公司在《某指示》以及《关于与保健系统关系的图文指引》等文件中明确规定，"对医务专业人员不得进行金钱、物质引诱"。对于这些规定要求，某公司要求所有营养专员接受培训并签署承诺函。

医务渠道WHO在线测试成绩、测试卷、关于在高风险国家与医务专业人员和医疗保健机构交往的指示、员工奖金表，证实被告人郑某、杨某、李某某、杜某某、杨某甲、孙某均参加某公司不允许营养专员以向医务人员支付费用获取公民信息的培训、测试。

某公司的政策与指示、某宪章、关于与卫生保健系统关系的图文指引，证实某公司遵守世界卫生组织《国家母乳代用品销售守则》及卫生部门的规定，禁止员工向母亲发放婴儿配方奶粉免费样品、禁止向医务专业人员提供金钱或物质的奖励，以引诱其推销婴儿配方奶粉等。

37. 证明、员工晋升名单，2012年2月1日，郑某被某（中国）有限公司任命为西北区婴儿营养事务经理。杨某自2011年4月1日被某（中国）有限公司任命为兰州地区婴儿营养市务经理。

B医院王某甲简介、说明、《世界卫生组织促进母乳喂养成功十条标准》《国际母乳代用品销售准则》，证实2003年5月至今，王某甲在B医院妇产科任主管护师，12年10月调至产科胎心监护室工作。B医院严格遵守《世界卫生组织促进母乳喂养成功十条标准》《国际母乳代用品销售准则》及相关法律法规的规定，禁止医务人员向母亲免费提供代乳品样品或推销代乳品等。

A 医院情况说明、证明，证实丁某某在 A 医院的任职情况。医院不允许任何个人收取企业的报酬。附《世界卫生组织促进母乳喂养成功十条标准》、母乳喂养的十项措施《守则》《母乳喂养的工作制度》《医院母乳喂养规定》《孕妇学校课程安排表》。

C 医院证明材料，证实被告人杨某甲案发时为该医院内二科、妇产科护士长，该医院严格按照国家及卫生部门的相关规范对所有产妇提倡母乳喂养。该医院不清楚妇产科医务人员收取奶粉企业报酬的事，医院明确规定医务人员不得收受他人报酬。公安机关从该医院调取到妇产科 2012 年《入院登记本》《分娩登记本》共计 2 本、新生儿出生记录存根。

38. 兰公（网）勘［2013］009 号至 016 号远程勘验笔录及截图、刻录的视频光盘、兰州市公安局网安支队网络侦察大队情况说明，反映各被告人非法出售、提供、非法获取公民个人信息的数量。

39. 王某甲、某旅行有限责任公司、刘某、杨某、丁某某、杨某甲账户明细，显示王某甲、丁某某、杨某甲出售公民个人信息收取好处费的情况。

40. 案件线索来源的说明、抓获经过，证明 2014 年 1 月 6 日 11 时许，西安市公安局高新分局唐延路派出所将网上逃犯郑某抓获。本案其他被告人均系公安机关电话通知，主动到公安机关接受讯问。

41. 郑某的供述，我是 2012 年 2 月 1 日被公司总部婴儿营养部任命为某（中国）有限公司西北区事务经理，杨某是甘肃省的经理，我的上级是大北区的经理陈某某，陈某某将当年的 DR、EDR 目标分配给西北区，我再将任务分配给区域经理，每个区域经理将任务分配给每个业务代表。我理解的 DR 就是通过医务人员成功指导消费者使用某产品入组的人，EDR 就是成为 DR 后，四个月还在继续使用某产品的人。每个营养专员将 DR 名单上报给蒋某某，由蒋某某报给公司总部，我负责的每个区域经理的业绩加起来就是我的业绩，每个区域中营养专员的业绩加起来就是该区经理的业绩。每个区域经理将需要支付费用的名单上报给我，我审核后由某旅行社或刘某给医务人员支付劳务费，这部分钱是从公司总部给的事务运作费用中支付。

42. 杨某甲的供述，我们婴儿营养部的经理是杨某，下设一名区域主任是我，另外还有3名营养专员李某某、杜某某、孙某。杨某和我协助营养专员完成医务拜访，我协助杨某完成工作。医务拜访是为了提高公司的奶粉销售，从医务人员那里收集家长的名单。公司、郑某、杨某要求我们从医务人员及在医院举办的健教班上收集婴儿家长名单。营养专员每月需要完成至少100个消费者信息的收集。考核标准是考核营养专员DR、EDR及孕妇名单的收集。DR是通过营养专员在医院的医务拜访，由医务人员提供给我们的新生儿家长名单，其中经公司确定使用某奶粉的用户。EDR是四个月后还在使用某奶粉的用户。营养专员通过以下方法获取DR名单：营养专员与医务人员建立好良好的个人关系后，将奶粉的试用装留给医务人员，由医务人员免费发放并登记新生儿家长个人信息；协助医院办孕妇班，听课的新生儿家长把自己的信息登记到签到表上，由营养专员带走；从医务人员处直接拍照取得医院登记本上的孕产妇名单；登记周围的亲戚朋友信息。医务人员向我们提供孕产妇信息，我公司给医务人员以宣教费、授课费的形式支付费用，支付标准是营养专员上交的名单数量、成功率及健教班的参加人数，费用由西安公司直接打到医务人员卡上。

我在王某甲处将其登记的孕产妇信息用手机拍照，但大部分信息是从王某甲办的健教班上获取的，我拍照获取信息，孕产妇不知情。孕妇班上获取的名单，因向孕产妇发放纪念品，所以孕产妇应该知情。西安分公司把好处费给王某甲以授课费的名义打到卡上。有些为公司垫付的费用也打到王某甲的卡上，王某甲返还给我。

43. 杨某的供述，我是某公司婴儿营养部的甘肃区域经理，下设区域事务主任杨某甲，营养专员孙某、杜某某、李某某等。西北区经理郑某在西北区营养专员的大会上给我们下达任务。每个营养专员每月需完成100个医务解说结果即 DR。获取 DR 的过程是让医务人员帮助发放免费的婴儿奶粉，同时登记新生儿父母的个人信息；公司协助医院办理健教班，营养专员将医务人员登记的新生儿父母的信息统一录入表格，通过邮件发给西安公司的婴儿营养部。婴儿家长不知道信息是提供给某公司。公司以授课费的形式向医务人员支付报酬（按医生提供给营养专员的名单来计算）。

44. 李某某的供述，我现任某有限公司兰州分公司婴儿营养部营养专员。西安公司每个季度的季度会上会下达"DR"任务（"DR"指 0 至 3 个月月龄的婴儿用某奶粉的客户）。要求营养专员收集含新生儿家长的姓名、电话、新生儿出生日期等信息，每月 100 条。郑某、杨某均要求我们完成 DR 任务。我们让医务人员帮助登记信息，汇总后发给蒋某某。公司给医务人员按照咨询费（按照医务人员提供的 DR 数量计算）、授课费（按照班级大小、次数计算）支付报酬。去陆军总院产科时，产科安排我穿上护士服，等下班后，拿走丁某某登记的领走奶粉的孕产妇信息。从医务人员顾某、王某处获取名单，也是通过她们发放奶粉，登记婴儿家长名单，公司向她们支付报酬。

45. 杜某某的供述，我现任某有限公司兰州分公司婴儿营养部营养专员。西北区经理郑某要求营养专员收集婴儿家长信息。我定期去医院给医生带去某奶粉的试用装，让医生发放给婴儿家长，登记婴儿家长信息。在省人民医院雷晓燕处获取的信息是通过将医院的登记本拍照取得的。上述信息经公司确认为合格数据就是我的 DR 工作业绩。某公司给医务人员支付咨询费和授课费，咨询费是按照医务人员提供的信息数量计算，授课费按照孕妇班的大小和次数计算。我从医务人员胡某某、魏某、杨某甲、何某某、霭某某、史某、朱某某处收集过婴儿家长信息，公司向她们支付了报酬。

46. 孙某的供述，2013 年 4 月开始任某公司兰州分公司婴儿营养部的营养专员。为完成公司要求的婴儿家长名单的任务，我找王某甲将她办公室里一个登记本上的信息拍照或摘抄。按杨某甲的要求找陈某某要过 A 医院的名单信息。杨某甲定期给我一些市妇幼保健院的名单信息。我将上述信息统一录入到西北数据递交表上，发给蒋某某。

47. 王某甲的供述，我在 B 医院妇产科工作，因工作需要在儿童出生登记本上登记信息，包括家长姓名、联系电话、婴儿出生年月日、婴儿性别等内容。自 2010 年 10 月和杨某甲开始接触，杨某甲经我许可对儿童出生登记表的名单拍照。杨某甲升职后，孙某接替了她的工作，孙某拍摄了《儿童出生花名册》上的信息。医院开办孕妇班时，杨某甲会发放某宣传资料和礼品，同时登记孕妇信息。我给杨某甲提供过一张中国农业银行的银行卡号，某公司往我的卡上打钱，包括我的讲课费、我向她提供公民个人信息的好处费以及杨某甲垫付的会务费、赞助费。会务费、赞助费打到我的卡上后我再还给杨某甲。某公司共计给我打了多少钱我没有记住，我给杨某甲给过 5000 元现金，给她的银行卡汇款 15,000 元，给她提供的赵某银行卡汇款 6640 元。

48. 丁某某供述，我在 A 医院妇产科工作。2009 年某公司的李某某到我们医院推销某奶粉，李某某来到科室，科里安排她穿上护士服，有孕妇来检查时李某某就将孕妇叫到宣教室给孕妇发放某的试用装、登记孕产妇个人信息（姓名、联系电话、预产期）。李某某没有表明其身份，所以孕妇应该不知道李某某是某公司的业务员。2011 年下半年李某某将某奶粉的试用装提供给我，让我帮忙发放试用装登记信息（我大概提供了四五百条信息）登记一条给我 5 块钱。我给某公司提供这些信息，某公司给我支付好处费。

49. 杨某甲的供述，我在 S 医院妇产科任护士长。2011 年年底某公司营养师杜某某让我们科室同事帮忙发放免费奶粉并登记产妇信息，登记一条，给科室 5 元钱，我统一填在某公司给我的一张登记表上交给杜某某。2011 年以来，杜某某向我要过出生证明的存根，抄走了上面的信息。

本院认为，被告人郑某、杨某、杨某甲、李某某、杜某某、孙某以非法方法获取公民个人信息，情节严重；被告人王某甲、丁某某、杨某甲违反国家规定，将本单位在履行职责或者提供服务过程中获得的公民个人信息，出售或者非法提供给他人，情节严重，公诉机关指控各被告人犯罪事实成立。本院予以确认，关于被告人王某甲非法获利的数额，本院依据被告人王某甲、杨某甲的供述、转账凭证，以有利于被告人的原则认定被告人王某甲非法获利数额为 13,610 元。被告人郑某、杨某、杨某甲、李某某、杜某某辩称，为完成公司任务收集公民个人信息；多名辩护人提出本案系单位犯罪，应追究某（中国）有限公司的刑事责任的辩护意见，经查，陈某某等证言、某公司 DR 任务材料，某公司证明、某公司政策、员工行为规范等，证明某公司不允许向医务人员支付任何资金或者其他利益。不允许员工以非法方式收集消费者个人信息。对于这些规定要求，某公司要求所有营养专员接受培训并签署承诺函。被告人郑某、杨某甲、杨某、李某某、杜某某等明知法律法规以及公司禁止性规定的情况下，为完成工作业绩而置法律规范、公司规范于不顾，违规操作进而贿买医务人员，获取公民个人信息的行为，并非某公司的单位意志体现，故本案不属于单位犯罪，对该辩护意见不予支持。关于被告人、辩护人均提出孕产妇为获取免费奶粉，自愿提供公民个人信息，该部分个人信息系合法获取，起诉书指控的非法获取公民个人信息数量不准确，应对合法获取的公民个人信息予以扣减的辩护意见。经查，本案依据实际查获电脑硬盘中存储的信息汇总后认定被告人非法获取公民个人信息的数量客观准确。且根据国家相关规定，无论销售者、医务人员均不得向孕产妇赠送奶粉，医务人员亦不得为生产、经营企业推销产品而获利，那么，以赠送奶粉的方式、贿买医务人员的方式获得公民个人信息的方式属非法获取。故对各被告人、辩护人提出馈赠奶粉获取公民个人信息属合法获取的辩护观点，不予采信。对被告人杨某甲所提授课费、宣讲费为科室共享的辩护观点，与查证的事实不符，不予采信。关于辩护人李某某提出电话号码不属于刑法保护的公民个人信息的辩护意见，公民个人信息应当是与公民个人密切相关的、不愿被特定人群以外的其他人群所知悉的信息，公民的个人电话号码具有上述公民个人隐私的特征，应属侵犯公民个人信息罪保护的范畴，故对该辩护意见不予采信。关于辩护人李乙提出被告人丁某某不是在履行工作职责中获得公民个人信息的辩护意见，经查，被告人丁某某作为医务人员利用其职务身份，在工作期间，借助向病人发放某奶粉，换取个人信息的行为属履职过程中获取公民个人信息，故对该辩护意见不予采信。辩护人裴某某所提被告人杜某某属从犯的辩护意见，与查证被告人杜某某在犯罪中的作用不符，不予采信。辩护人王某提出被告人杨某甲、孙某在王某甲不在场的情况下拍照获取的信息，应从被告人王某甲的涉案数额中扣减的辩护意见，即使被告人王某甲不在场，杨某甲、孙某拍照获取孕产妇信息，也是得到被告人王某甲的默许，故对该辩护意见，不予采纳。辩护人赵某某所提被告人郑某属自首的辩护意见，与查证的事实不符，不予采信，但根据被告人郑某的认罪态度，可酌情从轻处罚。辩护人梁某、裴某某所提被告人杨某甲、杜某某属自首的辩护意见，符合本案查证的事实，予以采信。鉴于被告人杨某、杨某甲、李某某、杜某某、孙某、王某甲、丁某某、杨某甲经公安机关电话通知后，主动到案，如实供述自己的罪行，属自首，依法可从轻处罚。根据各被告人的犯罪事实、性质、情节及对社会的危害程度，依照《中华人民共和国刑法》第二百五十三条之一第一款、第二款，第十二条，第二十五条一款，第六十七条一款，第三十七条，第七十二条之规定，判决如下：

被告人郑某犯侵犯公民个人信息罪，判处有期徒刑一年六个月，缓刑二年，罚金4000元。

（缓刑考验期限，从判决确定之日起计算。罚金从判决发生法律效力的第二日起三个月内缴纳。）

被告人杨某犯侵犯公民个人信息罪，判处有期徒刑一年六个月，缓刑二年，罚金4000元。

（缓刑考验期限，从判决确定之日起计算。罚金从判决发生法律效力的第二日起三个月内缴纳。）

被告人杨某甲犯侵犯公民个人信息罪，判处有期徒刑一年，缓刑一年，罚金3000元。

（缓刑考验期限，从判决确定之日起计算。罚金从判决发生法律效力的第二日起三个月内缴纳。）

被告人李某某犯侵犯公民个人信息罪，判处有期徒刑十个月，缓刑一年，罚金2000元。

（缓刑考验期限，从判决确定之日起计算。罚金从判决发生法律效力的第二日起三个月内缴纳。）

被告人杜某某犯侵犯公民个人信息罪，判处有期徒刑八个月，缓刑一年，罚金 2000 元。

（缓刑考验期限，从判决确定之日起计算。罚金从判决发生法律效力的第二日起三个月内缴纳。）

被告人孙某犯侵犯公民个人信息罪，免予刑事处罚。

被告人王某甲犯侵犯公民个人信息罪，判处拘役六个月，缓刑十个月，罚金 1000 元。

（缓刑考验期限，从判决确定之日起计算。罚金从判决发生法律效力的第二日起三个月内缴纳。）

被告人丁某某犯侵犯公民个人信息罪，判处拘役五个月，缓刑六个月，罚金 1000 元。

（缓刑考验期限，从判决确定之日起计算。罚金从判决发生法律效力的第二日起三个月内缴纳。）

被告人杨某甲犯侵犯公民个人信息罪，判处拘役四个月，缓刑六个月，罚金 1000 元。

（缓刑考验期限，从判决确定之日起计算。罚金从判决发生法律效力的第二日起三个月内缴纳。）

如不服本判决，可在接到判决书的第二日起十日内，通过本院或者直接向甘肃省兰州市中级人民法院提出上诉。书面上诉的，应当提交上诉状正本一份，副本一份。

（2017）甘 01 刑终 89 号

原公诉机关兰州市城关区人民检察院。

上诉人（原审被告人）郑某，男，1978 年××月××日出生于山东省曹县，汉族，专科文化，某（中国）有限公司西安分公司婴儿营养部西北区市务经理，户籍地：山东省济南市市中区，住济南市历下区。因本案于 2014 年

4月17日被取保候审。

辩护人赵某某，甘肃合睿律师事务所律师。

上诉人（原审被告人）杨某，女，1966年××月××日出生于甘肃省兰州市，汉族，本科文化，某（中国）有限公司兰州分公司婴儿营养部甘肃区域经理，户籍地：兰州市七里河区，住兰州市七里河区。因本案于2014年4月28日被取保候审。

辩护人刘某某，甘肃并欣律师事务所律师。

上诉人（原审被告人）杨某某，曾用名：杨某某，女，1981年11月11日出生于甘肃省平凉市，汉族，本科文化，某（中国）有限公司兰州分公司婴儿营养部甘肃区域主任，户籍地：兰州市城关区，住兰州市七里河区。因本案于2014年4月17日被取保候审。

辩护人梁某、龚某某，甘肃东方人律师事务所律师。

上诉人（原审被告人）李某某，女，1978年××月××日出生于甘肃省平凉市，汉族，本科文化，某（中国）有限公司兰州分公司婴儿营养部营养专员，住兰州市西固区。因本案于2014年4月22日被取保候审。

辩护人李某某，甘肃金寅律师事务所律师。

上诉人（原审被告人）杜某某，女，1981年××月××日出生于甘肃省镇原县，汉族，研究生文化，某（中国）有限公司兰州分公司婴儿营养部营养专员，户籍地：兰州市城关区，住兰州市七里河区。因本案于2014年4月22日被取保候审。

辩护人裴某某，甘肃东方人律师事务所律师。

上诉人（原审被告人）王某某，女，1963年××月××日出生于陕西省乾县，汉族，专科文化，B医院产科主管护师，住兰州市城关区。因本案于2014年4月9日被取保候审。

辩护人王某，甘肃正鼎律师事务所律师。

上诉人（原审被告人）丁某某，女，1964年××月××日出生于山东省阳信县，汉族，专科文化，A医院妇产科主管护师，住兰州市城关区。因本案于 2014 年 4 月 28 日被取保候审。

辩护人李甲、李乙，甘肃勇盛律师事务所律师。

上诉人（原审被告人）杨某甲，女，1973 年××月××日出生于甘肃省武威市，汉族，本科文化，C 医院妇产科副主任护师，住兰州市安宁区。因本案于 2014 年 4 月 28 日被取保候审。

原审被告人孙某，女，1981 年××月××日出生于甘肃省嘉峪关市，汉族，本科文化，某（中国）有限公司兰州分公司婴儿营养部营养专员，户籍地在兰州市城关区，住兰州市安宁区。因本案于 2014 年 4 月 28 日被取保候审。

兰州市城关区人民法院审理兰州市城关区人民检察院指控原审被告人郑某、杨某、杨某某、李某某、杜某某、孙某、王某某、丁某某、杨某甲犯侵犯公民个人信息罪一案，于 2016 年 10 月 31 日作出（2016）甘 0102 刑初 605 号刑事判决。原审被告人郑某、杨某、杨某某、李某某、杜某某、王某某、丁某某、杨某甲不服，提出上诉。本院依法组成合议庭，经过阅卷，讯问各上诉人和原审被告人，听取辩护人意见，认为事实清楚，决定不开庭审理本案。现已审理终结。

原判认定：2011 年至 2013 年 9 月，被告人郑某、杨某分别担任某（中国）有限公司西北区婴儿营养部市务经理、兰州分公司婴儿营养部甘肃区域经理期间，为了抢占市场份额，推销某奶粉，授意该公司兰州分公司婴儿营养部员工被告人杨某某、李某某、杜某某、孙某通过拉关系、支付好处费等手段，多次从 B 医院、A 医院、C 医院等多家医院医务人员手中非法获取公民个人信息。其中，被告人郑某自 2012 年 2 月开始，通过上述手段，非法获取公民个人信息 40,507 条。被告人杨某自 2011 年开始，通过上述手段，非法获取公民个人信息 45,659 条。被告人杨某某通过上述手段，非法获取公民个人信息 20,085 条，被告人李某某通过上述手段，非法获取公民个人信息 14,163 条，被告人杜某某通过上述手段，非法获取公民个人信息 10,448 条，被告人孙某通过上述手段，非法获取公民个人信息 963 条。其间，被告人王某某利用其担任 B 医院妇产科护师的便利，将其在工作中收集的公民个人信息 2074 条非法提供给被告人杨某某、孙某，收取好处费 13,610 元。被告人丁某某利用其担任 A 医院妇产科护师的便利，将其在工作中收集的公民个人信息 996 条非法提供给被告人李某某，收取好处费 4250 元。被告人杨某甲利用其担任 C 医院妇产科护师的便利将其在工作中收集的公民个人信息 724 条非法提供给被告人杜某某，收取好处费 6995 元。

2013 年 9 月 12 日，被告人杨某经电话通知，主动至公安机关接受讯问。2014 年 1 月 3 日被告人王某某、杨某某经电话通知，主动到公安机关接受讯问。2014 年 1 月 6 日 11 时许，西安市公安局高新分局唐延路派出所将网上逃犯郑某抓获。2014 年 4 月 15 日、16 日，被告人丁某某、李某某、杜某某、孙某、杨某甲经电话通知，主动到公安机关接受讯问。

原判认定上述事实的主要证据有：

1. 案件来源、抓获经过等证实，2014 年 1 月 6 日 11 时许，西安市公安局高新分局唐延路派出所将网上逃犯郑某抓获。本案被告人杨某、杨某某、李某某、杜某某、孙某、王某某、丁某某、杨某甲均系公安机关电话通知，主动到公安机关接收讯问。

2.《中华人民共和国母婴保健法》《母乳代用品销售管理办法》《卫生部办公厅关于医疗机构不得展示、推销和代售母乳代用产品的通知》等证实，禁止生产者、销售者向医疗卫生保健机构、孕妇、婴儿家庭赠送产品、样品；禁止医务人员通过医疗服务为生产、经营企业推销产品从中获利；禁止医务人员接受生产者、销售者为推销产品而给予的奶粉馈赠等。

3. 中国儿科临床营养管理项目（CPCN 项目）介绍、中国医师协会中国儿科临床营养管理项目委托书、某医药信息咨询（北京）有限公司与某（中国）有限公司签订的服务合同、某公司提供的情况说明等证实，某公司参与的中国儿科临床营养管理项目，要求加入该项目的医师签署相应的《医师倡议书》，并征得愿意加入该项目的家长同意，不允许私自收集公民个人信息。该项目的执行由某医药信息咨询（北京）有限公司和北京某科技发展有限公司负责。

4. 某公司指示（复印于某公司员工培训教材）、某（中国）有限公司情况说明证实，某公司不允许员工因推销 0 至 12 个月月龄健康婴儿使用的婴儿配方奶粉为目的，直接或间接地与孕妇、哺乳妈妈或公众接触。不允许员工未经正当程序并经公司批准而主动收集公民个人信息。

某公司 DR 的概念、目标任务、与 DR 相关的信息获取方式等情况。DR 任务目标不是为了收集消费者个人信息，DR 工作完成的实际效果由中国健康促进与教育协会承办的营养咨询中心（NCC）通过电访来了解和评估。为完成电访调研，需要用到消费者自愿提供的部分个人信息（如姓名和电话），某公司不允许为此向医务人员支付任何资金或者其他利益。某公司从不允许员工以非法方式收集消费者个人信息，并且从不为此向员工、医务人员提供资金。某公司在《某指示》以及《关于与保健系统关系的图文指引》等文件中明确规定，"对医务专业人员不得进行金钱、物质引诱"。对于这些规定要求，某公司要求所有营养专员接受培训并签署承诺函。

医务渠道 WHO 在线测试成绩、测试卷、关于在高风险国家与医务专业人员和医疗保健机构交往的指示、员工奖金表，证实被告人郑某、杨某、李某某、杜某某、杨某某、孙某均参加某公司不允许营养专员向医务人员支付费用获取公民信息的培训、测试。

某公司的政策与指示、某宪章、关于与卫生保健系统关系的图文指引，证实某公司遵守世界卫生组织《国家母乳代用品销售守则》及卫生部门的规定，禁止员工向母亲发放婴儿配方奶粉免费样品、禁止向医务专业人员提供金钱或物质的奖励，以引诱其推销婴儿配方奶粉等。

5. 证明、员工晋升名单，2012 年 2 月 1 日，郑某被某（中国）有限公司任命为西北区婴儿营养部事务经理。杨某自 2011 年 4 月 1 日被某（中国）有限公司任命为兰州地区婴儿营养部市务经理。

B 医院王某某简介、说明、《世界卫生组织促进母乳喂养成功十条标准》《国际母乳代用品销售准则》，证实 2003 年 5 月至今，王某某在 B 医院妇产科任主管护师，2012 年 10 月调至产科胎心监护室工作。B 医院严格遵守

《世界卫生组织促进母乳喂养成功十条标准》《国际母乳代用品销售准则》及相关法律法规的规定，禁止医务人员向母亲免费提供代乳品样品或推销代乳品等。

A 医院情况说明、证明，证实丁某某在 A 医院的任职情况。医院不允许任何个人收取企业的报酬。附《世界卫生组织促进母乳喂养成功十条标准》、母乳喂养的十项措施《守则》《母乳喂养的工作制度》《医院母乳喂养规定》《孕妇学校课程安排表》。

C 医院证明材料，证实被告人杨某甲案发时为该医院内二科、妇产科护士长，该医院严格按照国家及卫生部门的相关规范对所有产妇提倡母乳喂养。该医院不清楚妇产科医务人员收取奶粉企业报酬的事，医院明确规定医务人员不得收受他人报酬。公安机关从该医院调取到妇产科 2012 年《入院登记本》《分娩登记本》共计 2 本、新生儿出生记录存根。

6. 某公司与某旅行社有限责任公司的合同证实，某公司西安分公司委托西安公司代理会议及相关宣传，某公司授权刘某为代表负责合同执行。郑某作为某公司西安分公司的法定代表人在合同上签字。

7. 搜查笔录、扣押清单证实，公安人员对杨某某位于西北书城 2202 室办公场所、某有限公司兰州分公司婴儿营养部临时办公地点、孙某甲、李某某、杨某某、蒋某某家中、刘某办公场所以及王某某工作地点进行搜查，并对与本案有关的电脑、公民个人信息表格、硬盘、《儿童出生花名册》等物品扣押。

8. 兰公（网）勘 [2013] 009 号至 016 号远程勘验笔录及截图、刻录的视频光盘、兰州市公安局网安支队网络侦察大队情况说明，反映各被告人非法出售、提供、非法获取公民个人信息的数量。

9. 王某某、某旅行有限责任公司、刘某、杨某、丁某某、杨某甲账户明细证实，王某某、丁某某、杨某甲出售公民个人信息收取好处费的情况。

10. 证人证言、辨认笔录：

（1）孙某甲（某有限公司兰州分公司婴儿营养部营养助理）证实，杨某某是我的直接领导。我按杨某某的要求，定期给医务人员送去某奶粉的试用装，让他们免费发放，每发一盒，登记一个家长信息。

（2）刘某（某有限公司婴儿营养部西北区大区经理助理）证实，郑某安排我统计西北五省营养代表的 DR、EDR 完成情况、收集各区负责人上报的付费明细，向涉及的医务人员支付费用。西北区的任务指标由经理郑某分配给区域经理，再由区域经理分配给营养代表。每个营养代表任务完成情况和奖金直接挂钩。区域经理将需付费的医务人员付费明细发送给我，我上报给郑某，郑某同意后由我向每个医务人员支付费用。

（3）蒋某某证实，自 2011 年中期，我一直为某公司做整理收发甘肃、陕西、新疆等地名单工作。杜某某、李某某、杨某某等将递交表（内容包括家长姓名、联系电话、宝宝出生年月等数据）发送给我，我收到后汇总整理发到指定的邮箱。

（4）高某某（某有限公司兰州分公司工作人员）证实，2010 年年底我给杨某某、李某某、杜某某、孙某等人录入递交表，递交表的数据内容有姓名、电话。

（5）吕某某（D 社区卫生服务中心儿保科主任）证实，2011 年下半年，杨某某将奶粉试用装留到我们科室，我们提供给孕产妇并让家长将信息登记在某公司提供的登记表上，杨某某定期取走。杨某某每月按收集的信息给我好处费，我每月给杨某某提供 100 条左右的信息。

（6）李某某（A 医院护士）证实，2010 年 6 月至 2011 年 12 月，我帮杨某某在产科发放奶粉，并登记产妇的姓名、电话。杨某某按每盒奶粉 8 元给我核算劳务费。

（7）陶某某（E 医院妇产科医生）证实，2011 年 9 月至 2012 年 7 月，我帮杨某某发放奶粉、登记产妇信息，收了提供信息的好处费。大部分家长不知道登记的信息提供给某公司。

（8）豆某某（Y 医院产科工作人员）证实，2013 年 4 月，某公司的业务员孙某甲送来奶粉让免费给孕妇发放，并登记孕妇姓名和电话。我将孕产妇信息登记在某公司的登记表上，某公司按每条3元给劳务费。孙某甲可以拍照、摘抄我登记的孕妇信息。

（9）王某某（杨某某朋友）证实，我帮杨某某提供产妇信息，把亲戚朋友的名单提供给她。2011年起，某公司给我提供名单的好处费。

（10）陈某某证实，我去医院做宣传，并给孕产妇赠送某奶粉试用装，登记家长姓名、电话再交给杨某某。杨某某升职后，孙某接替她的工作，我将名单给孙某。一共登记5000条信息。

（11）顾某（F医院妇产科工作人员）证实，2009年李某某提供某奶粉试用装让我发放、登记信息，每个产妇信息给10元好处费。李某某在分娩登记本上拍照。

（12）王某乙（G医院妇产科护士）证实，2011年起，李某某提供某奶粉试用装，让登记家长信息，并给好处费。我没有告知家长会将信息提供给某公司。

（13）魏某（R医院产科工作人员）证实，2011年年底，杜某某提供某奶粉试用装，让我帮忙提供产妇信息。

（14）何某某（兰州市H医院妇产科工作人员）证实，2011年8月，杜某某让我发放某奶粉，给某公司提供孕产妇名单和联系电话，后某公司给了好处费。何某某辨认杜某某。

（15）胡某某（I医院工作人员）证实，2009年年底杜某某提供奶粉试用装让我分发、收集家长信息。杜某某拍照、抄写了接种登记本。

（16）雷某某（R医院儿科工作人员）证实，我没有允许杜某某翻阅医用资料、病历。雷某某辨认杜某某。

（17）豆某某证实（杜某某朋友），杜某某借用银行卡从我卡上走账。

（18）肖某（某公司兰州分公司的销售经理）证实，某公司兰州分公司与兰州婴儿营养部没有直接隶属关系。

（19）金某某（S医院妇产科主任）证实，杨某甲没有交过钱用于给全科医务人员发放奖金。

(20）王某丙（S医院工作人员）证实，2014年5月，医院任命接替杨某甲担任S医院妇产科护士长。曾有偿给产妇发过奶粉，费用交给杨某甲，没有登记过产妇信息，科里没发过福利。

(21）康某某（S医院工作人员）证实，杨某甲让我给产妇卖过某奶粉，但我没有登记过产妇信息。

(22）贺某某（某公司兰州分公司工作人员）证实，我公司有干货零售部、婴儿营养部、餐饮部三个部门，其中婴儿营养部由杨某负责，员工有杨某某、杜某某、李某某、孙某等。

(23）张某（D站工作人员）证实，某公司给保健站给过奶粉推广费。

(24）杨某某（北京某医药公司员工）证实，2011年年初至2013年9月蒋某某将某公司收集的婴儿家长信息通过电子邮件发送给我，我将数据交给电访部打电话回访。

(25）李某（原西安某食品有限公司工作人员）证实，2013年2月按郑某要求安排蒋某某配合工作。

(26）张某（某旅行社有限责任公司负责人）证实，2011年下半年至2012年年初我公司和某公司西安分公司合作，某公司员工通过电子邮件给我们提供一些人员名单、银行账号，让我们按照他们提供的钱数给名单上的人员打款。张某辨认了郑某。

(27）王某（中国医师协会会员部副主任）证实，某公司赞助协会开展"中国儿科临床营养管理项目"（CPCN），此项目2012年4月立项，2013年起大量采集数据。入组患儿家长信息通过项目短信平台发送，签署知情同意书，项目组不允许项目助理直接接触婴儿家长以获取婴儿家长信息。

(28）李某某（某公司婴儿营养部大中华医务总监）证实，某公司负责中国儿科临床营养管理项目，某公司不收集任何公民的个人信息，也没有通过CPCN项目收集过公民个人信息，公司规定营养部员工不得直接与0至12个月的婴儿家长接触，推销奶粉。婴儿家长自愿加入CPCN项目，自己向项目短信平台发送个人信息，个人信息由北京某公司管理。公司按照某公司的报价向 CPCN 项目组提供赞助，某公司按照指定标准向医生支付临床观察费。

（29）陈某某（某有限公司婴儿营养部全国事务经理）证实，DR、EDR 是营养专员通过专业推广，确认使用某奶粉的客户。我将当年的 DR、EDR 任务下发给各大区经理，各大区经理再将任务下发给每个区域经理，区域经理将任务分配给每个营养专员。每个营养专员去采集 DR 名单，采集来的名单会统一上报给营养咨询中心，营养咨询中心按照名单中的信息给消费者打电话回访。公司不要求如何采集，只是下达任务。公司提供奶粉试用装是用于临床验证和专业评估。兰州营养专员获取公民个人信息及获取方式，公司不知情。公司严禁通过医务人员获取个人信息，严禁给提供婴儿家长信息的医务人员、非医务人员支付报酬。

（30）庄某（北京某科技发展有限公司总经理）证实，中国儿科临床营养管理项目（CPCN 项目），某有限公司是支持方，我公司是执行方，中国医师协会是项目主办方。我们先通过项目助理邀请医师加入，医师签署《医师倡议书》，医师邀请其所管理的患儿家长入组该项目。患儿家长签署《家长知情同意书》并发送入组短信至短信平台，之后 CPCN 项目组电访中心会对入组的数据进行整理。公司根据已确认入组的情况向医师发放临床观察费。

（31）姜某某（北京某医药信息咨询有限公司工作人员）证实，该公司有一个营养咨询中心，某公司定期将婴儿家长的信息通过邮件发送给营养咨询中心的杨某某，杨某某收到信息后交给电访员回访，汇总电访结果发送给某公司。

11. 各被告人的供述：

（1）郑某（某有限公司西北区事务经理）的供述，杨某是甘肃省的经理，我的上级是大北区的经理陈某某，陈某某将当年的 DR、EDR 目标分配给西北区，我再将任务分配给区域经理，每个区域经理将任务分配给每个业务代表。我理解的 DR 就是通过医务人员成功指导消费者使用某产品入组的人，EDR 就是成为 DR 后，四个月还在继续使用某产品的人。每个营养专员将 DR 名单上报给蒋某某，由蒋某某报给公司总部，我负责的每个区域经理的业绩加起来就是我的业绩,每个区域中营养专员的业绩加起来就是该区经理的业绩。每个区域经理将需要支付费用的名单上报给我,我审核后由某旅行社或刘某给医务人员支付劳务费,这部分钱是从公司总部给的事务运作费用中支付。

(2) 杨某(某公司婴儿营养部的甘肃区域经理)供述,我作为区域经理,下设区域事务主任杨某某,营养专员孙某、杜某某、李某某等。西北区经理郑某在西北区营养专员的大会上给我们下达任务。每个营养专员每月需完成100个医务解说结果即DR。获取DR的过程是让医务人员帮助发放免费的婴儿奶粉,同时登记新生儿父母的个人信息;公司协助医院办理健教班,营养专员将医务人员登记的新生儿父母的信息统一录入表格,通过邮件发给西安公司的婴儿营养部。婴儿家长不知道信息是提供给某公司。公司以授课费的形式向医务人员支付报酬(按医生提供给营养专员的名单来计算)。

(3) 杨某某(某公司婴儿营养部的甘肃区域主任)供述,我们婴儿营养部的经理是杨某,下设一名区域主任是我,另外还有三名营养专员李某某、杜某某、孙某。杨某和我协助营养专员完成医务拜访,我协助杨某完成工作。医务拜访是为了提高公司的奶粉销售,从医务人员那里收集家长的名单。公司、郑某、杨某要求我们从医务人员及在医院举办的健教班上收集婴儿家长名单。营养专员每月需要完成至少100个消费者信息的收集。考核标准是考核营养专员DR、EDR及孕妇名单的收集。DR是通过营养专员在医院的医务拜访,由医务人员提供给我们的新生儿家长名单,其中经公司确定使用某奶粉的用户。EDR是4个月后还在使用某奶粉的用户。营养专员通过以下方法获取DR名单:营养专员与医务人员建立好良好的个人关系后,将奶粉的试用装留给医务人员,由医务人员免费发放并登记新生儿家长个人信息;协助医院办孕妇班,听课的新生儿家长把自己的信息登记到签到表上,由营养专员带走;从医务人员处直接拍照取得医院登记本上的孕产妇名单;登记周围的亲戚朋友信息。医务人员向我们提供孕产妇信息,我公司给医务人员以宣教费、授课费的形式支付费用,支付标准是营养专员上交的名单数量、成功率及健教班的参加人数，费用由西安公司直接打到医务人员卡上。

我在王某某处将其登记的孕产妇信息用手机拍照，但大部分信息是从王某某办的健教班上获取的，我拍照获取信息，孕产妇不知情。孕妇班上获取的名单，因向孕产妇发放纪念品，所以孕产妇应该知情。西安分公司把好处费给王某某以授课费的名义打到卡上。有些为公司垫付的费用也打到王某某的卡上，王某某返还给我。

(4) 李某某（某有限公司兰州分公司婴儿营养部营养专员）供述，西安公司每个季度会下达"DR"任务（"DR"指0至3个月月龄的婴儿用某奶粉的客户）。要求营养专员收集含新生儿家长的姓名、电话、新生儿出生日期等信息，每月100条。郑某、杨某均要求我们完成DR任务。我们让医务人员帮助登记信息，汇总后发给蒋某某。公司给医务人员按照咨询费（按照医务人员提供的DR数量计算）、授课费（按照班级大小、次数计算）支付报酬。去陆军总院产科时，产科安排我穿上护士服，等下班后，拿走丁某某登记的领走奶粉的孕产妇信息。从医务人员顾某、王某乙处获取名单，也是通过她们发放奶粉，登记婴儿家长名单，公司向她们支付报酬。

(5) 杜某某（某有限公司兰州分公司婴儿营养部营养专员）供述，西北区经理郑某要求营养专员收集婴儿家长信息。我定期去医院给医生带去某奶粉的试用装，让医生发放给婴儿家长，登记婴儿家长信息。在省人民医院雷某某处获取的信息是通过将医院的登记本拍照取得的。上述信息经公司确认为合格数据就是我的DR工作业绩。某公司给医务人员支付咨询费和授课费，咨询费是按照医务人员提供的信息数量计算，授课费按照孕妇班的大小和次数计算。我从医务人员胡某某、魏某、杨某甲、何某某、霭某某、史某、朱某某处收集过婴儿家长信息，公司向她们支付了报酬。

(6) 孙某（某公司兰州分公司婴儿营养部营养专员）供述，我为完成公司要求的婴儿家长名单的任务，找王某某将她办公室里一个登记本上的信息拍照或摘抄。按杨某某的要求找陈某某要过省妇幼保健院的名单信息。杨某某定期给我一些市妇幼保健院的名单信息。我将上述信息统一录入到西北数据递交表上，发给蒋某某。

（7）王某某（B医院妇产科工作人员）供述，我因工作需要在儿童出生登记本上登记信息，包括家长姓名、联系电话、婴儿出生年月日、性别等内容。自2010年10月和杨某某开始接触，杨某某经我许可对出生登记表的名单拍照。杨某某升职后，孙某接替她的工作，孙某拍摄《儿童出生花名册》上的信息。医院开办孕妇班时，杨某某会发放某宣传资料和礼品，同时登记孕妇信息。我给杨某某提供过一张中国农业银行的银行卡号，某公司往我的卡上打钱，包括我的讲课费、我向她提供公民个人信息的好处费以及杨某某垫付的会务费、赞助费。会务费、赞助费打到我的卡上后我再还给杨某某。某公司共计给我打了多少钱我没有记住，我给过杨某某5000元现金，给她的银行卡汇款15,000元，给她提供的赵某银行卡汇款6640元。

（8）丁某某（A医院妇产科工作人员）供述，2009年某公司的李某某到我们医院推销某奶粉，李某某来到科室，科里安排她穿上护士服，有孕妇来检查时李某某就将孕妇叫到宣教室给孕妇发放某的试用装、登记孕产妇个人信息（姓名、联系电话、预产期）。李某某没有表明其身份，所以孕妇应该不知道李某某是某公司的业务员。2011年下半年李某某将某奶粉的试用装提供给我，让我帮忙发放试用装登记信息（我大概提供了四五百条信息）登记一条给我5块钱。我给某公司提供这些信息，某公司给我支付好处费。

（9）杨某甲（S医院妇产科护士长）供述，2011年年底某公司营养师杜某某让我们科室同事帮忙发放免费奶粉并登记产妇信息，登记一条，给科室5元钱，我统一填在某公司给我的一张登记表上交给杜某某。2011年以来，杜某某向我要过出生证明的存根，抄走了上面的信息。

原判认为，被告人郑某、杨某、杨某某、李某某、杜某某、孙某以非法方法获取公民个人信息，情节严重；被告人王某某、丁某某、杨某甲违反国家规定，将本单位在履行职责或者提供服务过程中获得的公民个人信息，出售或者非法提供给他人，情节严重，其行为均已构成侵犯公民个人信息罪。

被告人杨某、杨某某、李某某、杜某某、孙某、王某某、丁某某、杨某甲经公安机关电话通知后，主动到案，如实供述自己的罪行，属自首，依法可从轻处罚。依照《中华人民共和国刑法》第二百五十三条之一第一款、第二款，第十二条，第二十五条一款，第六十七条第一款，第三十七条，第七十二条之规定，以被告人郑某犯侵犯公民个人信息罪，判处有期徒刑一年六个月，缓刑二年，罚金4000元；被告人杨某犯侵犯公民个人信息罪，判处有期徒刑一年六个月，缓刑二年，罚金4000元；被告人杨某某犯侵犯公民个人信息罪，判处有期徒刑一年，缓刑一年，罚金3000元；被告人李某某犯侵犯公民个人信息罪，判处有期徒刑十个月，缓刑一年，罚金2000元；被告人杜某某犯侵犯公民个人信息罪，判处有期徒刑八个月，缓刑一年，罚金2000元；被告人孙某犯侵犯公民个人信息罪，免予刑事处罚；被告人王某某犯侵犯公民个人信息罪，判处拘役六个月，缓刑十个月，罚金1000元；被告人丁某某犯侵犯公民个人信息罪，判处拘役五个月，缓刑六个月，罚金1000元；被告人杨某甲犯侵犯公民个人信息罪，判处拘役四个月，缓刑六个月，罚金1000元。

上诉人郑某以自己的行为是公司行为为由提出上诉。其辩护人提出原判认定事实不清、证据不足，本案属于单位犯罪，上诉人郑某无罪的辩护意见。

上诉人杨某以其没有给下属下达过任务，也没有和医院接触过为由提出上诉。其辩护人提出上诉人杨某没有参与获取公民个人信息的行为，上诉人杨某无罪的辩护意见。

上诉人杨某某对非法获取的产妇信息数量有异议为由提出上诉。其辩护人提出本案属于单位犯罪的辩护意见。

上诉人李某某以自己的行为都是公司下达的任务，所获取的信息都是新生儿父母自愿提供的为由提出上诉。其辩护人提出原判认定事实不清、证据不足，上诉人李某某无罪的辩护意见。

上诉人杜某某以自己的行为是按公司的要求所做，所获取的信息都是提供给公司为由提出上诉。其辩护人提出原判认定事实不清、证据不足，上诉人杜某某无罪的辩护意见。

上诉人王某某以量刑过重为由提出上诉。其辩护人提出对上诉人王某某免于刑事处罚的辩护意见。

上诉人丁某某以自己的行为不构成犯罪为由提出上诉。其辩护人提出上诉人丁某某无罪的辩护意见。

上诉人杨某甲以自己的行为不构成犯罪为由提出上诉。

经二审审理查明，原审判决认定上诉人郑某、杨某、杨某某、李某某、杜某某、王某某、丁某某、杨某甲、原审被告人孙某犯侵犯公民个人信息罪的事实清楚。认定犯罪事实的证据已在一审庭审时出示并质证，二审审理期间各上诉人均未提出新的证据。经审查，原判认定的证据来源合法，内容客观、真实，本院予以确认。

关于各上诉人及其各辩护人所提上诉理由及辩护意见，综合评判如下：经查，（1）上诉人郑某、杨某、杨某某、李某某、杜某某、原审被告人孙某违反国家有关规定，非法获取公民个人信息，情节严重的犯罪事实及上诉人王某某、丁某某、杨某甲作为医疗单位的工作人员，违反国家规定，将本单位在履行职责或者提供服务过程中获得的公民个人信息，出售或非法提供给他人的犯罪事实，不仅有案件来源及视频资料，且有证人证言，书证账户明细、合同等证实，各上诉人对其犯罪事实亦供认不讳，上述证据间能够形成完整的证据链，足以认定。（2）单位犯罪是为本单位谋取非法利益之目的，在客观上实施了由本单位集体决定或者由负责人决定的行为。某公司政策、员工行为规范等证据证实，某公司禁止员工从事侵犯公民个人信息的违法犯罪行为，各上诉人违反公司管理规定，为提升个人业绩而实施犯罪为个人行为。（3）关于非法获取的产妇信息数量的认定，依据公安人员依法查获的电脑硬盘中存储的信息汇总后认定各上诉人非法获取公民个人信息的数量。原审法院充分认定各上诉人犯罪情节的基础上，在法律规定范围内予以从轻处罚，量刑适当。故各上诉人所提上诉理由均不能成立。关于辩护人所提各上诉人无罪的辩护意见与查明事实不符,不予支持。

本院认为,原判认定事实和适用法律正确,量刑适当,审判程序合法。依照《中华人民共和国刑事诉讼法》第二百二十五条第一款(一)项、第二百三十三条之规定,裁定如下:

驳回上诉,维持原判。

本裁定为终审裁定。

15. 黄某某与某银行广西分行劳动争议案

[案号:广西壮族自治区南宁市中级人民法院民事判决书(2017)桂01民终1635号、(2017)桂01民终1636号]

(2017)桂01民终1635号

上诉人(原审原告):黄某某,男,1969年××月××日出生,汉族,住广西壮族自治区南宁市青秀区。

委托诉讼代理人:李甲,广西东方意远律师事务所律师。

被上诉人(原审被告):某银行广西壮族自治区分行,住所地:广西壮族自治区南宁市。

负责人:李某某,行长。

委托诉讼代理人:李乙,该行员工。

委托诉讼代理人:刘某某,桂某银公司律师办公室公司律师。

上诉人黄某某与被上诉人某银行广西壮族自治区分行(以下简称广西分行)劳动争议纠纷一案,不服南宁市青秀区人民法院(2016)桂0103民初1143号民事判决,向本院提起上诉。本院依法组成合议庭进行了审理。本案经批准延长审限,现已审理终结。

上诉人黄某某上诉请求:1. 撤销南宁市青秀区人民法院(2016)桂0103民初1443号民事判决,依法予以改判;2. 判令广西分行支付黄某某2011年

1月到2014年12月的工资220,016元；3.判令广西分行因不能补缴2011年1月到2014年12月的社会保险费给黄某某造成的经济损失113,774.04元；4.判令广西分行赔偿黄某某因未缴纳2011年1月到2014年12月的住房公积金造成的经济损失91,964.16元；5.本案诉讼费用由广西分行承担。事实与理由：一、黄某某与广西分行的劳动合同于2014年12月30日正式解除，广西分行应支付工资到该日，并为黄某某交纳相应的社会保险和公积金。一审认定黄某某自2011年1月到2014年12月31日被限制人身自由，没有提供劳动，因此不支持黄某某的工资主张，是错误的。首先，黄某某在被拘留逮捕期间仅是犯罪嫌疑人，不一定是罪犯，因此不必然导致解除劳动合同。桂人社（2011）28号文《转发关于公务员被采取强制措施和受行政刑事处罚工资待遇处理有关问题》第一条规定"公务员在被刑事拘留和逮捕期间，按本人原基本工资的75%计发生活费"。该文件将拘留、逮捕阶段和终审定罪阶段区分开来，而黄某某直到2014年12月31日才被终审判决认定犯罪成立。其次，原劳动部《关于贯彻执行〈中华人民共和国劳动法〉若干问题的意见》第二十八条规定"劳动者涉嫌违法犯罪被有关机关收容审查、拘留或逮捕的，用人单位在劳动者被限制人身自由期间，可与其暂时中止劳动合同的履行"，该规定并不是强制性规定，可中止也可不中止。广西分行将《关于与黄某某解除劳动合同的通知》送达黄某某签收的时间为2011年12月31日，不论解除劳动合同是否合法，至少在该日之前双方的劳动合同并没有终止。广西分行也没有按照相关程序和合法的理由中止劳动合同。最后，因广西分行是根据黄某某上一年度的业务收入实际到账来结算工资，而业务收入到账具有滞后性，因此黄某某被限制人身自由，但仍有业务收入进入A公司的账上。一审证据显示，2011年黄某某有17.718万元业务收入进入A公司账户，2012年有10万元，2014年有9万元。一审没有查清广西分行给黄某某发放公司的标准和依据，广西分行给黄某某发放工资的依据是黄某某在A公司业务收入以及黄某某的职称来确定的，一审时黄某某方向广西分行发问工资发放标准，广西分行拒绝回答。就黄某某的工资标准，应由广西分行承担举证责任,其拒不提供,应承担不利后果。二、一审认定补缴社会保险费和住房公积金不属于法院受理范围,是错误的。黄某某的这两项请求属于劳动争议案件受理范围,在法学界已达成共识。缴纳社会保险费和住房公积金是用人单位的义务,补缴社会保险或因无法补缴造成的经济损失属于社会保险争议纠纷,《劳动争议调解仲裁法》第二条、《最高人民法院关于劳动争议案件解释(一)》第一条、《最高人民法院关于劳动争议案件解释(二)》第七条及《最高人民法院关于劳动争议案件解释(三)》第一条均有规定,人民法院应当依法受理。本案中,因广西分行属于区直属企业,按照广西区劳动保障厅的文件规定,从2016年1月开始社会保险不能补缴。因此,广西分行应当赔偿不能补缴社会保险而给黄某某造成的损失。黄某某提起劳动争议仲裁时的诉讼请求是补缴社会养老保险,但在诉讼过程中,国家的政策发生了变化,因此将补缴社会养老保险的诉讼请求变更为赔偿因此造成的损失,没有违反未经仲裁便诉讼的规定。

被上诉人广西分行辩称:一审认定事实清楚,适用法律正确,请求驳回上诉人黄某某的上诉请求,维持原判。

黄某某向一审法院起诉请求:1. 广西分行向黄某某支付2011年1月至2014年12月共48个月的工资220,016元;2. 广西分行赔偿因未缴纳2011年1月至2014年12月共48个月的社会保险费造成的经济损失113,774.04元;3. 广西分行赔偿因未缴纳2011年1月至2014年12月共48个月的住房公积金造成的经济损失91,964.16元;4. 本案诉讼费用由广西分行承担。

一审法院认定事实:黄某某原为广西分行单位职工,2006年4月1日,双方签订了一份《劳动合同书》,约定从2006年4月1日起履行无固定期限劳动合同,黄某某在广西分行下属的造价技术咨询中心从事造价技术咨询工作。此后,广西分行按月向黄某某支付工资,并为其缴纳养老保险费。2006年至2009年,黄某某接受广西分行的年度考核并签字确认考核意见。2007年3月9日,广西分行发送《关于卢某某等同志职务聘任的通知》(某桂人任[2007]50号)至下属的造价技术咨询中心,聘任黄某某为造价咨询师

（专业技术六级）。2008年3月至2010年4月，广西分行为黄某某非正常出勤情况进行考勤，黄某某考勤情况为"工地外勤"。2009年7月，黄某某以广西分行下属的造价技术咨询中心职工身份报送《专业技术职务任职资格评审表》申报高级工程师，被评定为高级工程师。2009年12月22日，广西分行下发《关于林某某等同志具备高级专业技术资格的通知》（建桂人［2009］72号），聘任黄某某为高级工程师。2010年9月23日，黄某某因涉嫌串通投标罪被刑事拘留。2010年10月30日，黄某某被逮捕。

2011年12月7日，广西分行的纪检监察部对黄某某涉嫌串通投标罪情况进行审理调查，作出了《造价技术咨询中心黄某、黄某某案件责任追究审理报告》，提出给予黄某某开除处分，并解除劳动合同的处理意见。2011年11月21日，广西分行的纪检监察部和纪律检查委员会以《员工违规违纪处理征求意见书》征求广西分行机关工会委员会和工会委员会对给予黄某某开除处分并解除劳动合同的意见，广西分行机关工会委员会和工会委员会同意该处理意见。

2011年12月16日，广西分行作出《解除劳动合同证明》："黄某某因严重违反用人单位的规章制度，其与我行签订的劳动合同于2011年12月16日解除"。

2011年12月26日，广西分行作出《关于与黄某某解除劳动合同的通知》（建桂函［2011］546号），载明："黄某某……2009年9月黄某某在为某市美化改造工程建设招标代理业务过程中，收受广西某交通工程有限公司聘用人员吴某某送给的现金人民币贰万元（20,000.00元）。根据《中国建设银行工作人员违规失职行为处理办法》（建总发［2008］116号）第二百四十六条'工作人员违反《中国建设银行员工职业操守》、《中国建设银行股份有限公司员工合规手册（试行）》或者违反廉洁从业有关规定的，可视情节、影响的严重程序给予相应纪律处分'、《中国建设银行员工职业操守》第二十六条'（禁止商业贿赂）禁止接受或索要……其他业务关联方的礼物……礼物，是指现金、有价证券等违反商业习惯的礼品……'，以及《中华人民共和国劳动合同法》第三十九条'劳动者有下列情形之一的，用人单位可以解除劳动合同：……（二）严重违反用人单位的规章制度的'规定，经研究，我行与黄某某签订的劳动合同于二〇一一年十二月十六日解除。"2011年12月31日，黄某某收到了《解除劳动合同证明》及《关于与黄某某解除劳动合同的通知》。

之后，黄某某向广西壮族自治区劳动人事争议仲裁委员会申请仲裁，请求裁令被申请人即本案广西分行：1. 向黄某某支付从2011年1月到2014年12月的工资220,016元；2. 为黄某某补缴从2011年1月到2014年12月的社会保险费4583.7×33.5%×48=73,705.9元；3. 向黄某某现金支付住房公积金1197×48=57,456元。2015年12月24日，该委作出桂劳人仲字[2015]第18号《仲裁裁决书》，裁决如下：对黄某某的仲裁请求，不予支持。黄某某不服，遂诉至本院，提出前述诉讼请求，广西分行则答辩如前。

另查明，广西分行向黄某某发放工资、为黄某某缴纳社会保险费及住房公积金均至2010年12月。

再查明，2011年1月27日，广西壮族自治区北海市银海区人民法院就广西壮族自治区北海市银海区人民检察院指控黄某某涉嫌串通投标罪、受贿罪一案作出（2011）银刑初字第14号刑事判决，黄某某不服，提起上诉。2012年12月28日，广西壮族自治区北海市中级人民法院作出（2011）北刑二终字第15号刑事裁定，撤销原判，发回重审。2013年10月28日，北海市银海区人民法院作出（2013）银刑初字第19号刑事判决，黄某某不服，提出上诉。2014年12月10日，北海市中级人民法院作出（2013）北刑二终字第60号刑事判决，认定在北海市的道路改造项目中，A公司被推荐为该项目招投标代理公司。黄某某为A公司的工作人员，在项目开标前，黄某某在A公司办公楼下停车场，非法收受参与该工程项目4标段围标的吴某某所送的好处费人民币20,000元。判决还认定了黄某某的其他犯罪事实。并以黄某某犯非国家工作人员受贿罪，判处有期徒刑五年；犯串通投标罪，判决有期徒刑一年六个月，并处罚金人民币三万元。数罪并罚，决定执行有期徒刑五年六个月,并处罚金人民币三万元。

在庭审中,黄某某称 A 公司未向其支付过劳动报酬,广西分行是根据黄某某在 A 公司的业务收入发放工资及缴纳社保的;广西分行则称不清楚其公司与 A 公司的关系。

一审法院认为:《关于与黄某某解除劳动合同的通知》已经明确了广西分行作出解除决定的事实依据为:2009 年 9 月黄某某在为某市美化改造工程建设招标代理业务过程中,收受广西某交通工程有限公司聘用人员吴某某送给的现金人民币贰万元,而北海市中级人民法院作出的(2013)北刑二终字第 60 号刑事判决中已经认定黄某某存在收受吴某某所送好处费 20,000 元的事实,该判决为生效判决。黄某某作为广西分行造价技术咨询中心的员工,认可广西分行是根据其在 A 公司的业务收入发放工资的;黄某某只领取广西分行向其发放的工资,A 公司并未向其发放工资;黄某某作为 A 公司员工仍接受广西分行造价技术咨询中心的考勤。由此,可以认定黄某某作为 A 公司的员工,与黄某某亦为广西分行造价技术咨询中心员工有关联。黄某某作为 A 公司员工,在 A 公司承揽的业务中收受他人的好处费,与黄某某在广西分行造价技术咨询中心的职务具有间接关系。综上,本院认定黄某某存在《关于与黄某某解除劳动合同的通知》中认定的事实,故广西分行解除劳动合同的事实依据是真实的。黄某某作为广西分行员工,应当遵守《中国建设银行员工职业操守》的规定。《中国建设银行员工职业操守》是作为广西分行员工应当具备的职业道德水准,体现了对员工行为及精神层面的双重要求。黄某某虽以 A 公司工作人员的名义实施收受他人好处费的行为,但该行为的性质与其作为广西分行员工应当遵守的职业道德要求相悖,广西分行认定黄某某的上述行为违反了《中国建设银行员工职业操守》第二十六条规定的"(禁止商业贿赂)禁止接受或索要……其他业务关联方的礼物……礼物,是指现金、有价证券等违反商业习惯的礼品……"并无不妥,黄某某收受吴某某所送好处费 20,000 元属于严重违反广西分行单位规章制度的情形。广西分行在作出解除劳动合同的通知时,事先将理由通知了广西分行单位工会,广西分行单位工会亦无异议。广西分行也将《关于与黄某某解除劳动合同的通知》送达给了黄某某，并向黄某某出具了解除劳动合同的证明。广西分行解除劳动合同有事实依据，程序上符合劳动合同法的规定，结合黄某某于2011年12月31日收到《关于与黄某某解除劳动合同的通知》，故本院认定广西分行于2011年12月31日合法解除与黄某某的劳动合同。

关于2011年1月至2014年12月的工资，黄某某于2010年9月23日被刑事拘留，同年10月30日被逮捕，至2014年12月10日被判刑，一直被限制人身自由。自2011年1月至2011年12月31日，黄某某被限制人身自由，没有为广西分行提供劳动，因此黄某某要求广西分行支付该期间的工资，没有事实依据，本院不予支持；自2012年1月1日起，广西分行已经与黄某某不存在劳动关系，因此黄某某要求广西分行支付2012年1月1日至2014年12月的工资，没有事实和法律依据，本院不予支持。

关于社会保险费，黄某某仲裁时要求广西分行补缴2011年1月至2014年12月的社会保险费，不属于法院的受理范围，法院对此不予以处理。黄某某在本案中要求广西分行赔偿因未缴纳2011年1月至2014年12月共48个月的社会保险费造成的经济损失113,774.04元，该项请求没有经过仲裁，本院对此不予以处理。

关于住房公积金，黄某某仲裁时要求广西分行现金支付住房公积金57,456元，在本案中黄某某要求广西分行赔偿因未缴纳2011年1月至2014年12月共48个月的住房公积金造成的经济损失91,964.16元，两项请求仅是金额不同，但性质相同，均不属于法院的受理范围，法院对此不予以处理。

综上所述，依照《中华人民共和国劳动合同法》第三十九条、《最高人民法院关于审理劳动争议案件适用法律若干问题的解释》第一条之规定，判决：驳回黄某某要求广西分行支付2011年1月至2014年12月共48个月工资220,016元的诉讼请求。案件受理费10元，由黄某某负担。

当事人在二审期间无新的证据提交。本院经审理查明的事实与一审查明事实一致。

本院认为：本案的争议焦点在于：一、广西分行应否支付黄某某2011年1月到2014年12月的工资220,016元；二、黄某某诉请广西分行赔偿未缴纳2011年1月到2014年12月社会保险费造成的经济损失113,744.04元，应否受理；三、黄某某诉请广西分行赔偿未缴纳2011年1月到2014年12月的住房公积金造成的经济损失91,964.16元，应否受理。

关于第一个争议焦点。黄某某在向本院另行提起上诉的（2017）桂01民终1636号案中，要求撤销广西分行作出的《关于与黄某某解除劳动合同的通知》，本院未予支持，并认定该通知合法有效，具体理由详见该案判决书，不再赘述。黄某某于2011年12月31日收到该份《关于与黄某某解除劳动合同的通知》，自黄某某收到该通知之日即2011年11月31日起，双方的劳动关系即告解除，2011年11月31日之后的工资，广西分行无须支付。至于黄某某主张的2011年1月至2011年11月31日期间的工资，黄某某于2010年9月23日被刑事拘留，同年10月30日被逮捕，至2014年12月10日被判刑，其人身自由一直被限制，其在此期间无法为广西分行提供劳动，故黄某某主张该期间的工资，缺乏事实依据，一审未予支持，并无不妥，本院予以维持。

关于第二个争议焦点。黄某某向劳动仲裁机构提出的仲裁请求是"为黄某某补缴从2011年1月到2014年12月的社会保险费$4583.7 \times 33.5\% \times 48 = 73,705.9$元"，补缴社会保险费，不属于人民法院的受理范围，一审不予处理，并无不妥，本院予以维持。黄某某向一审起诉时，将该项请求变更为"广西分行赔偿因未缴纳2011年1月至2014年12月共48个月的社会保险费造成的经济损失113,774.04元"，其诉请广西分行赔偿未缴纳2011年1月至2014年12月社会保险费造成的经济损失的主张，未经仲裁裁决，一审不予处理，并无不妥，本院予以维持。

关于第三个争议焦点。黄某某向劳动仲裁机构提出的仲裁请求是"向黄某某现金支付住房公积金$1197 \times 48 = 57,456$元"，其向一审起诉时将该项变更为"广西分行赔偿因未缴纳2011年1月至2014年12月共48个月的住房公积金造成的经济损失 91,964.16 元"，这两项主张，均不属于人民法院的受理范围，一审不予处理，并无不妥，本院予以维持。

综上所述，一审判决认定事实清楚，适用法律正确，本院予以维持。依照《中华人民共和国民事诉讼法》第一百七十条第一款第一项之规定，判决如下：

驳回上诉，维持原判。

二审案件受理费 10 元，由上诉人黄某某负担。

本判决为终审判决。

（2017）桂 01 民终 1636 号

上诉人（原审原告）：黄某某，男，1969 年××月××日出生，汉族，住广西壮族自治区南宁市青秀区。

委托诉讼代理人：李甲，广西东方意远律师事务所律师。

被上诉人（原审被告）：某银行广西壮族自治区分行，住所地：广西壮族自治区南宁市民族大道 92 号。

负责人：李某某，行长。

委托诉讼代理人：李乙，该行员工。

委托诉讼代理人：刘某某，桂某银公司律师办公室公司律师。

上诉人黄某某与被上诉人某银行广西壮族自治区分行（以下简称广西分行）劳动争议纠纷一案，不服南宁市青秀区人民法院（2016）桂 0103 民初 2385 号民事判决，向本院提起上诉。本院依法组成合议庭进行了审理。本案经批准延长审限，现已审理终结。

上诉人黄某某上诉请求：1. 撤销南宁市青秀区人民法院（2016）桂 0103 民初 2385 号民事判决，依法予以改判；2. 撤销广西分行做出的《关于给予黄某某开除处分的决定》（建桂函［2011］525 号）；3. 撤销广西分行做出的《关于与黄某某解除劳动合同的通知》（建桂函［2011］546 号）；4. 本案诉讼费用由广西分行承担。事实与理由：一、一审认定事实错误。1. 一审认定"原告在被告下属的造价技术咨询中心从事造价技术咨询中心从事造价技术咨询工作"是错误的,根据一审引用的已经生效的(2013)北刑二终字第60号刑事判决书认定黄某某是A公司的监理工程师,A公司具有独立法人地位,该公司与造价中心是两个不同的独立法人。2. 一审查明"其本人作为项目经理收受广西某交通工程有限公司聘用人员吴某某送给的现金人民币贰万元"不是事实。黄某某不是项目经理,无任何任命书,招投标部的负责人黄某才是该项目经理。3. 一审查明"造价咨询中心和A公司的办公地址均为南宁市民族大道92号20楼",是故意曲解事实,两个公司同在20楼办公,但不能据此就认定是同一家公司。二、一审认定证据有误。1. 对于(2013)北刑二终字第60号刑事判决书的认定存在偏袒,一方面仅依据该判决就认定黄某某收受五五路2万元,一方面却仅仅根据"一套人马、两块牌子"的说法否认该判决认定的黄某某是A公司的监理工程师。2. 认定"在A公司承揽的业务中收受他人好处费与黄某某在广西分行造价技术咨询中心的职务有间接关系"无事实法律依据。黄某某始终认定自己是A公司的员工而不是造价技术咨询中心的员工,而一审法院却根据在同一层楼办公就认定黄某某作为A公司的员工亦未造价技术咨询中心员工有关联,因此作出上述认定,纯属牵强附会。三、广西分行做出的《关于给予黄某某开除处分的决定》及《关于与黄某某解除劳动合同的通知》没有事实依据,程序违法,适用法律法规和规章制度错误。1. 监察部门在调查期间能与黄某某取得联系的情况下没有听取黄某某的陈述和申辩,违反了某总发〔2008〕116号文第263条的规定。2. 广西分行明知道黄某某处于羁押状态,无法履行其权利,仍将《关于给予黄某某开除处分的决定》及《关于与黄某某解除劳动合同的通知》送交黄某某逼迫其签收,而拒绝将这两份文件提供给黄某某的妻子,严重损害了黄某某的申辩权和知情权。违反了建总发〔2008〕116号文第265条的规定。3. 广西分行作出《关于给予黄某某开除处分的决定》及《关于与黄某某解除劳动合同的通知》所依据的是建总发〔2011〕27号文《中国建设银行工作人员违规失职行为处理操作规程》,该《操作规程》是在2011年3月发布施行,而黄某某自2010年9月17日开始到2014年12月一直被羁押在看守所,广西分行没有将该《操作规程》告知黄某某。广西分行明知"不溯及既往"原因，仍错误将该规定作为对黄某某的处分和解除劳动合同的依据。四、广西分行无权对黄某某适用开除处分决定。一审认定"开除是作为行政处分和纪律处分两种不同类别"，又认定"均将其作为处理职工违纪的一种措施"。既然是行政处分，就必然影响到黄某某的再就业，不能仅仅是单位内部管理手段。广西分行做出的《关于给予黄某某开除处分的决定》违反法律规定，开除处分决定是《企业职工奖惩条例》中的处罚种类，该条例已在2008年废止，若内部规章制度继续沿用该条例规定，属于规章制度违法。该条例废止后，用人单位与劳动者是平等的主体关系，用人单位对员工的最大的处罚是解除劳动合同，无权再对员工进行行政上的处罚。广西分行在诉讼阶段依据《金融违法行为处罚办法》也不能作为处罚黄某某的依据，该办法适用对象是金融机构违反金融管理的规定，对金融机构和高级管理人员额处罚办法。广西分行开除黄某某的理由是黄某某在从事委托代理招标活动中存在违规行为，代理招标活动不属于金融管理行为，因此不适用该办法。

被上诉人广西分行辩称：一审认定事实清楚，适用法律正确，请求驳回上诉人黄某某的上诉请求，维持原判。

黄某某向一审法院起诉请求：1.撤销广西分行作出的《关于给予黄某某开除处分的决定》（建桂函［2011］525号）；2.撤销广西分行作出的《关于与黄某某解除劳动合同的通知》（建桂函［2011］546号）；3.本案诉讼费用由广西分行承担。

一审法院认定事实：黄某某原为广西分行单位职工，2006年4月1日，双方签订了一份《劳动合同书》，约定从2006年4月1日起履行无固定期限劳动合同，黄某某在广西分行下属的造价技术咨询中心从事造价技术咨询工作。此后，广西分行按月向黄某某支付工资，并为其缴纳养老保险费。2006年至2009年，黄某某接受广西分行的年度考核并签字确认考核意见。2007年3月9日，广西分行发送《关于卢某某等同志职务聘任的通知》（某桂人任［2007］50号）至下属的造价技术咨询中心，聘任黄某某为造价咨询师

(专业技术六级)。2008年3月至2010年4月期间,广西分行为黄某某非正常出勤情况进行考勤,黄某某考勤情况为"工地外勤"。2009年7月,黄某某以广西分行下属造价技术咨询中心职工身份报送《专业技术职务任职资格评审表》申报高级工程师,被评定为高级工程师。2009年12月22日,广西分行下发《关于林某某等同志具备高级专业技术资格的通知》(某桂人[2009]72号),聘任黄某某为高级工程师。2010年9月23日,黄某某因涉嫌串通投标罪被刑事拘留。2010年10月30日,黄某某被逮捕。

2011年12月7日,广西分行的纪检监察部对黄某某涉嫌串通投标罪等情况进行审理调查,作出了《造价技术咨询中心黄某平、黄某某案件责任追究审理报告》,提出给予黄某某开除处分,并解除劳动合同的处理意见。2011年11月21日,广西分行的纪检监察部和纪律检查委员会通过《员工违规违纪处理征求意见书》征求广西分行机关工会委员会和工会委员会对给予黄某某开除处分并解除劳动合同的意见,广西分行机关工会委员会和工会委员会同意该处理意见。

2011年12月16日,广西分行作出了《关于给予黄某某开除处分的决定》(建桂函[2011]525号),广西分行认为黄某某违规违纪的主要事实是"2009年9月,在为北海市美化改造工程建设招标代理业务过程中,其本人作为项目经理收受广西某交通工程有限公司聘用人员吴某某送给的现金人民币贰万元(20,000.00元)",广西分行"根据《中国建设银行工作人员违规失职行为处理办法》(建总发[2008]116号)第二百四十六条:'工作人员违反《中国建设银行员工职业操守》、《中国建设银行股份有限公司员工合规手册(试行)》或者违反廉洁从业有关规定的,可视情节、影响的严重程序给予相应纪律处分。'第十条:'本办法所称后果或情节严重,是指下列情形:(一)因违规失职行为发生案件或重大事故的。……'和《中国建设银行员工职业操守》'第二十六条:(禁止商业贿赂)禁止接受或索要……其他业务关联方的礼物……礼物,是指现金、有价证券等违反商业习惯的礼品……',以及《中国建设银行工作人员违规失职行为处理操作规程》(建总发〔2011〕27号文）第二十六条：'违规失职人员被司法机关立案侦查的，如果认为违规事实清楚，证据确实、充分，依据有关规定能够做出处理决定的，可以做出处理决定，不必等待法院判决'的规定，经区分行机关工会联席会议表决，区分行研究决定，给予黄某某开除处分。"

2011年12月26日，广西分行作出了《关于与黄某某解除劳动合同的通知》（建桂函〔2011〕546号），载明："黄某某……2009年9月黄某某在为北海市美化改造工程建设招标代理业务过程中，收受广西某交通工程有限公司聘用人员吴某某送给的现金人民币贰万元（20,000.00元）。根据《中国建设银行工作人员违规失职行为处理办法》（建总发〔2008〕116号）第二百四十六条'工作人员违反《中国建设银行员工职业操守》、《中国建设银行股份有限公司员工合规手册（试行）》或者违反廉洁从业有关规定的，可视情节、影响的严重程序给予相应纪律处分'、《中国建设银行员工职业操守》第二十六条'（禁止商业贿赂）禁止接受或索要……其他业务关联方的礼物……礼物，是指现金、有价证券等违反商业习惯的礼品……'，以及《中华人民共和国劳动合同法》第三十九条'劳动者有下列情形之一的，用人单位可以解除劳动合同：……（二）严重违反用人单位的规章制度的'规定，经研究，我行与黄某某签订的劳动合同于二〇一一年十二月十六日解除。"黄某某于2011年12月31日收到了上述《关于给予黄某某开除处分的决定》、《关于与黄某某解除劳动合同的通知》以及《解除劳动合同证明》。

2013年3月22日，黄某某向广西壮族自治区劳动人事争议仲裁委员会申诉，请求裁令被申请人即本案广西分行：撤销被申请人作出的《关于给予黄某某开除处分的决定》（建桂函〔2011〕525号）和《关于与黄某某解除劳动合同的通知》（某桂函〔2011〕546号）。2013年6月6日，该委以因黄某某涉嫌串通投标罪在广西壮族自治区北海市银海区人民法院审理中，有关事实与该案审理直接有关系，案件具有需要中止审理的情形，决定中止对案件的审理。在广西壮族自治区北海市中级人民对黄某某作出（2013）北刑二终字第60号刑事终审判决后，恢复案件审理。2015年8月18日，该委作出桂劳人仲字[2013]第4号《仲裁裁决书》，裁决如下：对申请人的仲裁请求，不予支持。黄某某不服，遂诉至本院，提出前述请求，广西分行答辩如前。

双方当事人争议的焦点为黄某某是否存在收受他人所送的好处费20,000元的事实，如存在，是否属于利用了黄某某在广西分行处工作的职务之便的违规违纪行为，广西分行解除劳动合同的所依据的理由是否合法、充分，黄某某要求广西分行撤销《关于给予黄某某开除处分的决定》（某桂函[2011]525号）是否属于劳动争议。

另查明，2011年1月27日，广西壮族自治区北海市银海区人民法院就广西壮族自治区北海市银海区人民检察院指控黄某某涉嫌串通投标罪、受贿罪一案作出（2011）银刑初字第14号刑事判决，黄某某不服，提起上诉。2012年12月28日，广西壮族自治区北海市中级人民法院作出（2011）北刑二终字第15号刑事裁定，撤销原判，发回重审。2013年10月28日，北海市银海区人民法院作出（2013）银刑初字第19号刑事判决，黄某某不服，提出上诉。2014年12月10日，北海市中级人民法院作出（2013）北刑二终字第60号刑事判决，认定在北海市的道路改造项目中，A公司被推荐为该项目招投标代理公司。黄某某为A公司的工作人员，在项目开标前，黄某某在A公司办公楼下停车场，非法收受参与该工程项目4标段围标的吴某某所送的好处费人民币20,000元。判决还认定了黄某某的其他犯罪事实。并以黄某某犯非国家工作人员受贿罪，判处有期徒刑五年；犯串通投标罪，判决有期徒刑一年六个月，并处罚金人民币三万元。数罪并罚，决定执行有期徒刑五年六个月，并处罚金人民币三万元。

在庭审中，黄某某称A公司从未向其支付过劳动报酬，其作为广西分行公司的员工所创造的业务收入都进入A公司，黄某某曾为A公司自然人股东；广西分行则称A公司与造价技术咨询中心实际上是"一套人马、两块牌子"。广西分行曾是A公司的股东之一，A公司原法定代表人冯某某是广西分行公司的员工。现A公司已经注销。双方均认可造价技术咨询中心是广西分行的下属部门，造价技术咨询中心与 A 公司的办公地址均为南宁市民族大道 92 号 20 楼。

一审法院认为：一、关于黄某某是否存在收受他人所送的好处费 20,000 元的问题，北海市中级人民法院作出的（2013）北刑二终字第 60 号刑事判决中已经认定黄某某存在收受吴某某所送好处费 20,000 元的事实，该判决为生效判决，在本案中黄某某否认上述事实，但并无足以推翻上述事实的相反证据，故本院认定黄某某存在上述行为。

二、黄某某是否利用了在广西分行处工作的职务之便的问题，黄某某认可其作为广西分行造价技术咨询中心的员工，所创造的收入均归入 A 公司；黄某某只领取广西分行向其发放的工资，A 公司并未向其发放工资；黄某某作为 A 公司员工仍接受广西分行造价技术咨询中心的考勤；此外，A 公司与广西分行造价技术咨询中心的办公地址也一致。由此，可以认定黄某某作为 A 公司的员工，与黄某某亦为广西分行造价技术咨询中心员工有关联。黄某某作为 A 公司员工，在 A 公司承揽的业务中收受他人的好处费，与黄某某在广西分行造价技术咨询中心的职务具有间接关系。

三、关于广西分行解除劳动合同的所依据的理由是否合法、充分的问题。《关于与黄某某解除劳动合同的通知》中已经明确了广西分行作出解除决定的事实依据为：2009 年 9 月黄某某在为北海市美化改造工程建设招标代理业务过程中，收受广西某交通工程有限公司聘用人员吴某某送给的现金人民币贰万元。黄某某确实存在上述行为，故广西分行解除劳动合同的事实依据真实的。黄某某作为广西分行员工，应当遵守《中国某银行员工职业操守》的规定。《中国某银行员工职业操守》是作为广西分行员工应当具备的职业道德水准，体现了对员工行为及精神层面的双重要求。黄某某虽以 A 公司工作人员的名义实施收受他人好处费的行为，但该行为的性质与其作为广西分行员工应当遵守的职业道德要求相悖，广西分行认定黄某某的上述行为违反了《中国某银行员工职业操守》第二十六条规定的"（禁止商业贿赂）禁止接受或索要……其他业务关联方的礼物……礼物，是指现金、有价证券等违反商业习惯的礼品……"并无不妥。

在广西分行作出解除劳动合同前,黄某某已经被检察机关逮捕,且一审法院对黄某某所涉及的刑事案件亦已进行了审理。黄某某的行为涉嫌犯罪,并引发了刑事案件,属于《关于印发〈中国某银行工作人员违规失职行为处理办法〉的通知》(某总发〔2008〕116号)第十条规定的"本办法所称后果或情节严重,是指有因违规失职行为发生案件或重大事故的"的情形,故某某明的行为属于严重违反广西分行单位规章制度的情形。

广西分行在作出解除劳动合同的决定时,事先将理由通知了广西分行单位工会,广西分行单位工会亦无异议。广西分行也将《关于与黄某某解除劳动合同的通知》送达给了黄某某,并向黄某某出具了解除劳动合同的证明。广西分行解除劳动合同的行为在程序上符合劳动合同法的规定。

四、关于黄某某要求广西分行撤销《关于给予黄某某开除处分的决定》(建桂函〔2011〕525号)是否属于劳动争议的问题。《企业职工奖惩条例》第十二条规定对职工的行政处分分为:警告、记过、记大过、降级、撤职、留用察看、开除。在给予上述行政处分的同时,可以给予一次性罚款。《金融违法行为处罚办法》第三条第二款规定,本办法规定的纪律处分,包括警告、记过、记大过、降级、撤职、留用察看、开除,由所在金融机构或者上级金融机构决定。《企业职工奖惩条例》已经于2008年1月15日废止,而《金融违法行为处罚办法》现行有效,两者虽将开除归属于行政处分和纪律处分两种不同的类别,但均将其作为处理职工违纪行为的一种措施,根本作用在于对职工违纪行为作出负面的评价,是单位内部管理手段的体现,并非直接对双方劳动关系及劳动权利义务的调整。因此,黄某某要求广西分行撤销《关于给予黄某某开除处分的决定》,不属于劳动争议案件的审理范围,在本案中不予处理。

综上,依照《中华人民共和国劳动合同法》第三十九条、《最高人民法院关于审理劳动争议案件适用法律若干问题的解释》第一条之规定,判决:驳回黄某某的撤销广西分行某银行广西壮族自治区分行作出的《关于与黄某某解除劳动合同的通知》（建桂函［2011］546号）的诉讼请求。案件受理费10元，由黄某某负担。

当事人在二审期间无新的证据提交。本院经审理查明的事实与一审查明事实一致。

本院认为：本案的争议焦点在于应否撤销广西分行作出的《关于与黄某某解除劳动合同的通知》及《关于给予黄某某开除处分的决定》。

一、关于应否撤销广西分行作出的《关于与黄某某解除劳动合同的通知》的问题。首先，关于黄某某收受吴某某所送好处费2万元的事实，已由北海市中级人民法院作出的（2013）北刑二终字第60号刑事判决予以确认，该判决已经生效，对于生效法院认定的事实，本院予以确认。

其次，关于黄某某的身份问题，黄某某认为一审认定"原告在被告下属的造价技术咨询中心从事造价技术咨询中心从事造价技术咨询工作"是错误的，黄某某认可其是A公司员工，但对于是否是广西分行造价技术咨询中心的员工，工资由何人发放，黄某某称不清楚。广西分行则认为黄某某是由广西分行指派到A公司工作，广西分行与黄某某存在劳动关系，A公司与广西分行造价技术咨询中心是"一套人马、两块牌子"。本院认为，黄某某与广西分行在2006年4月1日签订了无固定期限劳动合同，在广西分行下属的造价技术咨询中心工作，黄某某的工资由广西分行支付，养老保险亦由广西分行缴纳，2006年至2009年黄某某接受广西分行的年度考核并签字确认考核意见。黄某某在一审庭审中也认可其是广西分行的员工，工资一直由广西分行发放，养老保险也是广西分行缴纳，其与A公司也签订了劳动合同，但A公司未向其发放过工资。从本案证据及双方的陈述可看出，黄某某与广西分行存在劳动关系，黄某某虽与A公司也签订有劳动合同并在A公司工作，但A公司并未向其发放过工资，其工资仍由广西分行发放，养老保险也是由广西分行缴纳；而且，黄某某在向本院另外提起上诉的另一个关联案件（2017）桂01民终1635号中，陈述广西分行给黄某某发放工资的依据是根据黄某某在A公司完成的工作量及黄某某的职务来确定的。这与广西分行主张黄某某是受其指派到 A 公司工作的主张相互印证，因此，本院对广西分行的主张予以采信，认定黄某某虽在 A 公司工作，但实际是受广西分行指派，其仍与广西分行存在劳动关系。黄某某具备双重身份，其在 A 公司中履行职务的行为亦是履行广西分行指派的职务行为，一审认定黄某某作为 A 公司员工，在 A 公司承揽的业务中收受他人的好处费，与其在广西分行处的职务具有间接关联，并无不妥，本院予以维持。

最后，关于广西分行作出的《关于与黄某某解除劳动合同的通知》是否合法、充分的问题。黄某某虽是在办理 A 公司业务时收受他人好处而被处以刑事处罚，但其作为广西分行指派到 A 公司的员工，具备双重身份，其在 A 公司工作，除了要接受 A 公司管理及纪律约束外，还要接受广西分行的管理及纪律约束。黄某某收受吴某某所送好处费 2 万元的行为，违反了《中国建设银行员工职业操守》第二十六条规定的"（禁止商业贿赂）禁止接受或索要……其他业务关联方的礼物……礼物，是指现金、有价证券等违反商业习惯的礼品……"的规定，已违反广西分行的规章制度。在广西分行作出解除劳动合同决定前，黄某某因其收受他人好处的行为而引发刑事案件，并被检察机关逮捕且刑事案件已由第一审法院进行审理，其行为符合《关于印发〈中国建设银行工作人员违规失职行为处理办法〉的通知》（某总发〔2008〕116 号）第十条规定的"本办法所称后果或情节严重，是指有因违规失职行为发生案件或重大事故的"的情形，属于严重违反用人单位规章制度的情形。而且，广西分行作出解除劳动合同的决定时，事先将理由通知了单位工会，单位工会亦无异议。广西分行也将《关于与黄某某解除劳动合同的通知》送达给了黄某某，并向黄某某出具了解除劳动合同的证明。广西分行作出解除劳动合同的决定，完成了法定程序。综合前述分析，黄某某严重违反广西分行的规章制度，广西分行据此作出《关于与黄某某解除劳动合同的通知》，解除与黄某某的劳动合同，有明确的事实依据，也完成了法定程序，亦未违反法律、行政法规的强制性规定，该通知合法有效。黄某某主张撤销该通知，缺乏事实和法律依据，本院不予支持。至于黄某某主张其人身自由被限制，向其送达通知不合法的问题。黄某某虽被限制人身自由，但其仍可委托律师为其代理相关事项，不影响其权利的行使，故其抗辩理由不成立，本院不予支持。

二、关于应否撤销广西分行作出的《关于给予黄某某开除处分的决定》的问题。广西分行对黄某某作出了一份《关于与黄某某解除劳动合同的通知》及一份《关于给予黄某某开除处分的决定》，前一份通知导致双方劳动关系解除，因此产生的纠纷属于劳动争议案件受理范围。而后一份决定是广西分行依据其内部规章制度对黄某某违反用人单位规章制度的行为作出的处分决定，属于用人单位的内部管理行为，不属于劳动争议案件的受理范围，一审未予处理，并无不妥，本院予以维持。

综上所述，一审判决认定事实清楚，适用法律正确，本院予以维持。依照《中华人民共和国民事诉讼法》第一百七十条第一款第一项之规定，判决如下：

驳回上诉，维持原判。

二审案件受理费10元，由上诉人黄某某负担。

本判决为终审判决。